资助项目（基金）：

四川省"西部卓越中学数学教师协同培养计划"项目（ZY16001）

四川省高校人文社科研究基地四川中小学教师专业发展研究中心科研项目
　　——中学数学教师核心素养结构与测评研究（PDTR2018-02）

四川省高校人文社科研究基地四川中小学教师专业发展研究中心科研项目
　　——教育现代化环境下数学教师专业能力提升研究(PDTR2020-35)

内江师范学院2020年校级教改项目——中学数学探究教学的案例开发与实验研究（JG202019）

内江师范学院横向项目（HXL-21111）

川南农村初中数学教师数学素养提升与测评研究（PDTR2021-29）

U0582126

内江师范学院
四川省"西部卓越中学数学教师协同培养计划"项目
研究成果之一

中学代数专题
与教学探究

ZHONGXUE DAISHU ZHUANTI
YU JIAOXUE TANJIU

编　著　李红霞　赵思林

四川大学出版社
SICHUAN UNIVERSITY PRESS

项目策划：毕　潜
责任编辑：毕　潜
责任校对：周维彬
封面设计：墨创文化
责任印制：王　炜

图书在版编目（CIP）数据

中学代数专题与教学探究 / 李红霞，赵思林编著
. — 成都：四川大学出版社，2021.8
ISBN 978-7-5690-4968-8

Ⅰ．①中… Ⅱ．①李… ②赵… Ⅲ．①代数课－教学
研究－中学 Ⅳ．① G633.622

中国版本图书馆 CIP 数据核字（2021）第 176847 号

书名	中学代数专题与教学探究

编　著	李红霞　赵思林
出　版	四川大学出版社
地　址	成都市一环路南一段 24 号（610065）
发　行	四川大学出版社
书　号	ISBN 978-7-5690-4968-8
印前制作	四川胜翔数码印务设计有限公司
印　刷	郫县犀浦印刷厂
成品尺寸	185mm×260mm
印　张	12.5
字　数	320 千字
版　次	2021 年 12 月第 1 版
印　次	2021 年 12 月第 1 次印刷
定　价	56.00 元

◈ 读者邮购本书，请与本社发行科联系。
　电话：(028)85408408/(028)85401670/
　(028)86408023　邮政编码：610065
◆ 本社图书如有印装质量问题，请寄回出版社调换。
◈ 网址：http://press.scu.edu.cn

四川大学出版社
微信公众号

前　言

代数是人类最古老的数学分支之一，它伴随着人类文明的足迹一路走来，正如约翰·塔巴克所说："代数学和美术、音乐以及宗教一样，是一项基本的、自然的人类活动."关于代数的研究，一直以来是人们感兴趣的话题. 代数是研究数、数量、关系、结构、代数方程（组）的通用解法及其性质的数学分支. 史炳星在《义务教育数学课程标准七至九年级数与代数解读》中认为数与代数的教育价值体现在四个方面：使学生体会到数学与现实生活的紧密联系，有利于培养学生初步的应用能力；数的运算、公式的推导、方程的求解、函数的研究等有利于培养学生的推理能力，提高学生的思维水平；对现实世界中数量关系及其变化规律的探索，有利于培养学生的创新精神和创造性思维能力；有利于学生用辩证的观点认识现实世界.

关于教学设计，加涅曾在《教学设计原理》（1988 年）中界定为："教学设计是一个系统化（systematic）规划教学系统的过程，教学系统本身是对资源和程序作出有利于学习的安排. 任何组织机构，如果其旨在开发人的才能均可以被包括在教学系统中."帕顿在《什么是教学设计》中指出："教学设计是应用教育心理科学原理及学科专业知识来满足人的知识和技能的学习需要. 教学设计是对学业业绩问题的解决措施进行策划的过程."具体来说，数学教师要对教学行为进行周密的思考和安排，考虑教什么、学什么、如何教、如何学、要达到什么要求等. 高中数学课程的教学设计要以《普通高中数学课程标准（2017 年版）》为依据，遵循教育规律和教学理论，结合教师对教学目标、教学内容和学生认知情况的分析，确定教什么. 教学设计要依据教学原则和学习理论以及教学资源和教学手段的客观现实性，创造性地设想采用何种手段和过程实现教学目标，解决怎样教、怎样学的问题. 因此，教学设计应当以系统的眼光和动态的观念看待教学活动，处理好各个要素之间的相互关系.

本书选取"中学代数解题研究""中学代数教学设计"两个主题，着力于建立数学教育教学理论、数学学科知识与思想方法和数学教学技能三方融合的平台. 本书对中学代数内容用较新的数学观点进行了分析，提出了一些具有针对性的教学建议，并精选了一些典型的例题. 本书收集的案例意在体现新课程的教学理念，体现数学的本质，体现学生是数学教育的出发点和归宿，在编写思想上力求在注意形式化的同时，加强代数知识的直观理解.

本书在撰写过程中力求体现以下特点：

（1）中学代数专题研究教材及相关参考资料不多，案例陈旧，书中归纳了中学代数问题中的主要内容，涵盖了函数、不等式、数列、三角函数、排列组合、导数，例题丰富，解法多样，对部分典型中学代数问题进行了探究性学习.

（2）为读者提供类型丰富的教学设计案例，力求使读者通过对案例的学习、比较、研究提高数学教学设计能力．本书的教学案例融合了大量的数学学科知识、思想方法及数学教育教学理论的解读及运用指引，通过一些典型的教学案例的学习研讨，提高读者的数学教学设计能力，以促进教师专业成长．

（3）注重实用性．书中教学设计对高中一线教师和高等师范院校的本科学生、研究生具有实用性．

（4）注重理论与实践的结合．书中很多教学设计都是基于教学理论，如数学学习心理学、APOS 理论、多元表征理论、深度学习教学理论、问题驱动教学理论等．

（5）以论文（去掉了摘要和关键词）的方式呈现．书中所选论文吸收了近年来内江师范学院数学与信息科学学院本科学生对中学代数问题研究的部分成果，这些学生撰写（发表）的论文均系李红霞副教授或赵思林教授指导而成，且李红霞副教授和赵思林教授均系书中论文的通讯作者．

感谢为本书的出版提供有力支持和资助的内江师范学院数学与信息科学学院、科技处、教务处，四川省"西部卓越中学数学教师协同培养计划"项目（ZY16001），四川省高校人文社科研究基地四川中小学教师专业发展研究中心科研项目——中学数学教师核心素养结构与测评研究（PDTR2018−02），四川省高校人文社科研究基地四川中小学教师专业发展研究中心科研项目——教育现代化环境下数学教师专业能力提升研究（PDTR2020−35），内江师范学院 2020 年校级教改项目——中学数学探究教学的案例开发与实验研究（JG202019），内江师范学院横向项目（HXL−21111），川南农村初中数学教师数学素养提升与测评研究（PDTR2021−29），内江师范学院教材出版基金等；感谢为本书的出版付出辛勤劳动的四川大学出版社的编辑们；感谢为本书的出版提供资料的徐小琴、王佩、李秀萍、王先义、樊红玉、包悦玲、刘艺、唐瑞、吴佳、陈艺雯、何雨欧、刘倩、杨几几、周杰岭、覃媛媛、薛世林、胡萍、叶燕、蒋双、程雪莲、黄成世、耿璐璐等；对引用了其研究成果的作者致以衷心的谢意，同时也深深感谢关心、支持本书出版的所有同行和朋友们．

限于水平和时间，书中难免存在一些不足之处，敬请广大读者批评指正．

编 者
2021 年 6 月

目　录

第一章　函数及教学

"函数"是高中数学最核心的概念之一，理解函数概念对于高中数学学习至关重要。《普通高中数学课程标准（2017 年版）》指出，函数是描述客观世界中变量关系和规律最为重要的数学模式，是研究其他数学领域的基本工具，有广泛的实际应用，函数及应用是贯穿高中数学课程的主线。函数定义是高中数学教学的难点问题，是历来研究者关注的话题。

中学函数的主要内容包括函数的定义、函数的性质（奇偶性、单调性、周期性）、基本初等函数（指数函数、对数函数、幂函数）、函数的应用以及三角函数。

第一节　高中函数的单元教学设计①

函数作为高中数学的一条重要主线，是培养学生数学核心素养的重要资源，已受到一些研究者的关注或重视。因此，研究数学单元教学（设计）是有意义的。

1　数学单元教学设计

单元教学设计是把一些具有逻辑联系的知识点放在一起进行的整体设计[1]。这个数学教学观实质上就是《普通高中数学课程标准（2017 年版）》所倡导的整体教学观，单元（主题）教学设计正是落实整体教学观的课堂教学实施方案[2]。单元教学设计是指教师对教材中具有"某种内在关联性"的内容进行分析、重组、整合并形成相对完整的单元（主题），以数学单元（主题）知识为主要线索，遵守学习规律、认知规律和数学教学原则，以培养和发展数学核心素养为目标的一种教学设计[3]。

高中数学单元教学设计就是要构建一个反映高中数学内在发展逻辑、符合学生数学认知规律的高中数学核心概念和思想方法结构体系，并使核心概念、思想方法在高中数学课堂中得到有效落实，让学生真正领会高中数学的本质和作用，落实数学学科核心素养[4]。

---

① 作者：李红霞、赵思林。本节内容刊登在《内江师范学院学报》2020 年第 12 期，被人大复印《高中数学教与学》2021 年第 5 期全文转载。

2　高中函数教学研究现状

由于函数定义、函数单调性定义和函数思想是高中函数单元教学的重点和难点，因此，本单元的教学应着力研究函数定义、函数单调性定义和函数思想的教学.

2.1　函数定义的教学

黄宁静和朱维宗[5]认为，高中函数概念教学可采用引导发现的教学方法，以"问题"为驱动，并以"$y=1$是函数吗"来激发学生的学习动机.

张忠旺[6]认为，对应法则是函数概念的核心，也是学生理解函数概念的难点. 函数概念教学通过揭示对应法则的不同表现形式并辅以数形结合的思想方法，可以突破这一难点.

丁银凯[7]认为，高中函数概念教学可采用"先行组织者"的教学策略，其路径为：①概念同化（重视各位属关系的教学设计）；②问题化归（注意教学任务中的问题设置）；③概念再识（纠正问题解决中的偏差理解）.

章建跃[9]认为，抽象数学概念的情境与问题的创设应关注典型性、丰富性和反例等；从数学学科和学生认知两个方面，发现数学对象的要素及相关要素的关系、揭示一类事物的数学规律、提出数学命题的情境与问题时应以数学情境为主.

贾随军[10]总结了函数概念演变经历的四个主要阶段：①以表格、曲线形态呈现函数（阿波罗尼奥斯、奥雷斯姆）；②函数是解析式（欧拉）；③函数是对应（傅里叶、狄里克雷）；④函数是关系（布尔巴基学派）.

2.2　函数单调性定义的教学

"函数是描述客观世界变化规律的重要数学模型. 高中阶段不仅把函数看成变量之间的依赖关系，同时还用集合与对应的语言刻画函数，函数的思想方法将贯穿高中数学课程的始终."函数的单调性是在高中讨论函数"变化"的一个最基本、最重要的性质[11]. 黎栋材等[11]建议从整体把握函数单调性的教学：①从学科地位、课标要求、教学要求、内容的作用、高考等方面分析内容的地位与作用；②对内容的教育特点、学生基础、内容的教育价值等进行教学分析；③按照教育规律做好教学安排. 具体来说，在讲授函数单调性的定义时应把重点放在数学语言教学上，即以学生熟悉的一次函数、二次函数、反比例函数的图像为载体，让学生经历单调性的"图形语言→文字语言→符号语言"的逐步抽象与建构的过程；在讲解幂函数（5个）、指数函数、对数函数、三角函数等基本初等函数的单调性时，让学生经历"图像→性质→应用"的过程；在讲解不等式、数列、最大（小）值等内容时，让学生认知函数单调性的应用价值；在讲解导数的定义时，应注意导数定义与函数单调性的综合应用，让学生认识到"数学是一个有机的整体". 对于函数单调性定义的教学，江河[12]设计了四个活动：粗——引导学生从实际问题和图像中发现函数的单调性；细——引导学生把发现的函数的单调性描述出来；精——引导学生把描述出来的函数的单调性用数学语言刻画；准——引导学生从不同角度深刻理解函数的单调性的定义. 李秀萍和赵思林提出了函数单调性定义的"八步"教学设计，即"画"（画图像）—"看"

（观察图像）—"说"（说图像上升或下降趋势）—"描"（描述性定义）—"定"（定义）—"懂"（理解）—"用"（应用）—"悟"（感悟思想）[13].

2.3 函数思想的教学

函数思想是刻画事物运动、变化发展的辩证思维工具，用定量方法研究事物之间的数量关系[14]. 函数思想是对函数知识（含概念、符号、性质、模型）的凝结和升华. 函数思想就是应用函数概念、函数性质、函数模型等方式方法去发现、分析、转化、解决现实问题的数学方法[14]. 史宁中等认为，通过建立模型、分析模型、求解模型、解释规律等过程，引导学生理解函数是一个好的学习途径[15]. "渗透函数思想""重视函数思想方法的应用"已成为数学教师的共识.

2.4 高中函数的单元教学

仇炳生[8]从语言转换与方法同构的角度，提出了高中"函数"单元教学的整体设计既要突出函数的科学性、系统性，又要从学生已有知识经验出发，帮助学生理解函数的系列概念，逐步领会函数思想和学习函数的方法. 具体包括：①函数概念的教学（应注意初高中的衔接和集合语言的应用）；②函数性质的教学（应着重于培养观察能力，用文字语言、图形语言和符号语言表征数学对象的能力，几种语言相互转换的能力）；③基本初等函数的教学（应着重帮助学生进行自主探索和学习）；④函数应用的教学（应具有复习或终端考核的性质）.

上面这些研究成果对高中函数的单元教学设计无疑是具有指导作用的，但这些研究成果如何变成教学的现实生产力仍需探讨与实践.

3 高中函数的单元教学设计

针对多数新知课，一个具体的单元（主题）教学设计可按照以下步骤进行：第一步，根据课程标准和教材确定单元的主题；第二步，根据知识逻辑设计教学内容（含课时安排），课时安排依学生的实际水平而定；第三步，着眼"四基""四能"和六大数学核心素养设计教学目标；第四步，依据教学逻辑、学习逻辑和认知逻辑，并根据学生已有知识经验设计教法和学法；第五步，设计教学环节，设置一定数量的探究性问题、开放性问题、应用性问题及课内课外的思考题，引导并指导学生深度学习，以问题作为单元学习的主题，采用问题驱动方式教学，问题的选择应有一定难度和区分度，问题应体现数学基本思想方法（即全息思维方法）；第六步，学习评价（反馈）与反思的设计. 这六个步骤可简化为"确定单元的主题—设计教学内容（含课时安排）—设计教学目标—设计教法和学法—设计教学环节—设计学习评价（反馈）与反思".

教学设计与设计意图说明如下：

第一步，确定单元的主题为"函数".

第二步，设计教学内容，做课时安排（因学情而定，下面的课时仅供参考）.

（1）函数的定义与符号（2学时）. 设计意图：把重点放在理解符号 $f(x)$ 及其应用上. 因为函数的符号 $f(x)$ 特别是计算函数值在研究函数的所有性质时都会用到，所以函

数的符号 $f(x)$ 及计算函数值是函数中的全息知识和方法. 高中数学人教 A 版新教材约用 5 页、5 个例题来讲"函数的表示法",此内容教懂学会需要安排 2 学时,让人感到比较烦琐、不够简约. 对此,研究者建议把"函数的表示法"放在"函数的定义与符号"中,简单介绍即可.

(2) 函数的整体性质:函数的奇偶性(1 学时),函数的周期性(1 学时),函数的最值(简单介绍概念及求解方法,1 学时),函数的有界性(1 学时);函数的局部性质:函数的单调性(2 学时),函数的极值(简单介绍概念,放在高三的"导数的应用"中更为合理). 设计意图:考虑到"函数的有界性"对学函数极限有用,可以增设此内容."函数的极值"在高一年级只宜花几分钟时间简单介绍概念,不宜深究,求解函数的极值适合放在高一年级后面将学的"导数的应用"中.

(3) 方根、指数与对数的定义及运算(7 学时). 设计意图:这部分包括三个内容,即"n 次方根的概念""指数的定义及运算""对数的定义及运算"."n 次方根的概念"历来是教学的难点,教学应适当慢一点;"对数的定义及运算"历来既是教学的重点,又是教学的难点,教学时可适当多花一点时间,比如花 3 学时;"指数的定义及运算""对数的定义及运算"是学习指数函数、对数函数的核心基础,应打牢基础.

(4) 三种基本初等函数:指数函数及研究方法(2 学时),对数函数及性质(2 学时),幂函数($y=x$,$y=\dfrac{1}{x}$,$y=x^2$,$y=\sqrt{x}$,$y=x^3$)(2 学时). 设计意图:幂函数在课标中只要求掌握这 5 个,但全体幂函数的定义域、值域、图像情况等比较复杂,建议最先讲比较简单的指数函数,然后讲对数函数,最后讲幂函数.

(5) 函数思想与应用(2 学时). 设计意图:函数的思想是函数知识的精华部分,有广泛的应用,特别应重视函数单调性的广泛应用,如解方程(组)的同解原理、解不等式(组)的同解原理等,其本质都可看成是函数单调性的推论. 此内容在课标和教材中均未单独出现,但鉴于这个内容很重要,研究者建议增设此内容.

(6) 函数的实际应用问题(2 学时). 设计意图:通过把实际应用问题变为函数模型(问题),可以让学生学习垂直数学化的方法,也能让学生体会数学的应用价值.

(7) 单元复习与检测(4 学时). 设计意图:鉴于本单元的重要性和难度大的特点,安排单元复习和一定的检测是必要的.

第三步,设计教学目标. 参考课标,此处从略.

第四步,设计教法和学法. 设计意图:通过指数函数的学习,让学生掌握研究某类函数的基本方法,即定义域—值域—图像—性质—应用,这个基本方法对后续研究对数函数、幂函数、三角函数等都是有意义的. 因此,研究某类函数的基本方法是研究函数的普遍方法——"渔".

第五步,设计教学环节. 新知课的教学环节一般可以设计为"情境—问题—探究—知识—应用—练习—交流—总结",教学环节可根据教学内容、学情、时间等进行适当调整.

第六步,设计学习评价(反馈)与反思(2 学时). 设计意图:第六步应与第二步(7)互相呼应、联系,应重视学生的自我评价与反思,因为这有利于开发元认知.

完成本单元教学任务约花 31 学时,比课标和教材需用的学时都更少,并且教学内容比课标和教材增加了"函数的最值(1 学时)""函数的有界性(1 学时)""函数思想与应用（2 学时）""单元复习与检测（4 学时）"等重要内容．由此可以看出，单元教学比传统的非单元教学节约课时．

参考文献

[1] 史宁中，林玉慈，陶剑，等．关于高中数学教育中的数学核心素养：史宁中教授访谈之七 [J]．课程・教材・教法，2017（4）：8－14．

[2] 任念兵．高中数学主题教学研究热的冷思考 [J]．中小学课堂教学研究，2020（8）：62－66．

[3] 刘权华．高中数学单元教学设计存在的问题及对策 [J]．教学与管理（中学版），2019（4）：55－57．

[4] 张可锋．基于核心素养的高中数学单元教学设计探究 [J]．中学教学参考（文综版），2020（9）：40－41．

[5] 黄宁静，朱维宗．以"问题"为驱动的高中函数概念课教学设计 [J]．中学教学参考，2015（6）：17－18．

[6] 张忠旺．数学概念的变式教学——高一年级《函数的概念》教学设计 [J]．现代教学，2015（13）：74－76．

[7] 丁银凯．"先行组织者"在高中函数概念教学中的应用："同化""化归"与"再识" [J]．数学教育学报，2017，26（6）：33－35．

[8] 仇炳生．语言转换与方法同构——必修 1 模块"函数"教学的整体设计 [J]．教育研究与评论：中学教育教学，2014（7）：68－71．

[9] 章建跃．核心素养导向的高中数学教材变革（续7）——《普通高中教科书・数学（人教 A 版）》的研究与编写 [J]．中学数学教学参考，2020（7）：5－11．

[10] 贾随军．函数概念的演变及其对高中函数教学的启示 [J]．课程・教材・教法，2008（7）：49－52．

[11] 黎栋材，龙正武，王尚志．站在系统的高度 整体把握函数单调性教学 [J]．数学通报，2015，54（12）：7－11，15．

[12] 江河．《函数的单调性》主要环节的教学设计 [J]．中学数学，2007（11）：29－30．

[13] 李秀萍，赵思林．函数单调性定义的"八步"教学设计 [J]．内江师范学院学报，2017，32（10）：21－25．

[14] 姬梁飞．函数思想个性意蕴的教学寻绎 [J]．教学与管理，2020（21）：78－80．

[15] 史宁中，濮安山．中学数学课程与教学中的函数及其思想——数学教育热点问题系列访谈录之三 [J]．课程・教材・教法，2007，27（4）：36－40．

第二节 "函数思想"在解高考数学试题中的应用研究[①]

1 研究现状分析

函数思想是指用函数的概念和性质去分析、转化和解决问题，是对函数概念和性质的

---

① 作者：何雨欧、李红霞．

本质认识，一般我们将这种认识用于指导解题. 在高考数学中许多题型都能从函数的角度（或者说应用函数思想）去解决. 由此可见，函数思想在高考解题中有着非常重要的地位. 何介认为函数思想是数学思想的核心内涵之一，是贯穿于高中数学的重要思想，为了提高学生的学习能力，应该在高中数学教学中不断渗透函数思想[1]. 韩云霞和马旭研究了函数在高中数学解题中的应用，从函数概念出发，引出函数思想，通过应用函数思想解决不等式等问题说明函数在高中数学解题中应用的广泛性[2]. 本节在分析函数基本内容的基础上，用高考例题辅助研究函数思想在解高考数学试题中的应用.

2　函数思想的概述

函数的定义：设 A，B 是非空的数集，如果按照某种确定的对应关系 f，使对于集合 A 中的任意一个数 x，在集合 B 中都有唯一确定的数 $f(x)$ 和它对应，那么就称 $f: A \to B$ 为从集合 A 到集合 B 的一个函数，记作 $y = f(x)$，$x \in A$. 其中 x 叫作自变量，x 的取值范围 A 叫作函数的定义域；与 x 值相对应的 y 值叫作函数值，函数值的集合 $\{f(x) \mid x \in A\}$ 叫作函数的值域[3].

关于数学思想，涂荣豹认为："数学思想是对数学对象、数学概念和数学结构以及数学方法的本质性、概括性的认识."[4]而函数思想作为数学思想中极为重要的思想之一，是我们高中数学要渗透学习的主要内容. 高中数学中的函数思想是将数学解题方法建立在变量与常量、变量与函数以及函数与其他思想、问题之间的相互联系上，从而将表面上看起来不是函数的问题转化为函数问题，或者将函数问题转化为数列、不等式、解析几何、函数方程等问题.

3　函数思想在高考数学解题中的应用

3.1　函数思想在近年高考数学中的调查分析

以近 5 年四川理科数学考生的高考真题卷为主要例题，研究函数思想在高考数学中的重要性及应用性. 通过分析研究 2015 年的四川卷（理科数学）和 2016—2019 年的全国Ⅲ卷（理科数学），可以看到函数思想在高考数学试题中的占比非常大. 在高考真题中，数列、不等式、解析几何、函数方程等问题几乎每年都有考查，部分需要运用函数思想对问题进行转化、化简，然后解答，在本节中只讨论运用函数思想解答这些问题的情况.

将可以使用函数思想指导解决的数列、不等式、解析几何、函数方程的问题从高考真题卷中找出，做成下列表格：

可用函数思想指导解决的问题在高考真题卷中的分布

年份	数列考点分值与比例	不等式考点分值与比例	解析几何考点分值与比例	函数方程考点分值与比例
2015	12分，8%	—	13分，8.7%	14分，9.3%
2016	17分，11.3%	10分，6.7%	17分，11.3%	17分，11.3%
2017	10分，6.7%	15分，10%	22分，14.7%	17分，11.3%
2018	12分，8%	10分，6.7%	22分，14.7%	12分，8%
2019	5分，3.3%	10分，6.7%	22分，14.7%	15分，10%

2015 年及以前四川高考采取的是自主命题形式，高考考生用的是四川卷，自 2016 年开始，四川考生高考用的是全国Ⅲ卷. 在理科数学方面四川卷与全国Ⅲ卷略有区别，全国Ⅲ卷比四川卷多一个选做题，而选做题 23 题都是考查不等式选讲的内容，所以自 2016 年开始不等式内容变得重要了. 下面利用例题来帮助研究函数思想在数列、不等式、解析几何、函数方程中的应用.

3.2　函数思想在数列中的应用

数列中的函数思想应用极其广泛，比如，我们熟悉的等差、等比数列便是一类自变量为正整数的特殊函数，与函数思想有着密切的联系. 在大多数的数列题中都有与函数密切相关的特性，比如，在求等差数列前 n 项和时，可以将其看作关于 n 的二次函数，运用函数的性质将其解答出来；在证明数列单调性时，可以将其转化为求相应函数单调性的问题. 纵观历年高考题，运用函数思想来解决数列问题的题目非常多.

例 1　（2018 年理科数学全国高考Ⅲ卷 17 题）等比数列 $\{a_n\}$ 中，$a_1=1$，$a_5=4a_3$.

（1）求 $\{a_n\}$ 的通项公式；

（2）记 S_n 为 $\{a_n\}$ 的前 n 项和，若 $S_m=63$，求 m.

分析：对于第 1 小问的常规解题思路是先求出基本量 q，再代入等比数列的通项公式. 我们知道等比数列的通项公式是以公比 q 为底数，项数 n 为指数的指数型函数，求得 q 即得解. 第 2 小问在第 1 小问的基础上代入等比数列的前 n 项和公式，而等比数列的前 n 项和公式也是指数型函数，根据解析式代入已知函数值可解得 m.

解：（1）因为 $a_5=4a_3=a_3q^2$，所以 $q=\pm2$，由公式得 $a_n=2^{n-1}$ 或 $a_n=(-2)^{n-1}$.

（2）由（1）易知 $q=\pm2$，当 $q=2$ 时，$S_m=\dfrac{1(1-2^m)}{-1}=63$，解得 $m=6$.

当 $q=-2$ 时，$S_m=\dfrac{1[1-(-2)^m]}{3}=63$，得 $(-2)^m=-188$，无解.

综上所述，$m=6$.

评注：本例的考点就是等比数列通项公式与前 n 项和公式，这就是一个简单的函数思想在数列中的运用，只需要掌握数列的公式即可解答.

3.3　函数思想在不等式中的应用

不等式中的函数思想主要体现在求解不等式的过程中，如一元、二元不等式的证明，数列不等式的证明等. 解一元二次不等式 $ax^2 + bx + c \geqslant 0 (a \neq 0)$, 即确定函数 $y = ax^2 + bx + c$ 的图像在 x 轴及其上方时 x 的取值范围. 而证明不等式 $f(x) > g(x)$ 成立时, 可以设 $F(x) = f(x) - g(x)$, 这样将问题转化为证明 $F(x)$ 的最小值大于 0; 同理, 证明不等式 $f(x) < g(x)$ 时, 即证明 $F(x)$ 的最大值小于 0. 证明不等式 $f(x) > g(x)$ 有时可转化为证明 $f(x)_{\min} > g(x)_{\max}$. 当遇到二元不等式问题, 一般运用等价替换、换元等将其降元变为一元不等式问题, 然后运用函数思想解决问题.

实际上用函数思想解决不等式问题, 从本质上来说是研究相对应函数的零点、正负区间、单调性等问题. 但近 5 年理科数学四川高考真题卷中的不等式问题是利用函数关系式之间的联系来解题. 总之, 运用函数思想来解决不等式问题, 不仅可以优化解题过程, 而且可以迅速得到解题的答案.

例 2 (2019 年理科数学全国高考 III 卷 23 题) 设 $x, y, z \in \mathbf{R}$, 且 $x + y + z = 1$.

(1) 求 $(x+1)^2 + (y-1)^2 + (x+1)^2$ 的最小值;

(2) 若 $(x-2)^2 + (y-1)^2 + (z-a)^2 \geqslant \dfrac{1}{3}$ 成立, 证明: $a \leqslant -3$ 或 $a \geqslant -1$.

分析: 第 1 小问只要找到需求函数关系式与已知函数关系式的联系就能解出. 第 2 小问可以根据第 1 小问的方法解答, 这里我们不用研究函数零点等问题就可以简单地解题.

解: (1) 由于 $[(x+1) + (y-1) + (z+1)]^2 = (x+1)^2 + (y-1)^2 + (z+1)^2 + 2[(x+1)(y+1) + (y+1)(z+1) + (z+1)(x-1)] \leqslant 3(x-1)^2 + 3(y+1)^2 + 3(z+1)^2$, 代入 $x + y + z = 1$, 得 $(x-1)^2 + (y+1)^2 + (z+1)^2 \geqslant \dfrac{4}{3}$.

当且仅当 $x = \dfrac{5}{3}$, $y = -\dfrac{1}{3}$, $z = \dfrac{1}{3}$ 时等号成立, 所以 $(x+1)^2 + (y-1)^2 + (z+1)^2$ 的最小值为 $\dfrac{4}{3}$.

(2) 由 (1) 易知 $[(x-2) + (y-1) + (z-a)]^2 = (x-2)^2 + (y-1)^2 + (z-a)^2 + 2[(x-2)(y-1) + (y-1)(z-a) + (z-a)(x-2)] \leqslant 3(x-2)^2 + 3(y-1)^2 + 3(z-a)^2$.

又由已知得 $(x-2)^2 + (y-1)^2 + (z-a)^2 \geqslant \dfrac{(2+a)^2}{3}$, 当且仅当 $x = \dfrac{4-a}{3}$, $y = \dfrac{1-a}{3}$, $z = \dfrac{2a-2}{3}$ 时等号成立.

最后由题意 $\dfrac{(2+a)^2}{3} \geqslant \dfrac{1}{3}$, 解得 $a \leqslant -3$ 或 $a \geqslant -1$.

评注: 第 1 小问实际上就是考查三元的均值不等式公式, 第 2 小问是第 1 小问的反向思考, 难度不大.

3.4 函数思想在解析几何中的应用

在解析几何题型中, 遇见求值的问题时可以引入变量, 然后构造函数, 将问题转化为求函数的值域问题, 最后通过函数的性质等解题, 这样就把函数思想运用到解析几何中了. 除了求值问题, 圆锥曲线中的求参数方程、位置关系等类型的问题都可以用函数思想来解决, 而且可以达到化繁为简的效果, 使得解题快速有效.

例 3 (2017 年理科数学全国高考 III 卷 20 题) 已知抛物线 C: $y^2 = 2x$, 过点 $(2, 0)$

的直线 l 交 C 于 A，B 两点，圆 M 是以线段 AB 为直径的圆.

（1）证明：坐标原点 O 在圆 M 上；

（2）设圆 M 过点 $P(4$，$-2)$，求直线 l 与圆 M 的方程.

分析：第 1 小问就是证明位置问题，正是上面所说的函数思想能解决的几种解析几何类型题之一，可以通过构造函数关系式来解决. 第 2 小问根据第 1 小问结合函数方程即可解答.

解：（1）设直线方程为 $x=my+2$，$A(x_1$，$y_1)$，$B(x_2$，$y_2)$.

联立抛物线方程 $\begin{cases} y^2=2x, \\ x=my+2, \end{cases}$ 可得 $y^2-2my-4=0$.

所以 $\begin{cases} y_1+y_2=2m, \\ y_1y_2=-4, \end{cases}$ 解得 $x_1x_2=(my_1+2)(my_2+2)=m^2y_1y_2+2m(y_1+y_2)+4=4$.

因为 $\overrightarrow{OA}\cdot\overrightarrow{OB}=x_1x_2+y_1y_2=0$，所以 $\angle AOB=90°$，即得坐标原点 O 在圆 M 上.

（2）由（1）易得 $x_1+x_2=m(y_1+y_2)+4=2m^2+4$，所以 $\overrightarrow{PA}\cdot\overrightarrow{PB}=x_1x_2-4(x_1+x_2)+16+y_1y_2+2(y_1+y_2)+4=-8m^2+4m+4=0$，解得 $m=-\dfrac{1}{2}$，或 $m=1$.

当 $m=-\dfrac{1}{2}$ 时，直线方程为 $2x+y-4=0$，圆心为 $M\left(\dfrac{9}{4}$，$-\dfrac{1}{2}\right)$，半径为 $r=OM=\dfrac{\sqrt{85}}{4}$，圆 M 的方程为 $\left(x-\dfrac{9}{4}\right)^2+\left(y+\dfrac{1}{2}\right)^2=\dfrac{85}{16}$.

当 $m=1$ 时，直线方程为 $x-y-2=0$，圆心为 $M(3$，$1)$，半径为 $r=OM=\sqrt{10}$，圆 M 的方程为 $(x-3)^2+(y-1)^2=10$.

评注：解析几何问题大多要用图形进行辅助解答，即数形结合与函数思想相互转化，由于作图过于繁杂，有时会出错，所以可以用函数思想来解题，将一些解析几何问题代数化. 本例就是没有通过数形结合解答，而是用函数思想直接解答.

3.5　函数思想在函数方程中的应用

方程是指等号两边的等价性，函数则是描述事物的变化本质，它们之间的联系非常密切. 若设函数 $y=f(x)$，方程 $f(x)=0$ 的根就是函数图像与横坐标的交点，而函数 $y=f(x)$ 也可以看作方程 $f(x)-y=0$. 由此可见，方程可以转化成函数关系，函数关系可以转化成方程，它们是相互转化、相互渗透的. 函数思想与方程是密不可分的，必须结合函数和方程来解决相关问题.

函数思想在方程中的应用主要体现在求方程的根. 不妨设 $f(x)=0$，求其根即求其相应函数的零点，也就是函数 $y=f(x)$ 的图像与 x 轴交点的坐标. 以一元二次方程为例，具体解法如下：

（1）根据 a 的取值范围判断函数图像的开口方向.

（2）判断函数图像与 x 轴的交点情况.

（3）根据函数图像写出解集.

在高考真题卷中的方程问题是不会直接出现代数方程问题，而是函数方程问题，在解答函数问题的过程中需要与方程相互转化才能得以解答.

例 4 （2015 年理科数学四川卷 21 题）已知函数 $f(x)=-2(x+a)\ln x+x^2-2ax-2a^2+a$，其中 $a>0$.

（1）设 $g(x)$ 是 $f(x)$ 的导数，讨论 $g(x)$ 的单调性；

（2）证明：存在 $a\in(0,1)$，使得 $f(x)\geqslant 0$ 在区间 $(1,+\infty)$ 内恒成立，且在区间内有唯一解.

分析：第 1 小问一般以求导、分析单调性等为主要考查内容，可以直接解答. 第 2 小问需要结合一元三次函数的分解因式进行分类讨论，且需要强大的计算能力.

解：（1）$f(x)=-2(x+a)\ln x+x^2-2ax-2a^2+a$，所以 $g(x)=f'(x)=-2\ln x-2-\dfrac{2a}{x}+2x-2a(a>0,x>0)$.

继续求导，得 $g'(x)=-\dfrac{2}{x}+\dfrac{2a}{x^2}+2=\dfrac{2(x^2-x+a)}{x^2}(a>0,x>0)$.

令 $g'(x)\geqslant 0$，即 $x^2-x+a\geqslant 0(a>0,x>0)$.

讨论此不等式的解：

当 $\Delta=1-4a\leqslant 0$，即 $a\geqslant\dfrac{1}{4}$ 时，$g'(x)\geqslant 0$ 恒成立，则 $g(x)$ 单调递增.

当 $0<a<\dfrac{1}{4}$ 时，$x_1=\dfrac{1-\sqrt{1-4a}}{2}\in\left(0,\dfrac{1}{2}\right)$，$x_2=\dfrac{1+\sqrt{1-4a}}{2}\in\left(\dfrac{1}{2},1\right)$，即 $g'(x)\geqslant 0$ 的解为 $x\in\left[0,\dfrac{1-\sqrt{1-4a}}{2}\right]\cup\left(\dfrac{1+\sqrt{1-4a}}{2},+\infty\right)$，则 $g(x)$ 单调递增.

综上所述，当 $a\geqslant\dfrac{1}{4}$ 时，$g(x)$ 在 $x\in(0,+\infty)$ 上单调递增；当 $0<a<\dfrac{1}{4}$ 时，$g(x)$ 在 $x\in\left[0,\dfrac{1-\sqrt{1-4a}}{2}\right]\cup\left(\dfrac{1+\sqrt{1-4a}}{2},+\infty\right)$ 上单调递增，在 $x\in\left(\dfrac{1-\sqrt{1-4a}}{2},\dfrac{1+\sqrt{1-4a}}{2}\right)$ 上单调递减.

（2）由（1）易得 $g(x)=f'(x)$ 在 $(1,+\infty)$ 上单调递增，且 $f'(1)=-2-2a+2-2a=-4a<0$.

由零点存在性定理知，存在唯一 $x_0\in(1,+\infty)$，使得 $f'(x_0)=-2\ln x_0-2-\dfrac{2a}{x_0}+2x_0-2a=0$.

所以 $f(x)$ 在 $(1,x_0)$ 上单调递减，在 $(x_0,+\infty)$ 上单调递增.

所以满足 $f(x)=0$ 在区间 $(1,+\infty)$ 内有唯一解，只需要满足 $f(x)_{\min}=f(x_0)=0$ 即可，$f(x_0)=-2(x_0+a)\ln x_0+x_0^2-2ax_0-2a^2+a=0$，化简得 $2a^2+(5x_0-2x_0^2)a-(x_0^3-2x_0^2)=0$，$(2a-x_0)(a+x_0^2-2x_0)=0$，$a_1=\dfrac{x_0}{2}$，$a_2=2x_0-x_0^2$.

当 $a_1=\dfrac{x_0}{2}(x_0>1)$ 时，$f'(x_0)=-2\ln x_0-2-\dfrac{2a}{x_0}+2x_0-2a=0$，变形为 $2a-2\ln 2a-3=0$，在 $\left(\dfrac{1}{2},1\right)$ 上有解.

令 $h(a)=2a-2\ln 2a-3$，则 $h'(a)=2-\dfrac{2}{a}=\dfrac{2a-2}{a}$.

所以 $h(a)$ 在 $(0,1)$ 上单调递减，$h\left(\dfrac{1}{2}\right)=1-3=-2<0$，不满足条件．

当 $a_2=2x_0-x_0^2$ 时，$f'(x_0)=-2\ln x_0-2-\dfrac{2a}{x_0}+2x_0-2a=0$，变形为 $2x_0^2-2\ln x_0-6=0$，在 $(1,2)$ 上有解．

令 $h(x_0)=2x_0^2-2\ln x_0-6$，则 $h'(x_0)=4x_0-\dfrac{2}{x_0}=\dfrac{4x_0^2-2}{x_0}$．

所以 $h(x_0)$ 在 $(1,2)$ 上单调递增，$h(1)=-4$，$h(2)=2-2\ln 2>0$，满足条件．

得证．

评注：本例将函数思想与分类讨论等相结合，虽然计算量稍大，但只要不重复代换，思路清晰，条理清楚，就能够解答出来．

参考文献

[1] 何介. 如何将函数思想融入高中数学教学 [J]. 数学学习与研究，2019 (5)：90.

[2] 韩云霞，马旭. 浅谈函数思想在高中数学解题中的应用 [J]. 宁夏师范学院学报，2016，37 (3)：92-95.

[3] 人民教育出版社，课程教材研究所，中学数学课程教材研究开发中心. 普通高中课程标准实验教科书·数学 1·必修·A 版 [M]. 北京：人民教育出版社，2010：16.

[4] 宁连华，涂荣豹. 中国数学基础教育的继承与发展 [J]. 数学教育学报，2012，21 (6)：6-9.

第三节　基于 APOS 理论的指数函数教学设计①

1　APOS 理论简介

20 世纪 80 年代，APOS 理论由美国数学教育家杜宾斯基等提出，认为学习者不能直接学到数学概念，必须通过心智结构使所学的概念产生意义，教学的目的是帮助学习者建立适当的心智结构[1]．该理论由活动、过程、对象、图式四个阶段构成，主要应用于教育教学领域，特别是数学函数概念教学中．

活动（Action）阶段是建构数学概念的起始阶段．在该阶段，学习者需要通过一系列外显的指令去改变数学对象，靠外显的探究活动来获得内隐的概念的本质[2]．教师利用学生熟悉的生活实例创设情境，学生亲自在操作运算活动中观察、分析出实例之间的共同特征，从实例中抽象出初步的数学概念．

过程（Process）阶段是建构数学概念的关键阶段．此时，不再借助外部刺激，学生通过多次重复活动，在大脑中进行描述和反思，对概念形成初步认识，经过自主分析、总结得出概念的特征和本质属性，在教师的引导下，最后抽象出概念的名称和解析式等表达

---

① 作者：陈艺雯、李红霞．

方式.

对象（Object）阶段是建构数学概念的深化阶段. 在上一阶段所获得的概念具有相对抽象性，此时，把前面两个阶段看作一个整体，从而对概念有一个整体的理解. 教师仍需要组织学生对"活动"和"过程"两个阶段进行反思，促进学生对概念的本质属性进行精加工，进而理解概念的性质，实现概念由动态步骤转化为静态的结构储存.

图式（Scheme）阶段是建构数学概念的整合阶段，能对概念进行高层次的心理加工与整合表征. 教师通过设置例题、习题，促发学生运用概念解决问题，帮助学生从多方面理解、运用概念，实现对概念全面的理解. 该阶段的图式不仅是当前概念学习建构的结果，还可作为新概念建构的素材.

2 基于 APOS 理论的指数函数教学设计

2.1 教材分析

2.1.1 教材的地位及作用

新人教 A 版教材将"指数函数"的教学安排在必修 1 第 4 章第 2 节，把"幂函数"安排在"指数函数"前面. 指数函数作为重要的基本初等函数之一，在高中数学知识体系中起着承上启下的作用.

2.1.2 教学目标

（1）活动阶段：通过实际问题抽象出解析式；意识到指数函数是一类重要的函数模型；初步培养学生数学抽象的能力.

（2）过程阶段：能抽象出指数函数的一般表达式；归纳概括出指数函数的定义；经历对指数函数的定义过程，体会数学的严谨性与简捷性.

（3）对象阶段：掌握指数函数的性质；能辨别相关概念；体会初等函数性质的研究过程和方法.

（4）图式阶段：通过解决实际问题，体会概念与其他概念、生产、生活的密切联系；经历简单的数学建模，体会数学的应用价值，培养数学的应用意识.

2.1.3 教学重难点

（1）教学重点：指数函数的概念、图像、性质.
（2）教学难点：指数函数的概念；探索、归纳概括指数函数的性质.

2.2 教学过程

2.2.1 活动（Action）阶段：感受情境，提出问题

情境 1：（增长模型）由于旅游人数不断增加，A、B 两地景区自 2001 年起采取了不同的应对措施，教材给出了 A、B 两地景区 2001 年至 2015 年的游客人次以及逐年增加量

的表格[3].

问题 1：同学们能否用描点法描绘 A、B 两地的人次图像，借助图像直观地发现两地的变化特点？

问题 2：年增加量是将当年与前一年做减法得到的，并且可看出 A 地的年增加量近似于一个常数．我们能否对 B 地的游客人次做其他类似运算，使得其值也近似于一个常数？

设计意图：以问题为导向引发学生思考，提示学生以描点法画出图像，将 A、B 两地的变化情况联系在一起，使学生直观地看出 A、B 两地的增长趋势．通过 A 地的"定差"引导学生探索"定商"，推导出经过 x 年后的游客人次为 2001 年游客人次的倍数 y 的关系式：$y = 1.11^x [x \in [0, +\infty)]$，培养学生的类比和迁移能力．

情境 2：（衰减模型）生物死亡后，机体内原有的碳 14 含量会按确定的比率衰减（称为衰减率），大约每经过 5730 年衰减为原来的一半，这个时间称为"半衰期"．按照上述变化规律，生物体内碳 14 含量与死亡年数之间有怎样的关系[3]？

教师引导学生得出生物体内碳 14 含量 p 与死亡年数 t 的关系式：$p = \left[\left(\dfrac{1}{2} \right)^{\frac{1}{5730}} \right]^x [x \in [0, +\infty)]$．

问题 3：情境 1 和情境 2 中两个解析式有哪些共同特征？不同之处有哪些？

问题 4：在数学研究中，遇到障碍时可引用符号和字母代替，同学们能不能用一个含字母的表达式表示上述两个解析式呢？

设计意图：弗赖登塔尔指出："我们不应该完全遵循发明者的历史足迹，而是经改良过同时有更好引导的历史过程．"[4]两个情境刚好让学生经历了指数模型的建构过程，并且它们分别代表了增长模型和衰减模型，可以帮助学生更加全面地认识指数函数模型．

2.2.2　过程（Process）阶段：体验探究，内化概念

问题 5：同学们观察刚才所得的解析式有何特点？你能类比它给出几个例子吗？

设计意图：促使学生在大脑中反思指数函数的解析式，归纳出特点，并通过自给例子加深对指数函数解析式的印象．

问题 6：我们发现 a 的赋值不同，a 必须大于 1 吗？a 必须大于 0 吗？

设计意图：通过问题，引发学生的求知欲，使学生意识到要善于发现问题、思考问题．有思考才会有问题，才会有探究，才会有反思，才能深入把握数学内容的本质[5].

活动 1：从数量关系出发，引导学生发现：若 $a = 0$，当 $x > 0$ 时，a^x 恒等于 0，当 $x \leqslant 0$ 时，a^x 无意义；若 $a < 0$，例如 $y = (-2)^x$，当 x 取 $\dfrac{1}{2}$ 或 $\dfrac{1}{4}$ 时，在实数范围内不存在函数值；若 $a = 1$，函数值恒等于 1，是常数函数．因此规定 $a > 0$ 且 $a \neq 1$．

活动 2：从图像出发，利用几何画板展示当 $a = 1$，$a < 0$ 时的图像，发现当 $a = 1$ 时，函数是常数函数（图 1）；当 $a < 0$ 时，函数图像不存在，即无研究价值（图 2）．

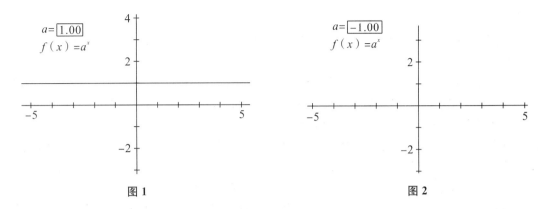

图 1 图 2

设计意图：教材中只给出了底数 a 的规定，并没有说明原由，这是学生学习时的疑难之处．利用数形结合，说明底数 $a>0$ 且 $a\neq 1$，为指数函数定义的引出做铺垫．

问题 7：你能类比前面所学的幂函数的定义给这类函数下定义吗？

设计意图：波利亚指出："类比是一个伟大的引路人."通过类比，让学生回忆幂函数的概念，实现知识的迁移．通过学习指数函数既简捷又严谨的定义，学生可以体会到数学的严谨性．

2.2.3 对象（Object）阶段：课堂练习，深化概念

问题 8：利用指数函数的定义解决下列问题．

例 1 判断下列哪些函数是指数函数．

$y=2^{\frac{1}{x}}$，$y=3^{x^2}$，$y=-2^x$，$y=2020^x$，$y=5^{x+2}$，$y=0.5^x+2$，$y=3\cdot 3^x$．

例 2 已知指数函数 $f(x)=a^x(a>0$ 且 $a\neq 1)$ 且 $f(x)=\pi$，求 $f(0)$，$f(1)$，$f(3)$ 的值．

设计意图：例 1 引发学生对指数函数进行辨析，使学生对指数函数再认知，加深对指数函数特征的印象．例 2 可使学生进一步体会对应关系，并将指数函数的求值纳入已有认知结构中．

问题 9：请同学们用描点法画出函数 $y=2^x$ 和 $y=\left(\dfrac{1}{2}\right)^x$ 的图像，并比较它们之间有何关系．

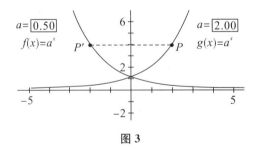

图 3

追问：函数 $y=3^x$ 和 $y=\left(\dfrac{1}{3}\right)^x$ 的函数图像有何联系？函数 $y=4^x$ 和 $y=\left(\dfrac{1}{4}\right)^x$ 的函数图像有何联系？猜想函数 $y=f(x)$ 和 $y=f(-x)$ 的函数图像有何联系？

追问：我们研究幂函数时，是从哪些方面进行的呢？请大家以小组为单位，类比幂函数的研究过程与方法，看看指数函数具有哪些性质.

设计意图：结合函数图像，让学生直观地发现函数的增减性与底数 a 的取值有关. 也让学生明白，研究指数函数的性质既可以从代数角度入手，也可以从几何角度入手[6].

2.2.4　图式（Scheme）阶段：建立图式，整合概念

例 3　比较大小：

$\left(\dfrac{1}{2}\right)^{\sqrt{2}}$ _____ $\left(\dfrac{1}{2}\right)^{\sqrt{3}}$；$1.2^{0.3}$ _____ $1.2^{0.4}$；$0.5^{-\sqrt{2}}$ _____ $0.5^{-\sqrt{3}}$；$1.7^{0.2}$ _____ $0.9^{3.2}$.

例 4　我国现行定期储蓄中的自动转存业务是类似复利计算的储蓄. 复利是把前一期的利息和本金加在一起算作本金，再计算下一期的利息. 按复利计算利息的一种储蓄，本金为 a（单位：元），每期利率为 r，存期数为 x.

（1）写出本利和 y 关于存期数 x 的函数解析式；

（2）如果存入本金 2000 元，每期利率为 2.25%，试计算 6 期后的本利和.

设计意图：帮助学生从不同的背景理解指数函数，引导学生用已学的知识、方法解决问题，从而获得知识体系的建构与拓展，完善认知图式.

2.2.5　小结

（1）同学们本节课收获了什么？

（2）我们研究了指数函数的哪些方面？用了哪些数学思想方法？

（3）指数函数的性质你能说出多少？本节课你认识到了哪些数学模型？

（4）本节课对你有什么启发？在学习过程中你还有哪些疑惑？

设计意图：课堂小结提纲挈领，帮助学生分析初等函数的知识框架，促进学生的知识结构化. 此外，让学生表达出真实感受，便于判断学生的掌握情况.

2.2.6　布置作业

（1）复习本节课所学知识点.

（2）必做题：教材习题 4.2 的第 1、2、3、6 题.

（3）思考题：教材习题拓广探索的第 9 题.

（4）预习三角函数的对数应用.

设计意图：及时复习有助于巩固新形成的图式，完善知识结构，也能查缺补漏；必做题可以考查所有学生对本节课知识点的掌握情况；思考题可满足学有余力的学生的数学发展；预习可使学生思考新知与已学知识之间的联系，对新知有初步的印象，便于对学生的大脑形成刺激.

3　教学反思

结合 APOS 理论的四阶段设计指数函数教学过程，通过螺旋上升的方式学习指数函数的概念，能够更好地帮助学生深刻理解指数函数及其性质，体验指数函数学习的必要

性. 通过循序渐进的四阶段可以培养学生数据分析、逻辑推理、数学建模等数学核心素养. 在指数函数定义及性质的探究过程中,充分利用了特殊与一般、数形结合、转化与化归等思想,将抽象的数学可视化.

需要注意的是,APOS 理论的四个阶段并不是相互孤立的,而是反复建构、螺旋上升的,不可将四个阶段随意删减跨越. 并且教学内容要有探究性和连续性,有先前的活动经验提供方向指导,又有足够的空间给学生类比探究. 此外,情境创设要贴合学生的数学现实,既要有创造性,也要符合学生的实际经验.

参考文献

[1] 鲍建生,周超. 数学学习的心理基础与过程 [M]. 上海:上海教育出版社,2009:380.

[2] 吴华,周鸣. GeoGebra 环境下基于 APOS 理论的数学概念教学研究——以导数概念为例 [J]. 数学教育学报,2013,22(2):87−90.

[3] 章建跃,李增沪. 普通高中教科书数学·第一册(必修)(A 版)[M]. 北京:人民教育出版社,2019:111−121.

[4] Freudenthal H. Phenomenology of mathematical structures [M]. Dordrecht:Reidel,1983:23.

[5] 史宁中,王尚志. 普通高中数学课程标准(2017 年版)解读 [M]. 北京:高等教育出版社,2018.

[6] 斯理炯. 发挥数学的内在力量实现教"数"育人——以新人教 A 版教材"指数函数"的教学为例 [J]. 数学通报,2019,58(9):26−28,42.

第四节　基于深度学习的方程的根与函数零点的教学设计①

1　研究背景及研究现状

方程的根与函数零点在高中教材中起到连接代数与函数的重要作用. 用函数思想统领中学代数,进而把中学代数融入函数思想下,零点问题起到桥梁作用. 本节内容蕴含多种数学思想,如数形结合思想、函数与方程思想、化归与转化思想等,对学生思维是一个重大的挑战,教师对学生如何进行思维培养也是一个值得关注的问题. 作为全国第二届数学教育硕士专业教学技能大赛决赛的八个课题之一,知网上从 2008 年到 2020 年关于本节内容的文献多达 50 篇,说明方程的根与函数零点是一个热门话题,其重要程度可见一斑.

崔静静和赵思林设计了以问题串为驱动,探究方程的根与函数零点的关系的教学案例,以解决问题的形式促进学生数学思维的发展[1]. 钱珮玲认为教师要帮助学生认识求方程根的问题可以转化为求相应的函数零点问题来解决,以运动变化的观点来看待方程的根与函数零点的联系[2]. 张跃红在钱珮玲的基础上设计教学案例,从几何直观入手,加强学生的思辨能力[3]. 袁亮对教材的思考题和探究进行了深度剖析,且就数形结合思想对函数与方程联系的重要性编写了教学案例[4].

---

① 作者:刘倩、李红霞.

不仅是一线教师，教研员、高校研究生对于本课题的关注度也很高. 就现有的教学设计来说，普遍对教材进行了深度加工，也凸显了一个问题，太注重现代教学设备的使用和课堂探究活动，忽视了真正重要的价值观与学习品质的培养，而深度学习可以促进学生核心素养的养成. 因此，本节将应用深度学习理论建立一个可操作的有效的方程的根与函数零点的教学模式.

2　深度学习概述

2.1　深度学习的概念

Biggs 认为深度学习是一种对知识高水平的认知或者主动地对知识进行认知加工的学习方式. 他提出浅层学习是对知识进行低水平认知加工的学习方式，且给出了深度学习与浅表学习的行为特点. 他认为深度学习旨在理解阐述，批判思考，并将一个概念与另一个概念相互联结整合；而浅表学习则是采用机械背诵与复述的策略[5]. Beattie 等提出深度学习方式表明学习者为了理解和应用知识而主动地进行学习[6]. 在此之后，随着社会各界对于深度学习的高度关注，深度学习的界定逐渐趋于多元化. 深度学习多用于人工智能方面，迁移到教育领域之后，国内学者黎加厚教授团队的阐释最具代表性. 他们认为，深度学习是指一种理解与迁移的方式. 在理解的基础上，学习者能够批判地学习新思想和事实，并将它们融入原有的认知结构中，能够在众多思想间进行联系，并能够将已有的知识迁移到新的情境中，做出决策和解决问题的学习[7].

2.2　深度学习的特征

深度学习的特征都是通过与浅表学习的对比分析提出的，两者在学习目标、过程、结果、方式和态度方面都有区别. 从学习目标、过程和方式三方面进行分析，深度学习注重知识学习的批判理解，掌握学习内容的有机整合，着意学习过程的建构，重视学习的迁移运用与问题的解决[8]. 深度学习具有提升学习者的高阶思维能力、迁移能力、问题解决能力及信息间的整合能力，提高学习效率，发展价值观和批判精神，情感、行为高投入的特征.

2.3　深度学习与数学教学的联系

数学深度学习是指在教师的引领下，学生围绕具有挑战性的数学学习主题，全身心积极参与、获得发展的有意义的学习过程[9]. 深度学习被认为是实现核心素养落地的重要途径. 要做好深度教学，需要从教育三要素进行把控.

教师是学习的引导者，学生学会深度学习的前提是教师学会深度教学. 深度教学需要教师超越具体知识和技能，深入到思维的层面，由具体的方法与策略过渡到一般性思维策略的教学与思维品质的提升，从而帮助学生学会学习，真正成为学习的主人[10]. 从发挥教师作用的角度研究深度学习，是深度学习得以发生的保证[11]. 此外，教师对深度学习的理解不能经验化，需要适当的理论支撑，例如教育教学学习理论.

学生是学习的主体，在深度教学的带领下学会深度学习，感受深度学习的魅力，在此过程中提升思维能力和解决问题的能力，养成良好的学习习惯与价值观.

教育影响是联系教育者和受教育者的桥梁，教师需要充分利用教育影响教会学生深度学习. 采用整体性教学设计引导学生经历数学知识体系的建构过程，促进学生深度学习，积累可以迁移的数学学习和研究经验[12]. 精选一些教学内容实施深度学习，让学生在此过程中提升解决问题的能力，直到核心素养的养成. 课堂留白艺术为学生发现和提出、分析和解决问题创造了条件，能有效提高学生的课堂参与度，实现深度学习，促进学生核心素养的培养. 学生在课堂上的思维是围绕问题展开的，问题的深度决定了学生思维的深度.

3 深度学习下的方程的根与函数零点的教学案例

3.1 方程的根与函数零点的教材分析

3.1.1 教材地位

方程的根与函数零点在高中教材中起到连接代数与函数的重要作用，用函数思想统领中学代数，进而把中学代数融入函数思想下，零点问题起到桥梁作用. 函数通过与方程的根紧密联系，更是提升了思想、方法在高中课程中的地位，为后面学习二分法奠定了基础.

3.1.2 教学目标

（1）知识与技能
理解函数零点的定义，体会方程与函数的联系，掌握判断函数零点存在的条件.
（2）过程与方法
能借助函数图像探究出"函数零点存在定理"，借助图像理解定理的条件的充分不必要性，经历知识的建构过程.
（3）情感、态度与价值观
体验从特殊到一般、转换与化归、数形结合等数学思想，提升问题解决能力，培养批判精神.

3.1.3 教学重难点

（1）重点：方程与函数的关系，函数零点存在性定理的探究，用函数思想解决方程问题的意识的培养.
（2）难点：零点存在性定理的条件是充分不必要的理解.

3.2 深度学习下方程的根与函数零点的案例设计

3.2.1 问题导入

如何求方程 $x^5-2x-1=0$ 的实数根？

简要介绍阿贝尔关于一般五次以上方程不存在公式解的结论. 学生无法通过代数方法求解这个方程的根, 则会从几何方面考虑.

设计意图: 问卷调查结果显示, 学生对于数学文化兴趣浓厚, 教师对于数学文化讲解认可度高, 但教师缺乏对学生价值观和学习品质的培养. 因此, 在教学情境导入中渗透数学文化有利于培养学生的数学价值观. 对于五次方程无公式解, 学生就会想怎样解决这个问题, 从而激发兴趣, 加深思考, 提升思维空间和问题解决能力.

3.2.2 启发思考

五次方程太复杂, 图形不知是怎样的. 引导同学们从二次方程出发, 进行思考.

(1) 方程 $2x^2+3x+1=0$ 有实数根吗? 有几种判断方法?

从代数方面可以用 $\triangle$ 来判断, 从几何方面可以借助二次函数图像来判断.

通过配方法和求根公式, 可以求出 $2x^2+3x+1=0$ 的根为 $x_1=-1$, $x_2=-0.5$.

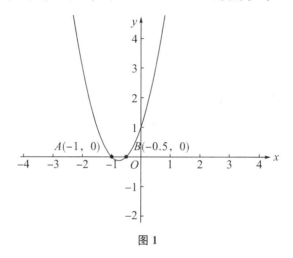

图 1

用几何画板画出 $f(x)=2x^2+3x+1$ 的图像, 直观可知二次方程的根就是对应二次函数与 x 轴交点的横坐标. 方程左边变成 $f(x)=2x^2+3x+1$, 右边变成 $y=0$, 即 x 轴. 推导也可以得出二次方程的根就是对应二次函数与 x 轴交点的横坐标这一结论.

设计意图: 数学深度学习是通过学生全身心投入课堂活动, 积极参与几何直观、问题解决等思维活动, 从而获得数学思维与价值观的发展的学习方式. 这个环节通过几何直观、数形结合的方法, 让学生直观感受方程的根即函数图像与 x 轴交点的横坐标. 先从直观上感知方程与函数的关系, 进而形成零点概念. 将五次方程问题转化为二次方程问题, 达到思维能力的最近发展区, 有利于知识的迁移. 从教师的访谈记录来看, 这样的教学设计能让学生更好地认识到用函数思想解决方程问题的重要性.

(2) 一般的方程与相应的函数是否也有这样的关系?

用 $f(x)=0$ 表示一般方程, 此时 $f(x)$ 可以表示任意次数的方程, 方程左边变成 $y=f(x)$, 右边变成 $y=0$, 即 x 轴. 推导也可以得出方程的根就是对应函数与 x 轴交点的横坐标这一结论.

设计意图: 先直观后抽象, 从特殊的二次函数过渡到一般函数. 让学生的思维平稳过渡, 有利于培养学生的迁移能力和高阶思维能力, 符合深度学习的特征.

3.2.3 形成概念

方程的实数根即为对应函数的零点,从而引出零点概念.

对于函数 $y = f(x)$,我们把使 $f(x) = 0$ 的实数 x 叫作函数 $y = f(x)$ 的零点.

零点是点吗? 方程与函数有着怎样的联系?

引导学生明确零点是一个实数,而不是一个点,实数轴是实数的另一种表现形式.

方程 $f(x) = 0$ 有实数根⇔函数 $y = f(x)$ 的图像与 x 轴有交点⇔函数 $y = f(x)$ 有零点.

设计意图:加深学生对零点定义的挖掘与理解,得到函数与方程之间的等价关系,用旧知同化新知,建构函数与方程的联系,扩充知识体系.让学生进一步感受用函数思想解决方程问题的重要性,有利于培养学生信息间的整合能力,进而学会深度学习.

3.2.4 深度加工

下面来探究零点存在定理.

(1) 求函数 $f(x) = x^5 - 2x - 1$ 的零点.

由前面探究可知,该方程的实数根即其函数图像与 x 轴交点的横坐标,借助几何画板画出函数的图像,可知该方程的实数根为 $x_A = -1$,$x_B = -0.62$,$x_C = 1.29$.

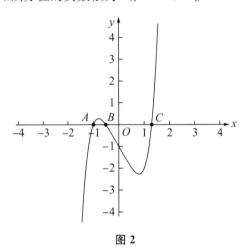

图 2

设计意图:提出问题后需要解决问题,与情境问题呼应.一个问题多次使用,既可以减轻学生的记忆负担,又可以为后面探究零点存在定理提供实例.问题解决是数学价值体会的基础,也是对知识深度加工的过程,有利于提升学生的学习效率,发展学生的数学思维品质.

(2) 根据上面的图像,观察函数在区间 $(-2, -0.75)$,$(-0.75, 0)$,$(1, 2)$ 内是否有零点. 区间满足怎样的条件时,函数有零点?

由图像直观可得 $x_A \in (-2, -0.75)$,$x_B \in (-0.75, 0)$,$x_C \in (1, 2)$,三个零点分别在三个区间内. 又有 $f(-2) < 0$,$f(-0.75) > 0$,则 $f(-2) \cdot f(-0.75) < 0$;$f(-0.75) > 0$,$f(0) < 0$,则 $f(-0.75) \cdot f(0) < 0$;$f(1) < 0$,$f(2) > 0$,则 $f(1) \cdot f(2) < 0$. 猜想,$f(a) \cdot f(b) < 0$,区间 (a, b) 内有零点.

(3) 只要满足 $f(a) \cdot f(b) < 0$，是否在区间 $(a，b)$ 内有零点?

引导学生思考，举出反例 $y = \dfrac{1}{x}$，探究还需满足的条件为函数图像连续.

(4) 是不是函数 $y = f(x)$ 在区间 $[a，b]$ 上的图像是连续不断的一条曲线，并且有 $f(a) \cdot f(b) < 0$，函数 $y = f(x)$ 在区间 $(a，b)$ 内就有零点?

归纳概括零点存在定理，如果函数 $y = f(x)$ 在区间 $[a，b]$ 上的图像是连续不断的一条曲线，并且有 $f(a) \cdot f(b) < 0$，那么函数 $y = f(x)$ 在区间 $(a，b)$ 内有零点，即存在 $c \in (a，b)$，使得 $f(c) = 0$，那么这个 c 也就是方程 $f(x) = 0$ 的根.

设计意图：由调查问卷结果可以看出学生对于亲自经历定理的推导过程是非常感兴趣的，且收获较大. 让学生自己归纳出零点存在定理是有难度的，由问题驱动，问题环环相扣，引导学生亲自经历零点存在定理的推导过程，可以培养学生解决问题的能力，发展学生的高阶思维能力，也可以逐渐培养学生的批判精神.

(5) 如果函数 $y = f(x)$ 在区间 $(a，b)$ 内有零点，是否一定有 $f(a) \cdot f(b) < 0$?

引导学生深入思考，举出反例，在区间 $(-3，3)$ 内有两个零点，但 $f(-3) \cdot f(3) > 0$，得到函数零点判定定理的条件是充分不必要的.

(6) 如果函数 $y = f(x)$ 在区间 $(a，b)$ 内有零点，一定只有一个零点吗? 如果有且仅有一个零点，还需要满足什么条件?

举出反例，区间 $(-3，3)$ 内有两个零点. 函数在区间上单调，则有且仅有一个零点.

设计意图：通过问题导向，引发学生认知冲突，引导学生深入思考. 在经历知识产生的过程中，体会数学思想，促进思维的发展，获得数学思维方式. 长此以往，学生就能学会深度学习，认识到数学逻辑的严谨性，从而保证课堂教学高效率.

3.2.5　学以致用

例 1　求方程 $\ln x + 3x - 6 = 0$ 的零点个数.

解法 1：$\ln x + 3x - 6 = 0 \Rightarrow \ln x = -3x + 6$，零点即为函数 $y = \ln x$ 与函数 $y = -3x + 6$ 的交点的横坐标，画出 $y = \ln x$ 与 $y = -3x + 6$ 的图像，可以得到在区间 $(1，2)$ 内只有一个交点.

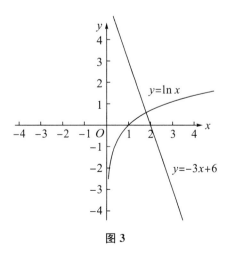

图 3

解法 2：用几何画板画出函数 $f(x)=\ln x+3x-6$ 的图像.

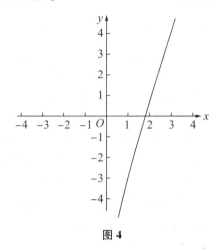

图 4

由图可知 $f(1)<0$，$f(2)>0$，则 $f(1)\cdot f(2)<0$，故函数在$(1,2)$内有零点.

又因为函数 $f(x)=\ln x+3x-6$ 在定义域$(0，+\infty)$上单调递增，所以该函数只有一个零点.

这为下一节课用"二分法"缩小区间长度寻找这个解的近似值埋下了伏笔.

例 2 （2010 福建高考第 4 题)函数 $f(x)=\begin{cases}x^2+2x-3，& x\leqslant 0\\-2+\ln x，& x>0\end{cases}$ 的零点个数为（　　）.

A. 0　　　　　　　B. 1　　　　　　　C. 2　　　　　　　D. 3

解：当 $x\leqslant 0$ 时，由 $f(x)=x^2+2x-3=0$，得 $x_1=1$(舍去)，$x_2=-3$.

当 $x>0$ 时，由 $f(x)=-2+\ln x=0$，得 $x=\mathrm{e}^2$，所以函数的零点个数为 2.

设计意图：例题层层递进，让学生更进一步感受用函数思想解决方程问题的重要性. 巩固所学知识，检测知识的掌握程度，提升解决问题的能力，加深对知识的理解. 一题多解，培养学生的发散思维.

3.2.6　课堂小结

(1) 这节课包含了哪些数学思想？

(2) 谈谈这节课有什么收获？

设计意图：让学生体会数形结合、化归与转化、函数与方程以及归纳思想，培养数学思维、核心素养. 让学生反思，自我总结，及时发现学习中的问题，妥善解决. 课后总结是知识内化的重要环节，并让学生感受数学思维的重要性.

3.2.7　布置作业

(1) 复习本节课内容.

(2) 完成课本第 88 页练习 1～3 题.

(3) 预习二分法.

设计意图：课后及时巩固，减少遗忘. 二分法将函数与方程的联系更加具体化了. 作业可以及时将学生的掌握程度以及存在的问题反馈给教师，便于教师评价管理. 教师通过作业完成情况对学生进行形成性评价，是对深度学习有效度的一个检测.

3.3 效果分析

问题导向有利于学生高阶思维的发展，教师的深度教学能够引发学生的深度学习. 通过一系列精心设计的问题和教学活动，引导学生进行深度思考，引发学生产生认知冲突，打破原有认知，进而全身心地投入教学活动. 在教师的引导下，学生在经历知识产生的过程中体会数学思想，促进思维的发展，获得数学思维方式.

与传统教学相比，深度教学更具优势. 对于学生来说，有利于提高建构数学知识体系的能力，提升终身发展的学习品质和核心素养. 学生在学习数学时常常会觉得困难，是因为学习品质存在缺陷，学习习惯不好. 在解题时，照搬公式或者只会简单模仿解题过程，翻开书了然，合上书茫然. 学会深度学习，就会知其然且知其所以然. 对于教师来说，能更好地理解、运用教材，提高教学效率. 数学学习的真正发生需要激活学生已有的经验，引导学生在问题情境下进入学习，促进学生深度思考. 因此，落实核心素养，必须让学生经历深度学习的过程.

4 结束语

从"深度学习"与"方程的根与函数零点"两方面进行检索、整理与评述，得到深度学习的特征，了解到一线教师对于方程的根与函数零点教学的想法，并发现不足之处，即太注重现代教学设备的使用和课堂探究活动，而忽视了真正重要的价值观与学习品质的培养. 结合调查问卷结果与访谈中显示的问题以及教师的建议，给出了深度学习模式下的方程的根与函数零点的教学案例.

由于条件的局限性，教案中还存在许多不足之处. 本次选取的样本容量有限，仅调查了一所学校的部分学生以及教师，并且没有条件将教案运用于课堂，不能通过实践看到教学案例的效果以及不足之处. 后续应当选取多个学校以及班级展开调查，将教案运用于课堂，根据反馈的情况对教案进行修改.

参考文献

[1] 崔静静，赵思林. 基于问题解决的教学设计——以"方程的根与函数零点"为例 [J]. 上海中学数学，2018 (4)：5-7.

[2] 钱珮玲. 以知识为载体突出联系展现思想方法——对"方程的根与函数零点"教学的思考 [J]. 数学通报，2008，47 (5)：12-14.

[3] 张跃红. "方程的根与函数零点"的数学实践与思考 [J]. 数学通报，2010，49 (1)：48-50.

[4] 袁亮. "方程的根与函数零点"教学分析与建议 [J]. 数学教学通讯，2018 (21)：7-8.

[5] Biggs J. Individual differences in the study process and the quality of learning outcomes [J]. Higher Education, 1979, 8 (4)：381-394.

[6] Beattie V, Collins B, McInnes B. Deep and surface learning：a simple or simplistic dichotomy [J]. Accounting Education, 1997, 6 (1)：1-12.

[7] 何玲，黎加厚. 促进学生深度学习 [J]. 现代教学，2005 (5)：29-30.

[8] 孙学东，周建勋. 数学"深度学习"是什么？常态课堂如何可为 [J]. 中学数学教学参考，

2017 (14): 57-60.

[9] 朱学丰. 关于高中数学深度学习的深度思考 [J]. 数学教学通讯, 2018 (21): 52-53.

[10] 王圆圆. 高中数学深度学习所需要的科学支撑浅议 [J]. 数学教学通讯, 2019 (15): 46-47.

[11] 朱先东. 指向深度学习的数学整体性教学设计 [J]. 数学教育学报, 2019, 28 (5): 33-36.

[12] 黄祥勇. 数学核心素养导向下的深度教学 [J]. 外国教育研究, 2018, 57 (6): 29-32, 63.

第二章　数列及教学

数列既是高中数学的重要内容，又是学习高等数学的基础，故而在高考中占有重要地位．数列中蕴含着丰富的数学思想方法，如递归的思想、归纳的思想、逼近的思想等．数列的应用范围非常广泛，如斐波那契数列，即：1，1，2，3，5，8，13，…不仅在初等数学中常会涉及，而且在优化理论和运筹学方面也有着广泛的应用．数列是培养学生逻辑思维、抽象思维、归纳思维的良好题材．数列起到承前启后的作用．由于数列与以前所学知识具有较强联系，特别是与函数知识有密切联系，新教材安排数列在函数之后教学，有利于用函数观点来认识数列本质，也有利于加深对函数概念的理解．同时，学习数列又为继续学习极限等内容做好准备，是高等数学的基础．

中学数列的主要内容包括数列的概念，等差数列、等比数列的定义、通项公式和前 n 项和公式及运用，等差数列、等比数列的有关性质．

第一节　高考递推数列的类型与解法研究①

1　数列的研究背景及其现状分析

数列作为一种特殊的函数，是反映自然规律的基本数学模型．课标中明确要求学生联系日常生活中的实际问题，探索并掌握数列的基本数量关系，感受数列模型的广泛应用，并利用它们解决一些实际问题[1]．数列在高考中一般占 5～20 分．在 2017 年浙江高考卷中，涉及数列的有一道 5 分的选择题和一道 15 分的解答题．由此可见，数列的分值在高考中占有很大的比重．而在自主招生考试数学试题中，数列也是必考题，因为数列既是研究离散问题的重要数学模型，也是学习高等数学的重要基础[2]．学习数列知识时，要求学生学会归纳推理思想、化归与转化思想、分类讨论思想、函数与方程思想等．

关于高考递推数列，许多专家和教师都做了相关研究．例如，程芳军[3]把数列问题分成了五类；谭云峰[4]例举了四种类型及其解法；李东月[5]分析了 13 种类型及其求法；齐斌德[6]提出求递推数列时可以通过一定的转化，将"新问题"转化为熟悉的模型，有效解决相关问题．现代社会对学生的素养要求越来越高，高考数列题也越来越灵活，不再拘泥

---

① 作者：吴佳、赵思林．

于以前的形式，数列常常与不等式、方程、函数、解析几何等融合在一起考查，这就要求学生灵活运用数形结合思想、分类讨论思想、化归思想、函数与方程思想等．为了使教师和学生了解近几年高考递推数列题的类型和解法，本节对近几年的高考数列题进行了系统的分类，并加以分析归纳，对每种类型给出了相应的解决通法，这也方便教师在高三数学复习时系统、有方向、有计划地逐步分解数列考点．

2 高考中几类递推数列及求解方法

2.1 递推数列 $a_{n+1} = f(a_n)$ 及解法

当 $p=0,1$ 时，一次递推关系式较简单，故在此不做过多说明．针对 $p \neq 0,1$ 的一次递推关系式，常采用待定系数法、累加法、逐差法．

方法 1：待定系数法

当一次递推关系式 $a_{n+1} = pa_n + q(p \neq 0,1，q \neq 0)$ 时，根据数列特征，一般可采用待定系数法．

由 $a_{n+1} = pa_n + q$，可设 $a_{n+1} + \lambda = p(a_n + \lambda)$，化简后可得 $a_{n+1} = pa_n + (p-1)\lambda$，与 $a_{n+1} = pa_n + q$ 比较，$(p-1)\lambda = q \Rightarrow \lambda = \dfrac{q}{p-1}$．当 $a_1 + \dfrac{q}{p-1} \neq 0$ 时，数列 $\left\{a_n + \dfrac{q}{p-1}\right\}$ 是首项为 $a_1 + \dfrac{q}{p-1}$，公比为 p 的等比数列[7-8]．

因此，$a_n = \begin{cases} \dfrac{q}{1-p}, & a_1 + \dfrac{q}{p-1} = 0, \\ \dfrac{q}{1-p} + \left(a_1 + \dfrac{q}{p-1}\right)p^{n-1}, & a_1 + \dfrac{q}{p-1} \neq 0. \end{cases}$

例 1　（2014 年全国卷 II 理）已知数列 $\{a_n\}$ 满足 $a_1 = 1$，$a_{n+1} = 3a_n + 1$．

（I）证明：$\left\{a_n + \dfrac{1}{2}\right\}$ 是等比数列，并求 $\{a_n\}$ 的通项公式；

（II）证明：$\dfrac{1}{a_1} + \dfrac{1}{a_2} + \cdots + \dfrac{1}{a_n} < \dfrac{3}{2}$．

解：（I）已知 $a_{n+1} = 3a_n + 1$，可设 $a_{n+1} + \lambda = 3(a_n + \lambda)$，化简后可得 $a_{n+1} = 3a_n + 2\lambda$，$2\lambda = 1$，解得 $\lambda = \dfrac{1}{2}$．所以 $a_{n+1} + \dfrac{1}{2} = 3\left(a_n + \dfrac{1}{2}\right)$．

也就是说，$\left\{a_n + \dfrac{1}{2}\right\}$ 是首项为 $a_1 + \dfrac{1}{2} = \dfrac{3}{2}$，公比为 3 的等比数列．

$a_n + \dfrac{1}{2} = \dfrac{3^n}{2}$，那么 $a_n = \dfrac{3^n - 1}{2}$．

（II）由（I）可知，$\dfrac{1}{a_n} = \dfrac{2}{3^n - 1}$．易知，

当 $n=1$ 时，$\dfrac{1}{a_1} = 1$；

当 $n \geqslant 2$ 时，$\dfrac{1}{3^n - 1} < \dfrac{1}{2 \times 3^{n-1}}(n \geqslant 2)$．

那么 $\dfrac{1}{a_n}=\dfrac{2}{3^n-1}<\dfrac{1}{3^{n-1}}(n\geqslant 2)$.

所以 $\dfrac{1}{a_1}+\dfrac{1}{a_2}+\cdots+\dfrac{1}{a_n}<1+\dfrac{1}{3}+\cdots+\dfrac{1}{3^{n-1}}=\dfrac{3}{2}\left(1-\dfrac{1}{3^n}\right)<\dfrac{3}{2}$.

故 $\dfrac{1}{a_1}+\dfrac{1}{a_2}+\cdots+\dfrac{1}{a_n}<\dfrac{3}{2}$.

方法 2：累加法

当递推关系式 $a_{n+1}=a_n+f(n)$ 时，可以用累加法.

当 $n\geqslant 2$ 时，$a_2-a_1=f(1)$，$a_3-a_2=f(2)$，$\cdots$，$a_n-a_{n-1}=f(n-1)$.

将以上各式依次相加，可得 $a_n=a_1+f(1)+f(2)+\cdots+f(n-1)$.

即数列 $\{a_n\}$ 的通项公式 $a_n=\begin{cases}a_1, & n=1,\\ a_1+f(1)+f(2)+\cdots+f(n-1), & n\geqslant 2.\end{cases}$

例 2（2014 年大纲卷文）数列 $\{a_n\}$ 满足 $a_1=1$，$a_2=2$，$a_{n+2}=2a_{n+1}-a_n+2$.

（Ⅰ）设 $b_n=a_{n+1}-a_n$，证明 $\{b_n\}$ 是等差数列；

（Ⅱ）求 $\{a_n\}$ 的通项公式.

解：（Ⅰ）因为 $a_{n+2}=2a_{n+1}-a_n+2$，所以 $a_{n+2}-a_{n+1}=a_{n+1}-a_n+2$，$(a_{n+2}-a_{n+1})-(a_{n+1}-a_n)=2$.

又因为 $b_n=a_{n+1}-a_n$，则 $b_{n+1}=a_{n+2}-a_{n+1}$，所以 $b_{n+1}-b_n=2$，$b_1=a_2-a_1=2-1=1$.

故 $\{b_n\}$ 是首项为 1，公差为 2 的等差数列.

（Ⅱ）由（Ⅰ）可知，$a_{n+1}-a_n=1+(n-1)\cdot 2=2n-1$，所以 $a_{n+1}=a_n+2n-1$.

故 $a_2-a_1=1$，$a_3-a_2=3$，$\cdots$，$a_n-a_{n-1}=2n-3$.

将以上各式依次相加，可得 $a_n=1+1+3+\cdots+(2n-3)=n^2-2n+2$.

方法 3：逐差法

当递推关系 $a_{n+1}=a_n+f(n)$ 时，也可以用逐差法.

当 $n\geqslant 2$ 时，$a_n=(a_n-a_{n-1})+(a_{n-1}-a_{n-2})+\cdots+(a_2-a_1)+a_1$.

根据等式：$a_2-a_1=f(1)$，$a_3-a_2=f(2)$，$\cdots$，$a_n-a_{n-1}=f(n-1)$，

可以得到 $a_n=a_1+f(1)+f(2)+\cdots+f(n-1)$.

也能得到通项公式 $a_n=\begin{cases}a_1, & n=1,\\ a_1+f(1)+f(2)+\cdots+f(n-1), & n\geqslant 2.\end{cases}$ 当然，如果求的是前 n 项和，也可以运用类似的方法.

例 3（2017 年全国卷Ⅲ文）设数列 $\{a_n\}$ 满足 $a_1+3a_2+\cdots+(2n-1)a_n=2n$.

（Ⅰ）求 $\{a_n\}$ 的通项公式；

（Ⅱ）求数列 $\left\{\dfrac{a_n}{2n+1}\right\}$ 的前 n 项和.

解：（Ⅰ）略.

（Ⅱ）设 $b_n=\dfrac{a_n}{2n+1}$，由（Ⅰ）可知，$b_n=\dfrac{2}{(2n-1)(2n+1)}=\dfrac{1}{2n-1}-\dfrac{1}{2n+1}$. 根据逐差法，可得数列 $\{b_n\}$ 的前 n 项和为：

$$S_n=\left(1-\dfrac{1}{3}\right)+\left(\dfrac{1}{3}-\dfrac{1}{5}\right)+\left(\dfrac{1}{5}-\dfrac{1}{7}\right)+\cdots+\left(\dfrac{1}{2n-3}-\dfrac{1}{2n-1}\right)+\left(\dfrac{1}{2n-1}-\dfrac{1}{2n+1}\right)$$

$$=1-\frac{1}{2n+1}$$

$$=\frac{2n}{2n+1}.$$

一般高考中出现的数列的二次递推关系式可以通过因式分解、平方等方法来进行化解，进而可以得到关于数列的一次递推关系式，或可以直接看出 a_n，a_{n+1} 间的关系．下面两道例题分别就是化解后得到关于数列的一次递推关系式和化解后可以容易看出 a_n，a_{n+1} 间关系的情况．

方法 4：因式分解法

例 4 （2016 年全国卷 Ⅲ）已知各项都为正数的数列 $\{a_n\}$ 满足 $a_1=1$，$a_n^2-(2a_{n+1}-1)\cdot a_n-2a_{n+1}=0$．

（Ⅰ）求 a_2，a_3；

（Ⅱ）求 $\{a_n\}$ 的通项公式．

解：（Ⅰ）由 $a_1=1$ 及 $a_n^2-(2a_{n+1}-1)\cdot a_n-2a_{n+1}=0$ 可知，$a_1^2-(2a_2-1)a_1-2a_2=0$，那么 $a_2=\frac{1}{2}$．

同理，$a_2^2-(2a_3-1)a_2-2a_3=0\Rightarrow a_3=\frac{1}{4}$．

（Ⅱ）由 $a_n^2-(2a_{n+1}-1)\cdot a_n-2a_{n+1}=0$，可得 $a_n^2-2a_{n+1}a_n+a_n-2a_{n+1}=0$，$a_n(a_n+1)-2a_{n+1}\cdot(a_n+1)=0$，$(a_n+1)\cdot(a_n-2a_{n+1})=0$，解得 $a_n=-1$ 或 $a_n=2a_{n+1}$．

因为数列 $\{a_n\}$ 的各项都为正数，所以 $a_n=2a_{n+1}$，即 $\frac{a_{n+1}}{a_n}=\frac{1}{2}$．

故数列 $\{a_n\}$ 是首项为 1，公比为 $\frac{1}{2}$ 的等比数列．

因此，$\{a_n\}$ 的通项公式为 $a_n=\left(\frac{1}{2}\right)^{n-1}$．

方法 5：平方法

例 5 （2014 年重庆理）设 $a_1=1$，$a_{n+1}=\sqrt{a_n^2-2a_n+2}+b(n\in\mathbf{N}^*)$．

（Ⅰ）若 $b=1$，求 a_2，a_3 及数列 $\{a_n\}$ 的通项公式；

（Ⅱ）若 $b=1$，问：是否存在实数 c，使得 $a_{2n}<c<a_{2n+1}$ 对所有 $n\in\mathbf{N}^*$ 成立，证明你的结论．

分析：题干中已知 $a_{n+1}=\sqrt{a_n^2-2a+2}+b$，并且等式中带有根号．遇到这种带有根号的情况，一般是用平方法，即移项后两边分别平方．

解：（Ⅰ）当 $b=1$ 时，$a_{n+1}=\sqrt{a_n^2-2a_n+2}+1$．

又因为 $a_1=1$，那么 $a_2=\sqrt{a_1^2-2a_1+2}+1=2$，$a_3=\sqrt{a_2^2-2a_2+2}+1=\sqrt{2}+1$．

$a_{n+1}=\sqrt{a_n^2-2a_n+2}+1$ 可变形为 $(a_{n+1}-1)^2=(a_n-1)^2+1$，故 $\{(a_n-1)^2\}$ 是首项为 $(a_1-1)^2=0$，公差为 1 的等差数列，所以 $(a_n-1)^2=n-1$．

因此 $a_n=\sqrt{n-1}+1(n\in\mathbf{N}^*)$．

（Ⅱ）略．

2.2 递推方程 $a_1f(1)+a_2f(2)+\cdots+a_nf(n)=g(n)$ 及解法

此类数列是关于数列各项之间的关系. 这类题看起来很复杂, 而且不知道该怎么入手, 实际上是比较简单的. 比如 2017 年新课标全国卷 III 文就是用的作差法. 根据已知的 $g(n)$, 可得到 $g(n-1)$, 那么两式作差, 就能得到数列 $\{a_n\}$ 的通项公式. 2017 年江苏卷也是此类问题的应用, 第一小问可以直接根据题干给出的定义进行证明, 第二小问就需要思考, 考虑怎么作差.

方法：作差法

例 6 （2017 年全国卷 III 文）设数列 $\{a_n\}$ 满足 $a_1+3a_2+\cdots+(2n-1)a_n=2n$.

（I）求 $\{a_n\}$ 的通项公式;

（II）求数列 $\left\{\dfrac{a_n}{2n+1}\right\}$ 的前 n 项和.

解:（I）由 $a_1+3a_2+\cdots+(2n-1)a_n=2n$, ①

可知, 当 $n\geqslant2$ 时, $a_1+3a_2+\cdots+(2n-3)\cdot a_{n-1}=2(n-1)$, ②

由①-②, 得 $(2n-1)a_n=2(n\geqslant2)$, 故 $a_n=\dfrac{2}{2n-1}(n\geqslant2)$.

当 $n=1$ 时, 由题意可知 $a_1=2\times1=2$, 满足 $a_n=\dfrac{2}{2n-1}$.

因此 $\{a_n\}$ 的通项公式为 $a_n=\dfrac{2}{2n-1}$.

（II）略.

例 7 （2017 年高考江苏卷）对于给定的正整数 k, 若数列 $\{a_n\}$ 满足: $a_{n-k}+a_{n-k+1}+\cdots+a_{n-1}+a_{n+1}+\cdots+a_{n+k-1}+a_{n+k}=2ka_n$, 对任意正整数 $n(n>k)$ 总成立, 则称数列 $\{a_n\}$ 是 "$P(k)$ 数列".

（I）证明: 等差数列 $\{a_n\}$ 是 "$P(3)$ 数列";

（II）若数列 $\{a_n\}$ 既是 "$P(2)$ 数列", 又是 "$P(3)$ 数列", 证明: $\{a_n\}$ 是等差数列.

证明:（I）设等差数列 $\{a_n\}$ 的首项为 a_1, 公差为 d, 那么通项公式为 $a_n=a_1+(n-1)d$.

当 $n>3$ 时, $a_{n-k}+a_{n+k}=a_1+(n-k-1)d+a_1+(n+k-1)d=2a_n$.

由题意可知, $P(3)$ 数列为

$$a_{n-3}+a_{n-2}+a_{n-1}+a_{n+1}+a_{n+2}+a_{n+3}=(a_{n-3}+a_{n+3})+(a_{n-2}+a_{n+2})+(a_{n-1}+a_{n+1})$$
$$=2a_n+2a_n+2a_n=2\cdot3a_n,$$

故等差数列 $\{a_n\}$ 是 "$P(3)$ 数列".

（II）因为数列 $\{a_n\}$ 是 "$P(2)$ 数列", 所以

$a_{n-2}+a_{n-1}+a_{n+1}+a_{n+2}=4a_n$. ①

又因为数列 $\{a_n\}$ 是 "$P(3)$ 数列", 那么也满足

$a_{n-3}+a_{n-2}+a_{n-1}+a_{n+1}+a_{n+2}+a_{n+3}=6a_n$. ②

由①可知:

$a_{n-3}+a_{n-2}+a_n+a_{n+1}=4a_{n-1}$, ③

$a_{n-1}+a_n+a_{n+2}+a_{n+3}=4a_{n+1}$. ④

由②－（③＋④），得$-2a_n=6a_n-4a_{n-1}-4a_{n+1}$，那么$2a_n=a_{n-1}+a_{n+1}$.

故$a_{n+1}-a_n=a_n-a_{n-1}$，也就是说，数列$\{a_n\}$是等差数列，即证.

2.3 递推方程$S_n=f(a_n)+g(n)$及解法

遇到此类问题，一般联想到$S_n-S_{n-1}=a_n$，$S_{n+1}-S_n=a_{n+1}$这两个式子，采用作差法求解.

方法：作差法

已知条件中只含有S_n，a_{n+1}的关系式，遇到此类形式，一般根据$S_n=f(a_{n+1})$，可得到$S_{n-1}=f(a_n)$，两式相减可得到含有a_n，a_{n+1}的关系式.

由$S_n=f(a_{n+1})$可知，$S_{n-1}=f(a_n)$，两式相减，可得$a_{n+1}=f(a_n)$. 化成了类型一，于是运用类型一中的方法即可求解.

例8 （2016年高考浙江卷）设数列$\{a_n\}$的前n项和为S_n. 已知$S_2=4$，$a_{n+1}=2S_n+1$，$n\in\mathbf{N}^*$.

（Ⅰ）求通项公式a_n；

（Ⅱ）求数列$\{|a_n-n-2|\}$的前n项和.

解：（Ⅰ）因为$a_{n+1}=2S_n+1$，①

所以当$n\geqslant2$时，$a_n=2S_{n-1}+1$，②

由①－②，可得$a_{n+1}-a_n=2a_n$，$a_{n+1}=3a_n$.

又因为$n\in\mathbf{N}^*$，所以$a_2=2a_1+1$，又已知$S_2=4$，可得$a_2=3$，$a_1=1$.

当$n=1$时，$a_{n+1}=3a_n$成立.

故数列$\{a_n\}$是首项为1，公比为3的等比数列，通项公式为$a_n=3^{n-1}$.

（Ⅱ）设$b_n=|3^{n-1}-n-2|(n\in\mathbf{N}^*)$，由（Ⅰ）可知，$b_1=2$，$b_2=1$.

当$n\geqslant3$时，$3^{n-1}>n+2$，所以$b_n=3^{n-1}-n-2(n\geqslant3)$. 可设数列$\{b_n\}$的前$n$项和为$T_n$，此时$T_1=2$，$T_2=3$.

当$n\geqslant3$时，$T_n=(3^2-3-2)+(3^3-4-2)+\cdots+(3^n-n-2)$

$$=(3^2+3^3+\cdots+3^n)-(3+4+\cdots+n)-2(n-1)$$

$$=\frac{3^n-n^2-5n+11}{2}.$$

当$n=2$时，满足$T_n=\frac{3^n-n^2-5n+11}{2}$.

因此数列$\{|a_n-n-2|\}$的前n项和$T_n=\begin{cases}2, & n=1,\\ \dfrac{3^n-n^2-5n+11}{2}, & n\geqslant2.\end{cases}$

如果已知条件中只含有S_n，a_n的关系式，遇到此类形式，一般根据$S_n=f(a_n)$，可得到$S_{n+1}=f(a_{n+1})$，两式相减可得到含有a_n，a_{n+1}的关系式.

由$S_n=f(a_n)$可知，$S_{n+1}=f(a_{n+1})$，两式相减，可得$a_{n+1}=f(a_n)$. 于是化成了类型一，运用类型一的方法即可求解.

例9 （2016年全国卷Ⅲ理）已知数列$\{a_n\}$的前n项和$S_n=1+\lambda a_n$，其中$\lambda\neq0$.

（Ⅰ）证明 $\{a_n\}$ 是等比数列，并求其通项公式；

（Ⅱ）若 $S_5=\dfrac{31}{32}$，求 λ.

解：（Ⅰ）由 $S_n=1+\lambda a_n$，可知 $S_{n+1}=1+\lambda a_{n+1}$，两式相减，得 $a_{n+1}=\lambda a_{n+1}-\lambda a_n$，故 $a_{n+1}(\lambda-1)=\lambda a_n$. 由题意，可得 $a_1=S_1=1+\lambda a_1$，此时 $\lambda\neq1$，$a_1=\dfrac{1}{1-\lambda}$，$a_1\neq1$.

所以 $\dfrac{a_{n+1}}{a_n}=\dfrac{\lambda}{\lambda-1}$.

当 $\lambda=1$ 时，$S_n=1+a_1$，等式不成立.

因此数列 $\{a_n\}$ 是首项为 $\dfrac{1}{1-\lambda}$，公比为 $\dfrac{\lambda}{\lambda-1}$ 的等比数列，通项公式为 $a_n=\dfrac{1}{1-\lambda}\cdot\left(\dfrac{\lambda}{1-\lambda}\right)^{n-1}$.

（Ⅱ）由（Ⅰ）可得，数列 $\{a_n\}$ 的前 n 项和 $S_n=1-\left(\dfrac{\lambda}{\lambda-1}\right)^n$.

又因为 $S_5=\dfrac{31}{32}$，于是 $S_5=1-\left(\dfrac{\lambda}{\lambda-1}\right)^5=\dfrac{31}{32}$，所以 $\left(\dfrac{\lambda}{\lambda-1}\right)^5=\dfrac{1}{32}\Rightarrow\lambda=-1$.

已知条件中只含有 S_n，n 的关系式，遇到此类形式，一般根据 $S_n=f(n)$，可得到 $S_{n-1}=f(n-1)$，两式相减，可得到含有 a_n，n 的关系式.

由 $S_n=f(n)$，可知 $S_{n-1}=f(n-1)$，两式相减，可得 $a_n=f(n)$，整理后就可得到关于 a_n 的通项公式.

例 10　（2016 年高考山东卷理）已知数列 $\{a_n\}$ 的前 n 项和 $S_n=3n^2+8n$，$\{b_n\}$ 是等差数列，且 $a_n=b_n+b_{n+1}$.

（Ⅰ）求数列 $\{b_n\}$ 的通项公式；

（Ⅱ）令 $c_n=\dfrac{(a_n+1)^{n+1}}{(b_n+2)^n}$，求数列 $\{c_n\}$ 的前 n 项和 T_n.

解：（Ⅰ）由 $S_n=3n^2+8n$ 可知，当 $n\geqslant2$ 时，$a_n=S_n-S_{n-1}=6n+5$，当 $n=1$ 时，$a_1=S_1=11$，所以 $a_n=6n+5$.

因为 $\{b_n\}$ 是等差数列，可设数列 $\{b_n\}$ 的公差为 d. 由 $a_n=b_n+b_{n+1}$，得
$\begin{cases}11=2b_1+d,\\17=2b_1+3d,\end{cases}$ 解得 $b_1=4$，$d=3$，所以 $b_n=3n+1$.

（Ⅱ）由（Ⅰ）可知，$c_n=\dfrac{(a_n+1)^{n+1}}{(b_n+2)^n}=\dfrac{(6n+6)^{n+1}}{(3n+3)^n}=3(n+1)\cdot2^{n+1}$.

所以 $T_n=c_1+c_2+\cdots+c_n=3\times[2\times2^2+3\times2^3+\cdots+(n+1)\times2^{n+1}]$.
$2T_n=3\times[2\times2^3+3\times2^4+\cdots+(n+1)\times2^{n+2}]$.

两式相减，可得 $-T_n=3\times[2\times2^2+2^3+\cdots+2^{n+1}-(n+1)\times2^{n+2}]=-3n\cdot2^{n+2}$，$T_n=3n\cdot2^{n+2}$.

故数列 $\{c_n\}$ 的前 n 项和 $T_n=3n\cdot2^{n+2}$.

例 11　（2015 年高考山东卷理）设数列 $\{a_n\}$ 的前 n 项和为 S_n，已知 $2S_n=3^n+3$.

（Ⅰ）求数列 $\{a_n\}$ 的通项公式；

（Ⅱ）若数列 $\{b_n\}$ 满足 $a_nb_n=\log_3a_n$，求 $\{b_n\}$ 的前 n 项和 T_n.

解：（Ⅰ）由 $2S_n = 3^n + 3$ 可知，当 $n > 1$ 时，$2S_{n-1} = 3^{n-1} + 3$，两式相减，得 $2a_n = 2S_n - 2S_{n-1} = 3^n - 3^{n-1} = 2 \times 3^{n-1}$.

因此 $a_n = 3^{n-1} (n > 1)$.

当 $n = 1$ 时，$2a_1 = 3 + 3$，故 $a_1 = 3$，代入 $a_n = 3^{n-1}$ 可知，不满足.

故数列 $\{a_n\}$ 的通项公式为 $a_n = \begin{cases} 3, & n = 1, \\ 3^{n-1}, & n > 1. \end{cases}$

（Ⅱ）因为数列 $\{b_n\}$ 满足 $a_n b_n = \log_3 a_n$，那么当 $n = 1$ 时，$b_1 = \dfrac{1}{3}$，所以 $T_1 = b_1 = \dfrac{1}{3}$.

当 $n > 1$ 时，$b_n = 3^{1-n} \log_3 3^{n-1} = (n-1) \cdot 3^{1-n}$.

$T_n = b_1 + b_2 + b_3 + \cdots + b_n = \dfrac{1}{3} + [1 \times 3^{-1} + 2 \times 3^{-2} + \cdots + (n-1) \times 3^{1-n}]$,

那么 $3T_n = 1 + [1 \times 3^0 + 2 \times 3^{-1} + \cdots + (n-1) \times 3^{2-n}]$.

两式相减，可得

$$2T_n = \dfrac{2}{3} + (3^0 + 3^{-1} + 3^{-2} + \cdots + 3^{2-n}) - (n-1) \times 3^{1-n}$$

$$= \dfrac{2}{3} + \dfrac{1 - 3^{1-n}}{1 - 3^{-1}} - (n-1) \times 3^{1-n} = \dfrac{13}{6} - \dfrac{6n+3}{2 \times 3^n}.$$

所以 $T_n = \dfrac{13}{12} - \dfrac{6n+3}{4 \times 3^n}$，$T_1 = \dfrac{1}{3}$ 也满足上式.

故 $\{b_n\}$ 的前 n 项和 $T_n = \dfrac{13}{12} - \dfrac{6n+3}{4 \times 3^n}$.

例 12　（2015 年全国卷Ⅰ理）S_n 为数列 $\{a_n\}$ 的前 n 项和. 已知 $a_n > 0$，$a_n^2 + 2a_n = 4S_n + 3$.

（Ⅰ）求 $\{a_n\}$ 的通项公式；

（Ⅱ）设 $b_n = \dfrac{1}{a_n a_{n+1}}$，求数列 $\{b_n\}$ 的前 n 项和.

解：（Ⅰ）因为 $a_{n+1} = S_{n+1} - S_n$，$a_n^2 + 2a_n = 4S_n + 3$，$a_{n+1}^2 + 2a_{n+1} = 4S_{n+1} + 3$，

所以 $a_{n+1}^2 - a_n^2 + 2(a_{n+1} - a_n) = 4a_{n+1}$,

即 $2(a_{n+1} + a_n) = a_{n+1}^2 - a_n^2 = (a_{n+1} + a_n)(a_{n+1} - a_n)$.

又因为 $a_n > 0$，所以 $a_{n+1} - a_n = 2$，代入 $a_n^2 + 2a_n = 4S_n + 3$，解得 $a_1 = -1$（舍去）或 $a_1 = 3$.

所以 $\{a_n\}$ 是首项为 3，公差为 2 的等差数列，通项公式为 $a_n = 2n + 1$.

（Ⅱ）由（Ⅰ）以及 $b_n = \dfrac{1}{a_n a_{n+1}}$，可知 $b_n = \dfrac{1}{a_n a_{n+1}} = \dfrac{1}{(2n+1)(2n+3)} = \dfrac{1}{2} \cdot \left(\dfrac{1}{2n+1} - \dfrac{1}{2n+3} \right)$.

设数列 $\{b_n\}$ 的前 n 项和为 T_n，则 $T_n = b_1 + b_2 + \cdots + b_n = \dfrac{1}{2} \left[\left(\dfrac{1}{3} - \dfrac{1}{5} \right) + \left(\dfrac{1}{5} - \dfrac{1}{7} \right) + \cdots + \left(\dfrac{1}{2n+1} - \dfrac{1}{2n+3} \right) \right] = \dfrac{n}{3(2n+3)}$.

2.4 递推方程 $f(S_{n-k}, S_{n-k+1}, \cdots, S_n) = 0$ 及解法

已知条件含前 n 项和的数列，一般是根据 $S_{n+1} - S_n = a_{n+1}$，$S_n - S_{n-1} = a_n$，$\cdots$，$S_2 - S_1 = a_1$ 等式子作差，将已知条件进行变形化简，进而转化为类型一，再利用类型一的方法即可求解.

例 13 （2016 年高考四川卷文）已知数列 $\{a_n\}$ 的首项为 1，S_n 为数列 $\{a_n\}$ 的前 n 项和，$S_{n+1} = qS_n + 1$，其中 $q > 0$，$n \in \mathbf{N}^*$.

（Ⅰ）若 a_2，a_3，$a_2 + a_3$ 成等差数列，求数列 $\{a_n\}$ 的通项公式；

（Ⅱ）设双曲线 $x^2 - \dfrac{y^2}{a_n^2} = 1$ 的离心率为 e_n，且 $e_2 = 2$，求 $e_1^2 + e_2^2 + \cdots + e_n^2$.

解：（Ⅰ）因为 $S_{n+1} = qS_n + 1$，所以 $S_n = qS_{n-1} + 1 (n \geqslant 2)$，两式相减，得 $a_{n+1} = qa_n$ $(n \geqslant 2)$.

当 $n = 1$ 时，由 $S_{n+1} = qS_n + 1$，可知 $S_2 = qS_1 + 1$，故 $a_2 = qa_1$，满足 $a_{n+1} = qa_n$.

故数列 $\{a_n\}$ 是首项为 1，公比为 q 的等比数列.

因为 a_2，a_3，$a_2 + a_3$ 成等差数列，所以 $2a_3 = a_2 + a_2 + a_3$，$2q^2 = 2q + q^2$，解得 $q = 2$.

故数列 $\{a_n\}$ 的通项公式为 $a_n = 2^{n-1}$.

（Ⅱ）由（Ⅰ）可知，$a_n = 2^{n-1}$，那么双曲线 $x^2 - \dfrac{y^2}{a_n^2} = 1$ 的离心率 $e_n = \sqrt{1 + a_n^2} = \sqrt{1 + q^{2(n-1)}}$. 又因为 $e_2 = 2$，所以 $q = \sqrt{3}$. 于是，

$$
\begin{aligned}
e_1^2 + e_2^2 + \cdots + e_n^2 &= (1 + 1) + (1 + q^2) + \cdots + [1 + q^{2(n-1)}] \\
&= n + [1 + q^2 + \cdots + q^{2(n-1)}] \\
&= n + \frac{q^{2n} - 1}{q^2 - 1} \\
&= n + \frac{1}{2}(3^n - 1).
\end{aligned}
$$

例 14 （2015 年高考广东文）设数列 $\{a_n\}$ 的前 n 项和为 S_n，$n \in \mathbf{N}^*$. 已知 $a_1 = 1$，$a_2 = \dfrac{3}{2}$，$a_3 = \dfrac{5}{4}$，且当 $n \geqslant 2$ 时，$4S_{n+2} + 5S_n = 8S_{n+1} + S_{n-1}$.

（Ⅰ）求 a_4 的值；

（Ⅱ）证明：$\left\{a_{n+1} - \dfrac{1}{2}a_n\right\}$ 为等比数列.

解：（Ⅰ）因为 $4S_{n+2} + 5S_n = 8S_{n+1} + S_{n-1}$，所以当 $n = 2$ 时，$4S_4 + 5S_2 = 8S_3 + S_1$.

又因为 $a_1 = 1$，$a_2 = \dfrac{3}{2}$，$a_3 = \dfrac{5}{4}$，所以 $4\left(1 + \dfrac{3}{2} + \dfrac{5}{4} + a_4\right) + 5 \times \left(1 + \dfrac{3}{2}\right) = 8 \times \left(1 + \dfrac{3}{2} + \dfrac{5}{4}\right) + 1$，解得 $a_4 = \dfrac{7}{8}$.

（Ⅱ）由 $4S_{n+2} + 5S_n = 8S_{n+1} + S_{n-1}$ $(n \geqslant 2)$，可知 $4S_{n+2} - 4S_{n+1} + S_n - S_{n-1} = 4S_{n+1} - 4S_n \Rightarrow 4a_{n+2} + a_n = 4a_{n+1}$ $(n \geqslant 2)$.

又 $a_1 = 1$，$a_2 = \dfrac{3}{2}$，$a_3 = \dfrac{5}{4}$，可得 $4a_3 + a_1 = 4a_2$，所以 $4a_{n+2} + a_n = 4a_{n+1}$.

可设 $a_{n+2}+sa_n=t(a_{n+1}+sa_n)$，那么 $\begin{cases} t-s=1, \\ t \cdot s=-\dfrac{1}{4}, \end{cases}$ 解得 $\begin{cases} s=-\dfrac{1}{2}, \\ t=\dfrac{1}{2}. \end{cases}$

所以 $a_{n+2}-\dfrac{1}{2}a_n=\dfrac{1}{2}\left(a_{n+1}-\dfrac{1}{2}a_n\right)$.

故 $\left\{a_{n+1}-\dfrac{1}{2}a_n\right\}$ 是首项为 $a_2-\dfrac{1}{2}a_1=1$，公比为 $\dfrac{1}{2}$ 的等比数列.

2.5 递推方程综合问题及解法

近年来的高考越来越注重对学生综合素养的考查，高考数列题越来越复杂，但是只要抓住核心部分，很容易就能解答.

方法 1：方程法

例 15 （2017 年高考山东卷理）已知 $\{x_n\}$ 是各项均为正数的等比数列，且 $x_1+x_2=3$，$x_3-x_2=2$.

（Ⅰ）求数列 $\{x_n\}$ 的通项公式；

（Ⅱ）如图 1 所示，在平面直角坐标系 xOy 中，依次连接点 $P_1(x_1, 1)$，$P_2(x_2, 2)$，$\cdots$，$P_{n+1}(x_{n+1}, n+1)$ 得到折线 $P_1P_2\cdots P_{n+1}$，求由该折线与直线 $y=0$，$x=x_1$，$x=x_{n+1}$ 所围成的区域的面积 T_n.

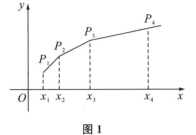

图 1

解：（Ⅰ）因为 $\{x_n\}$ 是各项均为正数的等比数列，所以可设公比为 $q(q>0)$，根据 $x_1+x_2=3$，$x_3-x_2=2$，

得到方程组 $\begin{cases} x_1+x_1q=3, \\ x_1q^2-x_1q=2, \end{cases}$ 解得 $\begin{cases} x_1=1, \\ q=2, \end{cases}$ 或 $\begin{cases} x_1=1, \\ q=-\dfrac{1}{3}. \end{cases}$（舍）

故数列 $\{x_n\}$ 的通项公式为 $x_n=2^{n-1}$.

（Ⅱ）过点 P_1，P_2，$\cdots$，P_n 向 x 轴作垂线，垂足分别为点 Q_1，Q_2，$\cdots$，Q_n，那么 $P_nP_{n+1}Q_{n+1}Q_n$ 的面积 $b_n=\dfrac{n+n+1}{2}\times 2^{n-1}=(2n+1)\times 2^{n-2}$.

故 $T_n=b_1+b_2+\cdots+b_n=3\times 2^{-1}+5\times 2^0+\cdots+(2n+1)\times 2^{n-2}$，①
$2T_n=3\times 2^0+5\times 2^1+\cdots+(2n+1)\times 2^{n-1}$. ②

由①－②，得 $-T_n=\dfrac{3}{2}+(2+2^2+\cdots+2^{n-1})-(2n+1)\times 2^{n-1}=-\dfrac{1}{2}+(1-2n)\times 2^{n-1}$，所以 $T_n=\dfrac{(2n-1)\times 2^n+1}{2}$.

方法 2：数学归纳法

例 16 （2017 年高考浙江卷理）已知数列 $\{x_n\}$ 满足：$x_1=1$，$x_n=x_{n+1}+\ln(1+x_{n+1})(n\in \mathbf{N}^*)$，证明：当 $n\in \mathbf{N}^*$ 时，

（Ⅰ）$0<x_{n+1}<x_n$；

（Ⅱ）$2x_{n+1}-x_n\leqslant \dfrac{x_nx_{n+1}}{2}$；

（Ⅲ）$\dfrac{1}{2^{n-1}} \leqslant x_n \leqslant \dfrac{1}{2^{n-2}}$.

解：（Ⅰ）可用数学归纳法证明.

当 $n=1$ 时，$x_1=1$，成立.

假设当 $n=k$ 时成立，则 $0 < x_{k+1} < x_k$.

那么当 $n=k+1$ 时，若 $x_{k+1} < 0$，则 $0 < x_k = x_{k+1} + \ln(1+x_{k+1}) < 0$，矛盾，则 $x_{n+1} > 0$，因此 $x_n > 0$，所以 $x_n = x_{n+1} + \ln(1+x_{n+1}) > x_{n+1}$.

故 $0 < x_{n+1} < x_n (n \in \mathbf{N}^*)$.

（Ⅱ）略.

（Ⅲ）略.

参考文献

[1] 中华人民共和国教育部. 普通高中数学课程标准（2017 年版）[M]. 北京：人民教育出版社，2017.

[2] 赵银仓. 例析解决自主招生数列交汇问题的思想方法 [J]. 课程教学研究，2013（5）：53－57.

[3] 程芳军. 创新型数列问题分类解析 [J]. 中学数学杂志，2006（2）：40－42.

[4] 谭云峰. 递推数列通项求法综述 [J]. 中学理科（高中版），2008（5）：12－16.

[5] 李东月. 例析高考递推数列通项公式的常见类型及其求法 [J]. 数学教学研究，2011（4）：25－28.

[6] 齐斌德. 例谈用构造法解几类常见数列求通项公式问题 [J]. 数理化解题研究（数学篇），2017（13）：35.

[7] 赵思林. 中学数学研究性教学与案例 [M]. 成都：四川大学出版社，2016.

[8] 赵思林，王婷. 立德树人——高考数学命题的新亮点 [J]. 数学通报，2017，56（4）：39－43.

第二节　递推数列求通项公式的解法研究①

1　研究的背景及其现状

数列是高中数学的一个重要知识点，也是高考的一个重要考点，是高考的常见考题. 因为数列具有独立成题、考查基本知识和基本技能的特点，数列试题常常是考查考生思想方法的重要载体. 同时数列还可以和其他相关知识点相结合，如与函数、不等式、三角函数等知识相结合，考查考生综合运用所学知识的能力. 因此，数列问题一直是高考考查的重点与热点问题. 目前数列主要有四类研究内容较为普遍：一是与高考试题相关的问题研究，如叶立军和高敏[1]的《2019 年高考数学数列问题探析及教学启示》和樊芳芳[2]的《高考数列解题方法的研究》等；二是对中学数列的相关教材、教法进行研究，如唐睿和刘剑锋[3]的《例探数学复习课教学中如何夯实学科基础——〈等差数列的性质及应用〉教

---

① 作者：杨几几、李红霞.

学案例》以及刘海滨等[4]的《等比数列》等；三是对数列试题中具体某一个或某一类问题进行研究，如王福水[5]的《一类递推数列的通项公式及其应用》；四是针对与数学竞赛相关的数列问题的研究，如林光思[6]的《高中数学竞赛中的数列问题研究》.

2 递推数列的性质

等差数列的性质如下：

(1) 若 m，n，p，$q\in\mathbf{N}^*$，且 $m+n=p+q$，则 $a_m+a_n=a_p+a_q$.

(2) 当 $d>0$ 时，数列 $\{a_n\}$ 是递增数列；当 $d<0$ 时，数列 $\{a_n\}$ 是递减数列；当 $d=0$ 时，数列 $\{a_n\}$ 是常数项.

(3) 通项公式的推广：$a_n=a_m+(n-m)d(n，m\in\mathbf{N}^*)$.

(4) 若数列 $\{a_n\}$ 是等差数列，且正整数 l，m，p 成等差数列，则 a_l，a_m，a_p 也成等差数列.

(5) 若等差数列 $\{a_n\}$ 的前 n 项和为 S_n，则 S_n，$S_{2n}-S_n$，$S_{3n}-S_{2n}$ 也成等差数列.

(6) 若 $\{a_n\}$ 的公差为 d，则 $\{a_{2n}\}$，$\{a_{2n-1}\}$ 也是等差数列.

等比数列的性质如下：

(1) 若 S_n 为等比数列 $\{a_n\}$ 的前 n 项之和，则 S_n，$S_{2n}-S_n$，$S_{3n}-S_{2n}$ 也成等比数列.

(2) 若 m，n，p，$q\in\mathbf{N}^*$，且 $mn=pq$，则 $a_ma_n=a_pa_q$.

(3) 若 $\{a_n\}$ 是等比数列，且正整数 l，m，p 成等差数列，那么 a_l，a_m，a_p 也成等比数列.

3 数列通项公式求法在高考命题中的分布情况

表 1　数列在理科全国卷 I 中的分布的统计

年度	题型	题序	数量	分值	比重
2016	选择题	3	1	5	6.6%
	填空题	15	1	5	
2017	选择题	4	1	5	6.6%
	填空题	12	1	5	
2018	选择题	4	1	5	6.6%
	填空题	14	1	5	
2019	选择题	9	1	5	6.6%
	填空题	14	1	5	

表 2 数列在理科全国卷 Ⅱ 中的分布的统计

年度	题型	题序	数量	分值	比重
2016	解答题	17	1	12	8.0%
2017	选择题	3	1	5	6.6%
	填空题	15	1	5	
2018	解答题	17	1	12	8.0%
2019	解答题	19	1	12	8.0%

表 3 数列在理科全国卷 Ⅲ 中的分布的统计

年度	题型	题序	数量	分值	比重
2016	选择题	12	1	5	11.3%
	解答题	17	1	12	
2017	选择题	9	1	5	6.6%
	填空题	14	1	5	
2018	解答题	17	1	12	8.0%
2019	选择题	5	1	5	6.6%
	填空题	14	1	5	

近几年全国高考所考查的数列问题的重点及难点主要是通项公式、前 n 项和公式、数列的性质以及不等式、函数、导数、解析几何等其他所学的数学知识与数列的交叉. 基于此, 考生必须要做好充分的准备, 并且熟练掌握解题方法. 因此, 下面将整理出2016—2019 年高考全国卷数学真题中的数列试题里高考对数列模块的出题规律和考查方向, 以帮助学生缓解在平时学习或者考试中面对数列题束手无策的状态.

4 数列通项公式的解法分析

作为高考数学与各类数学竞赛的热门题型, 数列备受追捧, 而求取数列的通项是解决数列问题的首要前提. 数学研究变化的目的是找到它们之间的不变性. 学好数学的关键要素在于能找到数学的不变性质并对其有深刻认识, 同时能体会到不变性与不变量这两者所具有的独特魅力. 在求解递推数列的通项公式时, 我们可以借助等式的不变性来求解, 同时也可以利用一些有效的方法, 如累加法、构造法、累乘法、公式法、倒数法、观察归纳法等. 下面将针对各方法如何求解递推数列的通项公式举例说明.

4.1 公式法

如果数列 $\{a_n\}$ 是我们所学的基本数列——等差、等比数列, 则可以由题目所给出的条件求出基本数列的首项、公差或公比等, 然后根据公式就能求出数列对应的通项公式. 这类题目的目的在于考查学生对教材的熟悉程度, 属于高考数列题中比较常规的部分.

例 1 （2018 年全国卷 Ⅲ 理科卷 17 题）等比数列 $\{a_n\}$ 中，$a_1 = 1$，$a_5 = 4a_3$，记 s_n 为 $\{a_n\}$ 的前 n 项之和.

（1）求 $\{a_n\}$ 的通项公式；

（2）若 $s_m = 63$，求 m 的值.

解：（1）因为等比数列 $\{a_n\}$ 中，$a_1 = 1$，$a_5 = 4a_3$，所以 $1 \times q^4 = 4 \times (1 \times q^2)$，解得 $q = \pm 2$.

当 $q = 2$ 时，$a_n = 2^{n-1}$.

当 $q = -2$ 时，$a_n = (-2)^{n-1}$.

所以 $\{a_n\}$ 的通项公式为 $a_n = \begin{cases} (-2)^{n-1}, \\ 2^{n-1}. \end{cases}$

（2）记 s_n 为 $\{a_n\}$ 的前 n 项和.

当 $a_1 = 1$，$q = -2$ 时，$s_n = \dfrac{a_1(1-q^n)}{1-q} = \dfrac{1-(-2)^n}{1-(-2)} = \dfrac{1-(-2)^n}{3}$.

由 $s_m = 63$，得 $s_m = \dfrac{1-(-2)^m}{3} = 63$.

故方程无解.

当 $a_1 = 1$，$q = 2$ 时，$s_n = \dfrac{a_1(1-q^n)}{1-q} = \dfrac{1-2^n}{1-2} = 2^n - 1$.

由 $s_m = 63$，得 $s_m = 2^m - 1$，即 $2^m - 1 = 63 (m \in \mathbf{N})$，解得 $m = 6$.

评注：本例属于基础题，既考查了学生对等比数列通项公式的性质和求法等基础知识掌握的程度，又考查了学生的函数与方程思想.

4.2 累加法

累加法本质上就是已知前后两项的差之间的递推关系，一方面是采用连续相加后达到相消的目的来化简，另一方面则是通过求和的方法来化简，从而得到通项. 因此，我们通常可以用累加法来求某些递推公式的数列通项[7].

例 2 （2017 年全国卷 Ⅱ 理科卷 15 题）s_n 为等差数列 $\{a_n\}$ 的前 n 项相加之和，其中 $a_3 = 3$，$s_4 = 10$，求 $\displaystyle\sum_{k=1}^{n} \dfrac{1}{s_k}$ 的值.

解：令数列 $\{a_n\}$ 的公差为 d，因为 $a_3 = 3$，$s_4 = 10$，又因为 $s_4 = 2(a_2 + a_3) = 10$，所以 $a_2 = 2$.

故 $a_1 = 1$，$d = 1$.

$s_n = \dfrac{n(n+1)}{2}$，$\dfrac{1}{s_n} = \dfrac{2}{n(n+1)} = 2\left(\dfrac{1}{n} - \dfrac{1}{n+1}\right)$.

所以 $\displaystyle\sum_{k=1}^{n} \dfrac{1}{s_k} = 2\left[1 - \dfrac{1}{2} + \dfrac{1}{2} - \dfrac{1}{3} + \dfrac{1}{3} - \dfrac{1}{4} + \cdots + \dfrac{1}{n} - \dfrac{1}{n+1}\right] = 2\left(1 - \dfrac{1}{n+1}\right) = \dfrac{2n}{n+1}$.

4.3　累乘法

累乘法的本质与累加法相同，因此，我们通常可以用累乘法来求某些递推公式的数列通项.

例 3　已知首项 $a_1 = 1$，$a_n = \dfrac{n+2}{n} \cdot a_{n+1}$ 为数列的递推公式，求数列 $\{a_n\}$ 的通项公式.

解：因为 $a_n = \dfrac{n+2}{n} \cdot a_{n+1}$，所以 $\dfrac{a_{n+1}}{a_n} = \dfrac{n}{n+2}$.

当 $n \geqslant 2$ 时，$a_n = \dfrac{a_n}{a_{n-1}} \cdot \dfrac{a_{n-1}}{a_{n-2}} \cdot \cdots \cdot \dfrac{a_2}{a_1} \cdot a_1 = \dfrac{n-1}{n+1} \cdot \dfrac{n-2}{n} \cdot \dfrac{n-3}{n-1} \cdot \cdots \cdot \dfrac{2}{4} \cdot \dfrac{1}{3} \cdot 1 = \dfrac{2}{n(n+1)}$.

当 $n = 2$ 时等式也成立，故 $a_n = \dfrac{2}{n(n+1)}$.

4.4　构造法

比对高考真题，我们往往会发现真题中所出现的数列并不是在高中课堂中所学的等差或等比这类基本数列. 真题中出现的数列通常只有数列的首项和数列的递推公式，高考考生需要通过题目所给的首项和递推公式来求解数列的通项公式. 面对这类问题，数学构造法就是一个非常有效的解决方法. 数学构造法的本质是将问题中的递推公式进行变形，构造出高中学习的两种基本数列——等比或等差数列，这样就可以间接地求出原数列的通项公式.

数学构造法一般可分为两类：直接构造法和间接构造法. 直接构造法是通过观察并分析题目中给出的条件或结论，直接构造出一个新的数学命题或数学模型，从而使得问题直接进行转化. 间接构造法则是针对那些无法从问题的条件或结论直接看出其构造的数学问题，通过对条件、结论变形或变换，使其构造信息显现出来，从而构造出新的数学模型或命题[15].

例 4　（2019 年全国卷 Ⅱ 理科卷 17 题）已知数列 $\{a_n\}$ 和 $\{b_n\}$ 满足 $a_1 = 1$，$b_1 = 0$，$4a_{n+1} = 3a_n - b_n + 4$，$4b_{n+1} = 3b_n - a_n - 4$.

（1）证明：$\{a_n + b_n\}$ 是等比数列，$\{a_n - b_n\}$ 是等差数列；

（2）求 $\{a_n\}$ 和 $\{b_n\}$ 的通项公式.

解：（1）由题设得 $4(a_{n+1} + b_{n+1}) = 2(a_n + b_n)$，即 $a_{n+1} + b_{n+1} = \dfrac{1}{2}(a_n + b_n)$.

又因为 $a_1 + b_1 = 1$，所以 $\{a_n + b_n\}$ 是首项为 1，公比为 $\dfrac{1}{2}$ 的等比数列.

由题设得 $4(a_{n+1} - b_{n+1}) = 4(a_n - b_n) + 8$，即 $a_{n+1} - b_{n+1} = a_n - b_n + 2$.

又因为 $a_1 + b_1 = 1$，所以 $\{a_n - b_n\}$ 是首项为 1，公差为 2 的等差数列.

（2）由（1）知，$a_n + b_n = \dfrac{1}{2^{n-1}}$，$a_n - b_n = 2n - 1$，

$$a_n = \frac{1}{2}\left[(a_n+b_n)-(a_n-b_n)\right] = \frac{1}{2^n}+n-\frac{1}{2},$$

$$b_n = \frac{1}{2}\left[(a_n+b_n)-(a_n-b_n)\right] = \frac{1}{2^n}-n+\frac{1}{2}.$$

评注：在解题时，我们要注意善用数形结合的思想，在公式、方程以及函数同图形之间建立联系，构造出一个全新的数学命题或数学模型，对函数、向量、方程、递推关系以及图形等的条件和结论进行有效连接．同时，总有一些隐藏的相互关系会存在于若干种数学表达的形式中，只要能找出这些隐藏的关系，我们就可以解决问题．

4.5 观察归纳法

在求解数列的通项公式的过程中，我们可以采用"由猜想再到验证"的思想方法[16]，这种思想方法对培养学生的创新思维有极大的益处．高考试题中往往会出现一些存在规律特征的数列，这些数列的通项公式推导存在一定的难度，我们可以先求出数列的前几项，通过对这些项的观察，然后归纳出规律，在此规律的基础上猜想其通项，再用数学归纳法验证所猜想的通项．

例 5 （2014 年重庆卷）设 $a_1=1$，$a_{n+1}=\sqrt{a_n^2-2a_n+2}+b(n\in\mathbf{N}^*)$．

（1）若 $b=1$，求数列 $\{a_n\}$ 的通项公式；

（2）若 $b=-1$，问：是否存在实数 c，使得 $a_{2n}<c<a_{2n+1}$ 对所有 $n\in\mathbf{N}^*$ 成立？证明你的结论．

解：（1）当 $b=1$ 时，根据 $a_{n+1}=\sqrt{a_n^2-2a_n+2}+b$，可解得 $a_2=2$，$a_3=\sqrt{2}+1$．
由于 $a_1=1=\sqrt{1-1}+1$，$a_2=2=\sqrt{2-1}+1$，$a_3=\sqrt{3-1}+1$，可猜想 $a_n=\sqrt{n-1}+1$．
数学归纳法证明如下：

①当 $n=1$ 时，猜想显然成立．

②假设当 $n=k$ 时猜想成立，即有 $a_k=\sqrt{k-1}+1$．

当 $n=k+1$ 时，由于 $a_{k+1}=\sqrt{a_k^2-2a_k+2}+1=\sqrt{(k+1)-1}+1$，所以当 $n=k+1$ 时猜想也成立．

（2）略．

4.6 由 s_n 求通项

在已知前 n 项和 s_n 与 a_n 之间的关系或数列前 n 项和 s_n 与 n 的关系的基础上推导数列的通项公式是近几年高考数列题目中常考的题型．对于这样的题型，我们就可以利用公式求解，求解公式为 $a_n=\begin{cases} s_1, & n=1, \\ s_n-s_{n-1}, & n\geqslant 2. \end{cases}$

例 6 （2016 年全国卷Ⅲ理科卷 17 题）已知数列 $\{a_n\}$ 的前 n 项和 $s_n=1+\lambda a_n$，其中 $\lambda\neq 0$．

（1）证明 $\{a_n\}$ 是等比数列，并求其通项公式；

（2）若 $s_5=\frac{31}{32}$，求 λ．

解：（1）因为 $s_n=1+\lambda a_n$，$\lambda\neq 0$，故 $a_n\neq 0$．

当 $n \geqslant 2$ 时，$a_n = s_n - s_{n-1} = (1 + \lambda a_n) - (1 + \lambda a_{n-1})$，即 $(\lambda - 1)a_n = \lambda a_{n-1}$.

因为 $\lambda \neq 0$，$a_n \neq 0$，故 $\lambda - 1 \neq 0$，即 $\lambda \neq 1$，则 $\dfrac{a_n}{a_{n-1}} = \dfrac{\lambda}{\lambda - 1} (n \geqslant 2)$.

所以 $\{a_n\}$ 是等比数列，公比 $q = \dfrac{\lambda}{\lambda - 1}$.

当 $n = 1$ 时，$s_1 = 1 + \lambda a_1 = a_1$，即 $a_1 = \dfrac{1}{1 - \lambda}$，故 $a_n = \dfrac{1}{1 - \lambda} \cdot \left(\dfrac{\lambda}{\lambda - 1} \right)^{n-1}$.

(2) 若 $s_5 = \dfrac{31}{32}$，则 $1 + \lambda \left[\dfrac{1}{1 - \lambda} \cdot \left(\dfrac{\lambda}{\lambda - 1} \right)^4 \right] = \dfrac{31}{32}$，即 $\left(\dfrac{\lambda}{1 - \lambda} \right)^5 = -\dfrac{1}{32}$，则 $\dfrac{\lambda}{1 - \lambda} = -\dfrac{1}{2}$，故 $\lambda = -1$.

评注：本例考查了等比数列的性质与递推式，着重考查了考生对于数列递推关系的应用. 本例是根据 $n \geqslant 2$ 时，$a_n = s_n - s_{n-1}$ 的关系进行递推来着手解题的，对于学生的运算和推理能力有一定的要求.

4.7 倒数法

除了以上所讲述的整式条件，分式条件也时常出现在高考试卷中. 对于分式条件，我们一般将分式两边同时取倒数，从而可以找到一些有用的解题信息.

例 7 在数列 $\{a_n\}$ 中，$a_1 = 2$，$a_n = \dfrac{2a_{n-1}}{a_{n-1} + 2} (n \geqslant 2)$，求 $\{a_n\}$ 的通项公式.

解：由题意知 $a_n \neq 0$，对 $a_n = \dfrac{2a_{n-1}}{a_{n-1} + 2} (n \geqslant 2)$ 两边同时取倒数，得 $\dfrac{1}{a_n} = \dfrac{a_{n-1} + 2}{2a_{n-1}} = \dfrac{1}{a_{n-1}} + \dfrac{1}{2}$，即 $\dfrac{1}{a_n} - \dfrac{1}{a_{n-1}} = \dfrac{1}{2} (n \geqslant 2)$.

故 $\left\{ \dfrac{1}{a_n} \right\}$ 是首项为 $\dfrac{1}{2}$，公差为 $\dfrac{1}{2}$ 的等差数列.

所以 $\dfrac{1}{a_n} = \dfrac{1}{2} + (n - 1)\dfrac{1}{2} = \dfrac{n}{2} (n \geqslant 2)$，则 $a_n = \dfrac{2}{n} (n \geqslant 2)$.

当 $n = 1$ 时，$a_1 = 2$ 符合上式.

所以 $\{a_n\}$ 的通项公式为 $a_n = \dfrac{2}{n}$.

评注：通过对分式两边取倒数，我们可以发现数列 $\left\{ \dfrac{1}{a_n} \right\} (n \geqslant 2)$ 是我们熟悉的等差数列，至此本例的解题关键就被牢牢抓住了. 由此可知，我们在做题时一定要沉着冷静，仔细观察，认真思考. 只要细致耐心，就一定可以发现题目中隐藏的奥秘.

参考文献

[1] 叶立军，高敏. 2019 年高考数学数列问题探析及教学启示 [J]. 中学数学杂志，2019 (11)：38－41.

[2] 樊芳芳. 高考数列解题方法的研究 [D]. 西安：西北大学，2016.

[3] 唐睿，刘剑锋. 例探数学复习课教学中如何夯实学科基础——《等差数列的性质及应用》教学案例 [J]. 中学数学，2020 (5)：19－20.

[4] 刘海滨，崔志荣，丁振华. 等比数列 [J]. 中学数学教学参考，2020 (3)：52－54.

[5] 王福水. 一类递推数列的通项公式及其应用 [J]. 数学通报，2019，58（5）：56－57.

[6] 林光思. 高中数学竞赛中的数列问题研究 [D]. 广州：广州大学，2008.

[7] 何华. 溯本追源 归纳转化——用累加法、累乘法求数列通项 [J]. 新高考：高一数学，2016（4）：18－19.

第三节　等差数列的求和公式及应用①

等差数列求和公式是高中数列学习中的重要内容，有着广泛的应用价值. 《高中数学课程标准（实验）》中明确指出，探索并掌握等差数列、等比数列的通项公式与前 n 项和的公式[1]. 一方面，等差数列的求和公式能帮助学生快速找到解决问题的方向；另一方面，挖掘其中的几何意义对促进学生对公式的创造性应用有着重要作用. 本节介绍了从等差数列通项公式的几何意义到求和公式的几何意义的应用，并给出五个求和公式.

1　等差数列通项的几何意义

等差数列 $\{a_n\}$ 的通项公式为 $a_n=a_1-(n-1)d$，其中 d 为公差. 该通项公式可以看作关于正整数变量 n 的线性函数，该函数图像是分布在一条直线上的离散的点，其函数表达式为 $y=Ax+B$. 其中点 $(1, a_1)$，$(2, a_2)$，$(3, a_3)$，…，(n, a_n)，…是共线的. 利用其点的共线性，可以解决复杂的数列问题.

例 1　求证：$\sqrt{2}$，$\sqrt{3}$，$\sqrt{7}$ 不可能是一个等差数列的任意三项.

证明：设 $\sqrt{2}$，$\sqrt{3}$，$\sqrt{7}$ 分别是等差数列 $\{a_n\}$ 的第 n，m，k 项，则点 $A(n, \sqrt{2})$，$B(m, \sqrt{3})$，$C(k, \sqrt{7})$ 共线，于是有 $k_{AB}=k_{AC}$.

又 $k_{AB}=\dfrac{\sqrt{3}-\sqrt{2}}{m-n}$，$k_{AC}=\dfrac{\sqrt{7}-\sqrt{2}}{k-n}$，则 $\dfrac{k-n}{m-n}=(\sqrt{7}-\sqrt{2})(\sqrt{3}+\sqrt{2})=\sqrt{21}+\sqrt{14}-\sqrt{6}-2$，等号左边为有理数，等号右边为无理数，则矛盾，于是得证.

2　等差数列求和公式及应用

公式一　$S_n=\dfrac{n(a_1+a_n)}{2}$

公式一的几何意义为梯形的面积. a_1，a_n 分别表示梯形的上底和下底，n 表示梯形的高（图 1）. 理解其几何意义，能对公式的推导及应用有更加深刻的认识. 这是教材给定的基本公式之一，适用于已知等差数列 $\{a_n\}$ 的 a_1 和 a_n，求数列的前 n 项和 S_n.

例 2　已知等差数列 $\{a_n\}$ 的前 n 项和为 S_n，且 $a_1=2$，$a_{10}=$

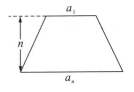

图 1

①　作者：徐小琴、赵思林.

15，求 $S_{10} =$ _____.

解：由公式一可知 $S_{10} = \dfrac{n(a_1 + a_{10})}{2} = \dfrac{10 \times (2 + 15)}{2} = 85$.

公式二 $S_n = na_1 + \dfrac{n(n-1)}{2}d$

公式二的几何意义也是梯形的面积，与公式一的差别在于将图形分割为两部分面积(平行四边形与三角形)(图 2). 该公式适用于已知等差数列 $\{a_n\}$ 的首项 a_1 和公差 d，求其前 n 项和. 将通项公式 $a_n = a_1 + (n-1)d$ 代入公式一，便可得到公式二. 这也是教材给出的基本公式. 观察公式二的表达式可发现是关于正整数 n 的二次式，整理可得 $S_n = \dfrac{d}{2} \cdot n^2 + \left(a_1 - \dfrac{d}{2}\right) \cdot n$，其常数项为 0. 从数学

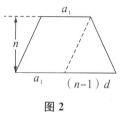

图 2

美的角度，我们将其变形，令 $\dfrac{d}{2} = A$，$\left(a_1 - \dfrac{d}{2}\right) = B$，可得公式三.

公式三 $S_n = A \cdot n^2 + B \cdot n$

公式三的几何意义是点 $(1, S_1)$，$(2, S_2)$，$\cdots$，(n, S_n)，$\cdots$共抛物线，其中 $d \neq 0$. 也就是其构成的图像是分布在一抛物线上的离散的点，其函数表达式为 $y = Ax^2 + Bx$. 借助其几何性质，可以解决数列中前多少项取得最大值、最小值问题.

例 3 设等差数列 $\{a_n\}$ 的前 n 项和为 S_n，$a_1 > 0$，$d < 0$，且 $S_9 = S_{20}$，求前几项和达最大值.

方法 1 配方法.

方法 2 等价条件. S_n 最大 $\Longleftrightarrow \begin{cases} a_n \geqslant 0, \\ a_{n+1} \leqslant 0. \end{cases}$

方法 3 共抛物线的几何性质. 因为 $S_9 = S_{20}$，所以 $(9, S_9)$，$(20, S_{20})$ 是抛物线上一对对称点，对称轴 $n = \dfrac{9+20}{2} = 14.5$，所以 $S_{14} = S_{15}$. 前 14 项或前 15 项和达最大值.

对公式三的应用我们还可以进行一个变式，也就是将二次式转化为一次表达式，只需要变形为 $\dfrac{S_n}{n} = A \cdot n + B$，是关于 n 的一次函数，即数列 $\left\{\dfrac{S_n}{n}\right\}$ 仍是等差数列. 可以推出其点的几何意义，点 $\left(1, \dfrac{S_1}{1}\right)$，$\left(2, \dfrac{S_2}{2}\right)$，$\cdots$，$\left(n, \dfrac{S_n}{n}\right)$，$\cdots$共线. 可以利用点的共线性质以及 $\left\{\dfrac{S_n}{n}\right\}$ 成等差数列解决数列相关问题.

例 4 等差数列 $\{a_n\}$ 的前 n 项和为 S_n，$S_m = 30$，$S_{2m} = 70$，求 S_{3m}.

方法 1 特殊值法. 取 $m = 1$，则 $a_1 = 30$，$a_1 + a_2 = 70$，则 $a_2 = 40$，$d = 10$，于是 $S_{3m} = 120$. 该方法适用于选择题、填空题，简答题不宜使用.

方法 2 已知 $\{a_n\}$ 是等差数列，则 S_m，$S_{2m} - S_m$，$S_{3m} - S_{2m}$ 亦成等差数列，所以 $S_{3m} = 120$. 该方法局限于相同片段数列和，对于求解诸如 S_{3m+5} 束手无策.

方法 3 因为 $\{a_n\}$ 是等差数列，所以点 $\left(m, \dfrac{S_m}{m}\right)$，$\left(2m, \dfrac{S_{2m}}{2m}\right)$，$\left(3m, \dfrac{S_{3m}}{3m}\right)$共线，

即 $\dfrac{\dfrac{70}{2m}-\dfrac{30}{m}}{2m-m}=\dfrac{\dfrac{S_{3m}}{3m}-\dfrac{30}{m}}{3m-m}$. 所以 $S_{3m}=120$. 该方法更具一般性，对前任意项和都只需利用其共线性解决.

例 5 （2013 年全国卷Ⅰ理）设等差数列 $\{a_n\}$ 的前 n 项和为 S_n，若 $S_{m-1}=-2$，$S_m=0$，$S_{m+1}=3$，则 $m=(\quad)$.

A. 3　　　　　　B. 4　　　　　　C. 5　　　　　　D. 6

方法 1　因为 $a_m=S_m-S_{m-1}=2$，$a_{m+1}=S_{m+1}-S_m=3$，所以公差 $d=1$. 又由 $S_n=na_1+\dfrac{n(n-1)}{2}d=na_1+\dfrac{n(n-1)}{2}$，得 $\begin{cases}ma_1+\dfrac{m(m-1)}{2}=0,\\ (m-1)a_1+\dfrac{(m-1)(m-2)}{2}=-2,\end{cases}$ 解得 $m=5$.

方法 2　数列 $\left\{\dfrac{S_n}{n}\right\}$ 成等差数列，所以 $\dfrac{S_{m-1}}{m-1}+\dfrac{S_{m+1}}{m+1}=\dfrac{2S_m}{m}$，解得 $m=5$.

公式四　$S_{2n-1}=(2n-1)a_n\Leftrightarrow S_n=na_{\frac{n+1}{2}}$，$n$ 为奇数.

该公式可由公式一推导，$S_{2n-1}=\dfrac{(2n-1)(a_1+a_{2n-1})}{2}=(2n-1)a_n$. 该公式可用于已知等差数列 $\{a_n\}$ 的第 n 项，求前 $2n-1$ 项的和. 同时，可得 $a_n=\dfrac{S_{2n-1}}{2n-1}$，用于求数列通项.

例 6　已知等差数列 $\{a_n\}$ 的前 n 项和为 S_n，$a_7=4$，求 S_{13}.

方法 1　等差中项性质.

方法 2　由公式四可得 $S_{13}=13a_7=13\times4=52$.

在公式四中，用 $\dfrac{n+1}{2}$ 替换 n，则公式四变形为关于前 n 项和的公式，即 $S_n=na_{\frac{n+1}{2}}$，其中 n 为奇数.

例 7　若两个等差数列 $\{a_n\}$，$\{b_n\}$ 的前 n 项和分别为 S_n，T_n，且 $\dfrac{S_n}{T_n}=\dfrac{3n+2}{2n+1}$，求 $\dfrac{a_{12}}{b_{12}}$ 的值.

方法 1　设 $S_n=kn(3n+2)$，$T_n=kn(2n+1)$，则 $a_{12}=S_{12}-S_{11}=71k$. 同理 $b_{12}=47k$，所以 $\dfrac{a_{12}}{b_{12}}=\dfrac{71}{47}$.

方法 2　由 $a_n=\dfrac{S_{2n-1}}{2n-1}$，得 $\dfrac{a_{12}}{b_{12}}=\dfrac{S_{23}}{T_{23}}=\dfrac{71}{47}$.

公式五　$S_n=na_n+\dfrac{n(n-1)}{2}(-d)$

等差数列 $\{a_n\}$ 的首项到末项依次为 a_1，a_2，$\cdots$，a_n，公差为 d. 从逆向思维的角度来看，数列可以看作 a_n，a_{n-1}，$\cdots$，a_1，其公差就变为了 $-d$，于是可得公式五. 该公式适用于解决已知等差数列的末项 a_n，公差 d，求 S_n. 利用该公式避免了计算首项，充分体现了数学作为思维的科学，更应"多动脑"，即"多想少算"[2].

等差数列的求和类型多样，变化多端，对于五个求和公式的推导，不是要学生背公式，而是在熟练掌握等差数列性质的基础上理解公式的变化，认识变化的本质，举一反三.

参考文献

[1] 中华人民共和国教育部. 义务教育数学课程标准（2011 年版）［M］. 北京：北京师范大学出版社，2012.

[2] 赵思林，李兴贵. 多想少算——解高考数学题的基本策略［J］. 中学数学（高中版），2010（12）：1−3，56.

第四节　基于多元表征理论的等差数列求和教学设计①

1　研究的背景及其现状

　　等差数列求和是高中数列学习中的重要内容，有着广泛的应用价值.《高中数学课程标准（实验）》中明确指出，探索并掌握等差数列的通项公式与前 n 项和的公式. 等差数列的求和公式能帮助学生快速找到解决问题的方向[1]. 对于我国数学多元表征理论的应用已有非常多的实例论证. 孙彬以葡萄酒杯和风车折纸的纵截面图片建立图像表征，以 $y = x^2$ 的函数图像和解析式的对应关系建立列表表征和解析表征，并利用数学语言引导学生建立数学概念，最后得出偶函数的符号表征，即 $f(-x) = f(x)$，以及不同表征之间的相互联系与转换，引导学生自主探究和小组合作得出结论，有利于学生感悟和形成数学思维能力[2]. 王耀以 2018 年高考数学江苏卷中的某道高考题为例，剖析如何利用多元表征理论，以面积表征、图形表征、三角表征、斜率表征、向量表征和情境表征等不同的表征方式解决同一道数学题，共设计了八种不同的解题方法，在探讨不同多元表征学习理论的过程中，感受到数学思维的学习妙趣之处[3]. 周志杰以大量的案例引入学习情境，如木棍的截取、三角形数、奥运会金牌数及 $\sqrt{2}$ 的不同精度数值等，以学生为主导，引导学生自主建立和形成数列的初步概念，激发学生的学习欲望，让数列的学习过程更加生动活泼，增强学生的课堂互动[4].

2　数学表征理论概述

2.1　数学多元表征的理论基础

　　要正确理解数学多元表征理念，首先要知道"表征"一词的含义. 唐剑岚将"表征"定义为替代某个未知的"认知对象"，所以本质上"表征"也是被表征对象的"替身"[5]. 而数学多元表征也就是将数学学习对象通过不同的实物模型从物理情境的变式中抽象出数学结构. 数学表征一般分为言语化（如数学文字、符号、公式等）和视觉化（如表格、模型、图像等）两大类. 从心理认识规律来看，数学多元表征理论非常符合人们建立认知规

---

　　① 作者：周杰岭、李红霞.

律的过程，人们在认知某一事物的过程中，都是先将外部客观世界中的事物与人的内在心理活动进行联系，不断抽取客观事物的特征，再加工之后形成主体认识．而"表征"也就是外界事物的心理重现过程，是非常重要的心理活动．所以从理论上来讲，数学多元表征理论是建立在以人为本的基础上的，通过教师设计的有效的信息输入环节，使学生从多种角度认识和了解数学对象，而不是单一"背诵"数学概念，在数学解题时才能更加灵活地运用．

2.2　数学多元表征的认知对数学学习的影响

从本质上来说，数学学科是一门高度抽象、结论确定和应用广泛的学科，在学习数学的过程中可以不断提高学生的运算能力、空间想象力和逻辑思维能力，并通过理论联系实际增长学生的知识阅历及生活技能．而高中数学相比于初中数学来说，表现为知识点的抽象性强、密度大和独立性强等特点，更加注重学生的实际应用能力和数学思维的提高．高中是学生心理和生理发育的关键时期，知识的学习能力和理解能力也有很大的提高，特别是理论联系实际的能力正处于高峰发展水平．通过数学多元表征理论的应用，以学生身心发育为主体，站在学生的角度开展教学工作，更加符合高中学生的思维发展特点，增加了学生自主学习和合作的机会．通过多元表征的设置，让学生从不同的表征（如图、表、表达式等）中捕捉有用的信息，建立相应的数量关系，将实际与数学概念联系起来，激发学生的学习欲望．

3　基于多元表征理论的等差数列求和教学设计

3.1　教材分析

3.1.1　教学背景分析

数列在日常生活实践中应用非常广泛，常用于计算堆放物品的总数、银行储蓄等，是高中阶段的重要学习内容之一．其基本内容包括数列的概念、等差数列通项公式 a_n 与求和公式 S_n 计算、等比数列通项公式 a_n 与求和公式 S_n 计算．通过学习数列和数列的性质，可以提高学生的观察、分析、猜想和归纳等能力．等差数列和等比数列是两种特殊数列，从学习地位上来讲，等差数列比等比数列更加重要，掌握等差数列知识和公式推导的方法对后续学习等比数列具有非常重要的作用．也就是说，学好了等差数列，再学习等比数列就会容易得多．

3.1.2　学情分析

等差数列求和在生产生活实际中应用非常广泛，特别是倒序相加的思维方法对学生的后续学习至关重要．从学生角度来看，学生的抽象逻辑推理能力基本形成，能较好地进行数形结合，而且善于发现问题和解决问题，这些都是学好等差数列的基础．通过等差数列的学习，掌握等差数列的首项 a_1、公差 d、通项公式 $a_n = a_1 + (n-1)d$ 的应用方法，是学习等差数列求和的必备知识点．

3.1.3 教学目标设计

（1）知识目标

掌握等差数列的前 n 项和公式，理解倒序相加的数学思想，熟练地运用求和公式求和.

（2）能力目标

渗透倒序相加的数学思想，提高归纳能力和类比能力.

（3）情感态度目标

通过具体情境的设置，能理论联系实际，产生浓厚的数学学习兴趣. 同时在学习等差数列的前 n 项和公式的推导过程中，让学生体验数学的科学性和趣味性，有效地激发学生的学习欲望.

3.1.4 教学重难点

大部分教师会将求和公式的记忆作为教学的重难点，其实这部分知识对于学生来说困难不大，难点是在推导求和公式 S_n 的过程中让学生理解倒序相加求和这一重要的数学方法，开拓学生的思路，渗透新课标的教学理念.

（1）教学重点

应用多元表征理论引导学生探究公式的形成过程.

（2）教学难点

引导学生自主探究学习倒序相加求和法.

（3）重难点解决的方法策略

本节课教学的主要策略是"情境设置—自主探究—公式推导—公式运用". 通过情境表征的设置，让学生一步步理解倒序相加的公式推导过程，并通过自主探究、例题讲解，让学生分析归纳两个等差数列求和公式的应用情况. 同时，教师提前将情境表征、公式推导的过程通过多媒体课件进行展示，不仅节约板书时间，而且让学生更加直观地理解教学思路，加强师生互动，攻克教学中的重难点.

3.2 等差数列求和的教学设计

3.2.1 情境表征

情境设置：老师想排一个正三角方阵，第 1 排 1 个人，然后每排递加 1 个人，一共 100 排，你知道一共需要多少学生才能组成这个方阵吗?

教师活动：

（1）利用多媒体课件展示学生方阵图片.

（2）引导学生思考，第 1 排为 1 个人，第 2 排为 2 个人，第 3 排为 3 个人，…，第 100 排为 100 个人. 求总人数，也就是从第 1 排到第 100 排的总人数和.

（3）板书：$1+2+\cdots+100=?$

设计意图：用可视化的图片展示方阵的实际情境来激发学生的探索欲望，将情境表征融入教学设计，培养学生的观察能力和思考能力，为学生继续学习等差数列求和公式提供感性材料.

图 1 正三角方阵

3.2.2 语言表征

教师通过丰富的语言描述才上小学四年级的小高斯计算 1 到 100 的自然数相加的故事.

教师活动：

（1）你知道小高斯采用了什么方法吗？你和他的差距在哪里？

（2）如果把原来的正三角方阵倒过来，会出现什么情境？

设计意图：高斯神速计算的故事是数学历史中一个著名的典故，这个故事不仅可以启发学生对比自身的学习能力和解决问题的能力，而且将原来比较抽象的数学问题演变成数学模型.

图 2 正三角方阵与倒三角方阵

（3）引导学生理解高斯算法：两个三角形拼成一个四边形，每一层的数量相同，都应该是多少？学生回答：每一层都应该是 101 个学生.

3.2.3 列表表征

教师活动：将每一层学生的数量进行列表，得到下面的表格.

表1 不同三角下每排学生数的关系

	第1排学生数	第2排学生数	第3排学生数	...	第50排学生数	第51排学生数	...	第98排学生数	第99排学生数	第100排学生数
正三角	1	2	3	...	50	51	...	98	99	100
倒三角	100	99	98	...	51	50	...	3	2	1
求和	101	101	101	101	101	101	101	101	101	101

正三角学生＋倒三角学生＝$100 \times 101 = 10100$.

正三角学生＝$10100 \div 2 = 5050$.

设计意图：通过列表表征让学生更加直观地理解数列的对应关系，循序渐进地引导学生自主探究数列求和. 通过直接从1加到100和高斯算法两种方法的对比了解数学的实用价值，同时帮助学生理解倒序相加的数学思想，为下一步推导等差数列前 n 项和公式做好铺垫.

同时构造出自然数等差数列：$a_1 = 1$，$a_2 = 2$，$\cdots$，$a_{99} = 99$，$a_{100} = 100$，该等差数列的公差 $d = 1$，通项公式为 $a_n = a_1 + (n-1)d = 1 + (n-1) \times 1 = n$.

引入等差数列的求和表达式：

$S_n = a_1 + a_2 + a_3 + \cdots + a_{n-2} + a_{n-1} + a_n = 1 + 2 + 3 + \cdots + 98 + 99 + 100$.

这个环节在本节课中非常关键，一是引入等差数列求和的符号，二是将生活实际与数学知识对应起来，也就是构建出数学模型.

3.2.4 公式表征

教师活动：

$S_n = a_1 + a_2 + a_3 + \cdots + a_{n-2} + a_{n-1} + a_n$，

$S_n = a_n + a_{n-1} + a_{n-2} + \cdots + a_3 + a_2 + a_1$，

则有：

$2S_n = (a_1 + a_n) + (a_2 + a_{n-1}) + (a_3 + a_{n-2}) + \cdots + (a_{n-2} + a_3) + (a_{n-1} + a_2) + (a_n + a_1)$.

回顾等差数列 $\{a_n\}$ 的性质：

若 $m + n = p + q$，有 $a_m + a_n = a_p + a_q$，

因为 $1 + n = 2 + (n-1) = 3 + (n-2) = \cdots = (n-2) + 3 = (n-1) + 2 = n + 1$，

所以 $a_1 + a_n = a_2 + a_{n-1} = a_3 + a_{n-2} = \cdots = a_{n-2} + a_3 = a_{n-1} + a_2 = a_n + a_1$，

得出 $2S_n = n(a_1 + a_n) \Rightarrow S_n = \dfrac{n(a_1 + a_n)}{2}$.

设计意图：数学运算的作用是进一步提高效率，通过等差数列的求和公式可以更快地解决常见的数学问题，这也是数学方法解决问题的重要价值体现之一. 倒序相加法不仅用于等差数列，而且在以后的学习中其他的数列运算也可以运用这种方法来求和，所以对这种方法的理解比仅仅记忆求和公式更加重要.

3.3 公式的理解和深化

公式：$S_n = \dfrac{n(a_1 + a_n)}{2}$

教师活动：

（1）引导学生找出公式中出现的变量：S_n，n，a_1，a_n.

（2）如果已知其中三个变量，能否求出另一个？

例1 已知某个等差数列的首项为 -12，第 30 项为 18，求前 30 项和.

解： 由题意知 $n=30$，$a_1=-12$，$a_{30}=18$.

由等差数列求和公式，得 $S_n=\dfrac{n(a_1+a_n)}{2}=\dfrac{30\times(-12+18)}{2}=90$.

设计意图： 让学生学以致用，从形式上初步建立公式运用的方法. 巩固等差数列求和公式的记忆，灵活运用公式解决问题.

教师活动：（1）如果不知公式中的 a_n，怎么处理？

回顾等差数列的通项公式：$a_n=a_1+(n-1)d$，

公式变形：$S_n=na_1+\dfrac{n(n-1)}{2}d$.

（2）引导学生找出公式中出现的变量：S_n，n，a_1，d.

体会新旧知识的关联性，拓展学生解题思路.

例2 已知某个等差数列的首项为 8，公差为 -2，求前 25 项和.

解： 由题意知 $n=25$，$a_1=8$，$d=-2$.

由等差数列求和公式，得 $S_n=na_1+\dfrac{n(n-1)}{2}d=25\times8+\dfrac{25\times(25-1)}{2}\times(-2)=$
-400.

设计意图： 巩固等差数列求和公式的记忆，并对比例 1 与例 2，分析不同的题型应选择不同的公式.

例3 （2019 年高考数学全国卷 18 题）记等差数列前 n 项和为 S_n，已知 $S_5=a_5$，$a_3=4$，求 $\{a_n\}$ 的通项公式.

解： 由题意知当 $n=5$ 时，$S_5=a_5$，有：

$5a_1+\dfrac{5\times4d}{2}=a_1+4d$. ①

当 $n=3$ 时，$a_3=4$，有：

$a_1+2d=4$. ②

由①②，得 $\begin{cases}5a_1+\dfrac{5\times4d}{2}=a_1+4d, \\ a_1+2d=4,\end{cases}$ 故 $a_1=8$，$d=-2$.

所以 $a_n=8-2n$.

设计意图： 让学生学以致用，从形式上初步建立公式运用的方法，并了解高考题中等差数列是以怎样的形式出现的.

3.4 教学效果对比分析

通过分析学生的学习状态，发现利用数学多元表征理论学习等差数列的求和有较好的效果，对比分析如下.

表 2 效果对比分析

	基于数学多元表征理论	直接讲授
学习兴趣	浓厚	一般
学习参与度	很高	一般
高斯算法的理解	很好	一般
知识掌握情况	很好	一般
解题速度	很快	一般
课堂气氛	活跃	一般

学生对于情境表征（即学生方阵）有非常浓厚的学习兴趣，参与度较高，在教师未提供解题思路时都在冥思苦想解题方法．大部分学生选择直接相加，少部分学生会寻找其他合适的方法．这说明教师利用情境表征可以有效地引导学生积极思考问题，寻找解决问题的方法．而在列表表征时，让学生更加直观地理解高斯算法，将复杂的解题思路清晰地展示出来，同时将日常生活中的案例转化成数学模型．当方法探究出来之后，学生会有一种恍然大悟的感觉，并从知识学习中收获快乐．同时，可以激励学生学习倒序相加法推导求和公式，从而使学生的课堂参与度较高，知识掌握情况较好．

结束语

本节课的教学主线是"情境设置—自主探究—公式推导—公式运用"，始终坚持以学生为主体，引导学生自主探究等差数列的求和公式．在数学多元表征理论的基础上，设置情境表征、列表表征、公式表征等，帮助学生理解倒序相加的数学思想，最后利用不同的例题帮助学生理解和掌握两种不同的求和公式及其应用方法，培养学生分析问题、解决问题的能力．通过总结归纳，提出本节课应注意的几个方面：①注意情境表征的设置，激发学生的学习兴趣；②注意列表表征，帮助学生领悟倒序相加的教学思想；③以学生为主体设置教学环节，内容循序渐进，由难到易，由简到繁；④例题设置应符合学生认知规律，帮助学生内化和应用公式．还需要注意的是，在整节课的教学过程中，教师要加强对课堂的管控，提升学生的课堂参与度，不仅让学生动脑，还要让学生动手、动笔．在增强学生教学活动体验的同时，鼓励学生自主解决问题，培养学生良好的学习习惯．

参考文献

[1] 赵思林，徐小琴．等差数列的求和公式及应用 [J]．数学教学通讯，2016（36）：1−2．
[2] 孙彬．基于多元表征的数学概念课教学设计——以函数的奇偶性教学设计为例 [J]．中学数学研究，2019（12）：3−6．
[3] 王耀．多元表征学习：让数学思维丰富深刻——以一道高考试题的问题解决为例 [J]．中国数学教育，2019（12）：47−51．
[4] 周志杰．多元表征理论的实践与探索——以数列教学为例 [J]．数学导航，2019（11）：10−11．
[5] 唐剑岚．概念多元表征的教学设计对概念学习的影响 [J]．数学教育学报，2019，29（2）：28−33．
[6] 杜萤梅．等差数列求和公式的教学反思 [J]．考试周刊，2011（74）：3−4．

［7］杨超英. 巧用等差数列求和公式妙解题［J］. 中学生数理化（高二高三版），2016（14）：5－6.

［8］赵森清. 从等差数列求和公式中所想到的［J］. 中学教研（数学版），2004（8）：1－5.

［9］陆学政. "多元表征理论"指导下的"数列概念"教学［J］. 中学数学教学参考，2012（4）：1－2.

［10］常新花. 多元表征视角下高中函数概念的教学案例研究［D］. 兰州：西北师范大学，2017.

［11］朱开群. 基于深度学习的"深度教学"［J］. 上海教育科研，2017（5）：1－8.

［12］章建跃. 理解数学是教好数学的前提［J］. 数学通报，2015，20（1）：61－63.

［13］中华人民共和国教育部. 普通高中数学课程标准（2017 年版）［M］. 北京：人民教育出版社，2018.

［14］李冬梅，刘瑶. 基于多元表征理论的数学教学设计——以"函数的概念"教学为例［J］. 当代教育理论与实践，2019（2）：1－3.

［15］郑毓信. 多元表征理论与概念教学［J］. 小学数学教育，2011（10）：3－6.

［16］陈玲玲. 把握思想方法，突破数列运算［J］. 中学数学，2020（3）：2－7.

第三章　不等式应用及教学

不等式是数学中一个重要的分支，在数学教学中占有重要地位．不等式法是指运用不等式知识解决数学问题或实际问题的一种数学方法．基本不等式是培养学生逻辑推理能力和数学应用意识的好素材．通过基本不等式的学习不仅可以发现和推导出其他一些不等式，解决高中数学中常见的最值问题，还可以解决函数、数列等其他数学问题．不等式是高中数学中具有联结和支撑作用的主干知识，它既是中学数学的重要内容，又是学习高等数学的必要基础．

中学不等式的主要内容包括不等式的基本概念、不等式的基本性质、几个重要不等式、几个著名不等式（平均不等式、柯西不等式、琴生不等式）、不等式的证明、不等式的解法、含绝对值的不等式．

第一节　问题驱动教学实录[①]
——以一个不等式恒成立问题为例

问题驱动是推进教学的重要方式，承载教师预设的教学目标，以直接的对话形式解决问题．数学问题解决是解题者在自己的长时记忆中提取解题图式用于新的问题情境的过程[1]．数学教学不仅要把"题"作为研究的对象，把"解"作为研究的目标，而且也要把"解题活动"作为对象，把学会"数学地思维"、促进"人的发展"作为目标[2]．

下面以一道不等式恒成立的问题驱动式教学为例，直观展示教师与学生的"思维对话"，暴露学生的思维误区，使学生建构起知识网络，完善知识结构，细化知识组块，达到举一反三、触类旁通的目的．

1　问题呈现

（1987 年全国数学高考试题第 5 题）设对所有实数 x，不等式 $x^2\log_2\dfrac{4(a+1)}{a} + 2x\log_2\dfrac{2a}{a+1} + \log_2\dfrac{(a+1)^2}{4a^2} > 0$ 恒成立，求 a 的取值范围．该高考题满分 12 分，以不等式

---

① 作者：徐小琴、赵思林．本节内容刊登在《中学教研（数学）》2018 年第 5 期．

恒成立为背景，涉及参数、对数、一元二次不等式，知识背景较熟悉，但是问题形式结构较复杂，从信息加工的角度来看，组块高达 37 个，严重超过大脑容量"7 ± 2"[3] 的上限，使考生望而却步. 一方面，该问题是不等式经典例题中的代表，有研究价值；另一方面，当年考生的得分都普遍较低，研究发现该试题蕴含丰富的思想方法，具有较高的教学研究价值，也值得学生学习和借鉴. 因此，采用问题驱动的形式引导学生研究探讨该内容.

2 实录编译

2.1 问题驱动，引发思考

师：请同学们思考，这个问题可以从哪些角度考虑呢？

生 1：这是不等式恒成立问题，可以用判别式法. 即

$$
\begin{cases}
\dfrac{a+1}{a}>0, \\
\log_2\dfrac{4(a+1)}{a}>0, \\
\Delta=\left(2\log_2\dfrac{2a}{a+1}\right)^2-4\log_2\dfrac{4(a+1)}{a}\cdot\log_2\dfrac{(a+1)^2}{4a^2}<0.
\end{cases}
$$

师：很好！这位同学不仅能准确地找到解题方向——判别式法，而且能考虑到对数有意义的条件——$\dfrac{a+1}{a}>0$. 这也是当年高考给定参考答案的方法. 那这样做有没有问题呢？

生（全体）：没有问题，因为二次函数开口向上，$\Delta<0$ 就与 x 轴没有交点.

（学生开始小声发表意见）

师：这样做严谨吗？有无逻辑问题？

（学生小声讨论）

生 2：他（生 1）没有考虑二次项系数为 0 的情况. 如果二次项系数为 0，就不能用判别式法. 这个题如果 $\log_2\dfrac{4(a+1)}{a}=0$，不等式不一定恒成立.

师：对！生 2 说得很好. 从表面上看，这是关于 x 的一元二次不等式大于 0 恒成立问题，只需图像开口向上，且与 x 轴没有交点. 但从逻辑上看，此解答并未考虑二次项系数为 0 的情况，也就是该不等式不是二次不等式，因此就不能采用判别式法. 所以答案应该就二次项系数是否为 0 的情况进行分类讨论. 当 $\log_2\dfrac{4(a+1)}{a}=0$ 时，不等式并不恒成立，此时无解；当 $\log_2\dfrac{4(a+1)}{a}\neq0$ 时，利用判别式，解得 a 的取值范围.

2.2 反例验证，巩固理解

师：此题对于二次项系数为 0 的情况无解，也就是不影响最终答案，但是为了加深大家对讨论二次项系数的认识，我们不妨构造这样的反例——设关于 x 的不等式 $mx^2+mx+1>0$ 恒成立，求实数 m 的取值范围.

生 3：当 $m=0$ 时，$1>0$，不等式恒成立，因此 $m=0$ 是其一解．（$m\neq 0$ 的情况略）

师：从这个例题来看，如果不讨论二次项系数为 0 的情况，$m=0$ 这个解就容易被遗漏，也就会造成逻辑的错误．因此，在处理类似的问题时一定要注意分类讨论的标准，慎独慎思，不重不漏．

2.3　驱动探究，优化问题

师：（回到原来的问题）同学们，题干中的对数形式复杂吗？可以简化吗？

生 4：可以．

师：怎样简化？你来讲讲．

生 4：我们观察不等式，其中有些结构是相同的．因此可以换元，令 $\dfrac{a+1}{a}=t>0$，原不等式转化为 $(2+\log_2 t)x^2+2x(1-\log_2 t)+2\log_2 t-2>0$．

师：很好！形式是简单了一些，那还能再简化吗？

（全体学生跃跃欲试）

生 5：可以，每项都还有 $\log_2 t$，可以令 $\log_2 t=m$，原不等式进一步转化为 $(2+m)x^2+2x(1-m)+2(m-1)>0$．

师：现在的不等式看起来简单多了．老师还想问，还能更简单吗？

生 6：我知道，还可以令 $m-1=u$，则不等式变为 $(3+u)x^2-2ux+2u>0$．

师：同学们太棒了，把那么复杂的不等式利用换元的方法变得如此简单．这是一个关于 x 的一元二次不等式恒成立问题（$3+u\neq 0$）．对于这个不等式恒成立问题同学们知道哪些方法？大家先做一做．

（全体学生开始做题）

师：请同学们来展示一下自己的方法．

生 7：用判别式法．

若 $3+u=0$，无解．

若 $3+u\neq 0$，则原不等式为关于 x 的一元二次不等式恒成立，只需满足 $\begin{cases}3+u>0,\\ \Delta=4u^2-8u(3+u)<0.\end{cases}$ 解得 $u>0$，于是得到 $0<a<1$．

生 8：可以用分离参数法，不等式左边可以看作 u 的一次函数，不等式可以变为 $u(x^2-2x+2)+3x^2>0$，即 $u>-\dfrac{3x^2}{(x-1)^2+1}$．因为 $-\dfrac{3x^2}{(x-1)^2+1}\geq 0$，所以 $u>0$．所以 $0<a<1$．

2.4　横向迁移，引导思考

师：分离参数的方法非常好，那么，什么时候能用分离参数法呢？

生 8：在关于 u 的一次函数时．

师：关于 u 的二次函数呢？

生 8：可以，只要 u 的次数一样．

师：对，只要参数 u 的次数都相同就可以，这也称 u 是齐次的．这里的

$-\dfrac{3x^2}{(x-1)^2+1}$ 通过观察就知道其最大值是 0，如果将其改为 $-\dfrac{3x^2-1}{x^2-2x+2}$，又怎么求其最大值？大家下来思考.

2.5 问题推广，发散思维

师：对于这个问题，我们发现其问题的实质就是 $(3+u)x^2-2ux+2u>0$，在这个题目中仅相当于把 u 换作了 $\log_2\dfrac{a+1}{2a}$，同样 u 还可以用三角、数列、指数等替换. 那么我们还能将问题进行怎样的改编和变式呢？

生 3：设不等式 $x^2\log_2\dfrac{4(a+1)}{a}+2x\log_2\dfrac{2a}{a+1}+\log_2\dfrac{(a+1)^2}{4a^2}>0$ 对一切实数 $x\in[0，2]$ 都成立，求实数 a 的取值范围.

师：(生 3)直接把我们 x 的范围限定了，那么使用判别式法就要谨慎. 但是分离参数法同样奏效. 非常好！

生 9：设 $x^2\log_2\dfrac{4(a+1)}{a}+2x\log_2\dfrac{2a}{a+1}+\log_4\dfrac{(a+1)^4}{16a^4}>0$ 对一切实数 $x\in[-1，+\infty)$ 都成立，求实数 a 的取值范围.

师：这位同学不仅将 x 的范围限定了，还将一个对数结构改变了，但是其本质改变了吗？

生 10：没有，只是要借用换底公式.

师：对，这也是一个非常好的变式.

生 11：设 $k<0$，不等式 $x^2\log_2\dfrac{4(a+1)}{a}+2x\log_2\dfrac{2a}{a+1}+\log_2\dfrac{(a+1)^2}{4a^2}>0$，关于一切实数 $x\in[k，2]$ 恒成立，求实数 a 的取值范围.

师：这就是一个有一定难度的变式了，又增加了一个参数 k. 同学们下来寻找答案.

3 回顾与反思

波利亚曾指出，回顾已经完成的解答是解题工作中的一个重要且有启发性的阶段[3].回顾本堂课，教师采用不断追问的方式，一步步引领学生优化解题方法，逐层深入解决问题，并以此为跳板，进一步激发学生对一类问题的认识，开拓学生的思维，不仅培养了学生的逻辑推理能力，还挖掘了学生的数学应用意识与创新意识. 这堂问题驱动式教学课是师生共同参与的教学活动，经历了分析问题、解决问题的过程，进一步对问题进行改编、引申或推广. 回顾问题解决过程，有以下几点值得思考.

3.1 问题本质认识

从这个不等式恒成立问题来看，通过分析找到了命题根源 $(3+u)x^2-2ux+2u>0$.教师引导学生对问题抽丝剥茧，经历了三次换元过程，引进了 $t，m，u$ 三个参数，充分体现了学生对整体化、数学化、符号化的意识，进一步让学生认识到换元有简化问题的作用. 其中对本原问题的参数 u 进行替换还可以衍生出不同类型的问题，包括对数、三角、数列等，但问题的实质始终如一.

3.2　方法使用条件

在第一种变式中，当 x 的范围改变时，判别式法的使用也受到限制，更一般的是分离参数法. 而分离参数法的使用条件首先必须满足参数齐次性，即参数的次数保持一致，否则该方法也难以奏效.

3.3　思路分析框图

受罗增儒[2]信息论观点下的证明框架的启示，本节课教师引导学生对问题解决的整体过程用如下框图表示：

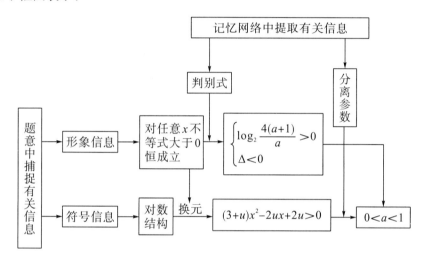

此框图有利于学生形成解题分析的思路框架，有利于学生从整体上把握解题概况. 一方面，数学是一门逻辑科学，需要学生一步步建立思路流程图；另一方面，数学知识之间相互交叉，需要学生进一步从整体把握知识信息网.

参考文献

[1] 王凯. 数学解题认知模式下的数学解题教学 [J]. 中学数学月刊，2014 (5)：11－13，30.

[2] 罗增儒，罗新兵. 作为数学教育任务的数学解题 [J]. 数学教育学报，2005，14 (1)：12－15.

[3] George A M. The Magical Number Seven, Plus or Minus Two：Some Limitis on Our Capacity for Processing Information [J]. Psychological Review, 1956 (63)：81－97.

[4] 波利亚. 数学的发现——对解题的理解、研究和讲授（第一卷）[M]. 欧阳绛，译. 北京：科学出版社，1982.

第二节　不等式法在高中数学中的应用①

1　研究意义及其现状分析

不等式法是指运用不等式知识解决数学问题或实际问题的一种数学方法. 不等式的概念最开始来源于原始社会, 原始人在长期狩猎与分配的过程中逐渐有了多和少的概念, 对所得东西进行数量比较, 从而探索自然界中的问题时就产生了不等式的概念. 随着数学的发展以及人们对数学这一学科领域的探索、发现、研究、验证和得出结论, 不等式逐渐成了数学这门基础学科的一个重要分支, 为之后数学的研究和进步奠定了一定的基础.

在全国各地高考试卷的分类中, "不等式"虽然作为专门的一类, 但往往只有"解不等式""线性规划"等类型的问题, 以及在全国卷最后的选做题中会有考查. 不等式在高考中占有重要的地位, 除了直接考不等式, 高考不等式命题常在与函数、数列、三角、向量、解析几何、立体几何知识的交汇处设计, 具有较强的综合性. 近几年不等式的综合性应用考查在高考中是一个热点, 同时也是一个难点. 除此之外, 不等式在数学竞赛和各高校自主招生考试中也占了较大的比例, 所以学生对于重要不等式的掌握十分必要. 对不等式的良好掌握既能培养学生的数学思维, 也有利于以后高等数学的学习.

对于不等式, 前人在应用和教学方面都有研究. 徐程[1]对基本不等式求最值、实际生活问题以及求中间变量进行了详细分析; 朱占奎等[2]提出在求解最值中要学会结构分析, 这是处理问题的关键; 李保臻等[3]以 $e^x \geqslant 1+x$ 为例, 从背景、变形推广和高考题中进行了探讨; 鲍人灯[4]例举了向量数量积不等式在求取最值和值域等方面的多种应用; 管勇等[5]对基本不等式证明的教学实录的每个环节进行了点评; 周义超[6]基于"课程协同一致"对基本不等式进行了教学设计; 胡振辉[7]研究了含参数的绝对值不等式恒成立问题的解法; 张雪峰[8]研究了柯西不等式在代数、函数、三角、几何等方面的运用; 吴善和[9]通过对凸函数的研究, 讲述了琴生不等式的具体运用; 赵思林[10]通过对伯努利不等式的证明和推论的研究, 介绍了利用伯努利不等式解数学竞赛题.

2　各种重要不等式在高中数学中的应用

2.1　不等式基础知识

要学习不等式, 首先要知道不等式的定义.

定义 1　用不等号联结两个解析式所成的式子, 叫作不等式.

不等式和方程一样, 根据不等式中两边的解析式可分为代数不等式和超越不等式.

---

①　作者: 覃媛媛、赵思林.

定义 2 解析式 $f(x_1, x_2, \cdots, x_n)$ 与 $g(x_1, x_2, \cdots, x_n)$ 定义域的交集成为不等式的定义域.

根据不等式的解集的不同情况,可以分为绝对不等式、条件不等式和矛盾不等式.

如果解集就是定义域,即用定义域中的任何数值代替不等式中的变量,它都能成立,叫作绝对不等式.

如果解集是定义域的真子集,即只能用定义域中某些范围内的数值代替不等式中的变数,它才能成立,叫作条件不等式.

如果解集是空集,即用定义域中的任何数值代替不等式的变数,它都不能成立,叫作矛盾不等式.

2.1.1 性质

等式会有一些基本性质,如"等式两边乘(除)以同一个数,结果仍然相等",同理,不等式也有自己的性质. 为了能够利用不等式来研究和解决实际生活中的一些不等关系,就必须了解和掌握不等式的基本性质. 常用的不等式分为两类:严格不等式(<和>)和非严格不等式(≤和≥). 有关严格不等式的性质都可推广到非严格不等式. 因为高中数学的不等式是在实数范围的基础上进行学习的,所以下列不等式的性质也是建立在实数范围的基础上的.

关于实数 a,b 大小的比较,不难有:

$a - b > 0 \Leftrightarrow a > b$;

$a - b = 0 \Leftrightarrow a = b$;

$a - b < 0 \Leftrightarrow a < b$.

上面的符号"$\Leftrightarrow$"表示等价于.

不难证明下列不等式的基本性质:

(1) 对称性:$a > b \Leftrightarrow b < a$.

(2) 传递性:$a > b$,$b > c \Rightarrow a > c$.

(3) 加法单调性:$a > b \Rightarrow a + c > b + c$.

(4) 乘法单调性:$a > b$,$c > 0 \Rightarrow a \cdot c > b \cdot c$;$a > b$,$c < 0 \Rightarrow a \cdot c < b \cdot c$.

上述四条是不等式中最基本的性质,由此还可以得到如下推论:

推论 1 $a > b > 0$,$c > d > 0 \Rightarrow ac > bd$.

推论 2 $a > b > 0$,$c > d > 0 \Rightarrow \dfrac{a}{d} > \dfrac{b}{c}$.

推论 3 $a > b > 0 \Rightarrow a^n > b^n (n \in \mathbf{N}, n \geq 1)$.

推论 4 $a > b > 0 \Leftrightarrow \sqrt[n]{a} > \sqrt[n]{b} (n \in \mathbf{N}, n \geq 2)$.

以上四个性质和四个推论也是高中数学必修 5 第二章第一小节所需掌握的内容.

2.1.2 解不等式

解不等式是指在其定义域内,求出能满足该不等式的解集. 依据解析式的不同分类,有代数不等式和超越不等式;依据次数,有多次不等式和一次不等式.

例 1 解不等式 $\left(\dfrac{1}{x^2}\right)^{-4x^2+2x+3} > x^{3x^2-9x+4}$（$x>0$，$x\neq1$）.

解：原不等式可以转化为 $x^{8x^2-4x-6} > x^{3x^2-8x+3}$.（1）

当 $0<x<1$ 时，式（1）可同解于 $8x^2-4x-6<3x^2-9x+4$，即 $5x^2+5x-2<0$.

因为 $5x^2+5x-2<0$ 的解集为 $\dfrac{-5-\sqrt{45}}{5}<x<\dfrac{-5+\sqrt{45}}{5}$，所以当 $0<x<1$ 时，原不等式的解为 $0<x<\dfrac{-5+\sqrt{45}}{5}$.

当 $x>1$ 时，式（1）可同解于 $8x^2-4x-6>3x^2-9x+4$，即 $5x^2+5x-2>0$.

因为 $5x^2+5x-2>0$ 的解集为 $x<\dfrac{-5-\sqrt{45}}{5}$ 或 $x>\dfrac{-5+\sqrt{45}}{5}$，所以当 $x>1$ 时，原不等式的解为 $x>1$.

综上可得，原不等式的解为 $0<x<\dfrac{-5+\sqrt{45}}{5}$ 或 $x>1$.

2.2 基本不等式

2.2.1 基本不等式及其本质

不等式是高中数学的重要内容，与其他的数学知识板块相互融汇. 其中基本不等式是不等式的入门基础，也是十分重要的内容，分别在必修 5 第三章第四节和选修 4－5 第一章第二节出现. 基本不等式不仅提出来单独讲解，而且在高中数学教材中重复出现，在高考中可以结合数列和函数来证明不等式. 其内容为：$\dfrac{a+b}{2}\geqslant\sqrt{ab}$（$a\geqslant0$，$b\geqslant0$）. 要熟练地运用基本不等式，首先要了解和掌握它的含义及其本质. 从本质上来说，基本不等式是二元正数的几何平均数 $\sqrt{ab}$ 小于等于算术平均数 $\dfrac{a+b}{2}$.

2.2.2 基本不等式在初等函数下的分类

2018 年高中数学考试大纲中提出，了解基本不等式的证明过程和会用基本不等式解决最值问题. 在高中数学教材中，$\dfrac{a+b}{2}\geqslant\sqrt{ab}$（$a\geqslant0$，$b\geqslant0$）是唯一的基本不等式，但是从高中数学所学的基本初等函数来说，还存在着基本不等式之外的基本不等式[11]，例如：

(1) $a^2+b^2\geqslant2ab$

例 2 设 a，b，$c\in\mathbf{R}^+$，且 $a^2+b^2+c^2=4$，求证：$\sqrt{a^2+3}+\sqrt{b^2+3}+\sqrt{c^2+3}<8$.

证明：由不等式 $a^2+b^2\geqslant2ab$，可得 $1\cdot\sqrt{a^2+3}\leqslant\dfrac{a^2+4}{2}$，即 $\sqrt{a^2+3}\leqslant\dfrac{a^2}{2}+2$.

同理可得 $\sqrt{b^2+3}\leqslant\dfrac{b^2}{2}+2$，$\sqrt{c^2+1}\leqslant\dfrac{c^2}{2}+2$.

所以 $\sqrt{a^2+3}+\sqrt{b^2+3}+\sqrt{c^2+3}\leqslant\dfrac{a^2}{2}+2+\dfrac{b^2}{2}+2+\dfrac{c^2}{2}+2=8$.

因为三个不等式的等号不能同时成立，所以 $\sqrt{a^2+3}+\sqrt{b^2+3}+\sqrt{c^2+3}<8$.

推广 1：将元素推广到 n 元. 设 $1^2+2^2+\cdots+n^2=\dfrac{n(n+1)(2n+1)}{6}$，求证：$\sqrt{1^2+3}+\sqrt{2^2+3}+\cdots+\sqrt{n^2+3}<2n+\dfrac{n(n+1)(2n+1)}{12}$.

推广 2：将次数进行推广. 设 a，b，$c\in\mathbf{R}^+$，且 $a^n+b^n+c^n=2^n$，求证：$\sqrt{a^n+3}+\sqrt{b^n+3}+\sqrt{c^n+3}<2^{n-1}+6$.

（2）$\sin x<x<\tan x\left(0<x<\dfrac{\pi}{2}\right)$

例 3　证明 $f(x)=\dfrac{\sin x}{x}$ 在区间 $\left(0,\dfrac{\pi}{2}\right]$ 上是单调递减的函数.

证明：因为 $f(x)=\dfrac{\sin x}{x}$，所以根据求导，可得 $f'(x)=\dfrac{x\cos x-\sin x}{x^2}$.

又因为 $\sin x<x<\tan x\left(0<x<\dfrac{\pi}{2}\right)$，所以 $x\cos x-\sin x<0$，从而 $f'(x)<0$.

故 $f(x)$ 在 $\left(0,\dfrac{\pi}{2}\right]$ 上是单调递减的函数.

（3）$\mathrm{e}^x\geqslant1+x$

例 4　已知函数 $f(x)=\mathrm{e}^x-\ln(x^2+m-1)$.

（Ⅰ）设 $x=0$ 是 $f(x)$ 的极值点，求 m，并讨论 $f(x)$ 的单调性；

（Ⅱ）当 $m\leqslant3$ 时，证明 $f(x)>0$.

解：（Ⅰ）略.

（Ⅱ）因为有 $\mathrm{e}^x\geqslant1+x$，当且仅当 $x=0$ 时等号成立，从而有 $x\geqslant\ln(1+x)$，所以 $\ln(x+m-1)\leqslant x+m-2$.

又因为 $m\leqslant3$，则当 $m<3$ 时，有 $x+m-2<1+x$，所以有 $\ln(x+m-1)<x+m-2<1+x\leqslant\mathrm{e}^x$，即 $f(x)=\mathrm{e}^x-\ln(x+m-1)>0$.

当 $m=3$ 时，函数 $f(x)$ 的导数为 $f'(x)=\mathrm{e}^x-\dfrac{1}{x+2}$，且 $f'(x)$ 在 $(-2,+\infty)$ 上单调递增.

因为 $f'(-1)=\dfrac{1}{\mathrm{e}}-1<0$，$f'(0)=\dfrac{1}{2}>0$，所以 $f'(x)$ 在 $(-2,+\infty)$ 上有唯一实根 x_0，且 $x_0\in(-1,0)$.

当 $x\in(-2,x_0)$ 时，$f'(x)<0$；当 $x\in(x_0,+\infty)$ 时，$f'(x)>0$. 从而当 $x=x_0$ 时，$f(x)$ 取得最小值，则由 $f'(x_0)=0$，得 $\mathrm{e}^{x_0}=\dfrac{1}{x_0+2}$，$\ln(x_0+2)=-x_0$，故有 $f(x)\geqslant f(x_0)=\dfrac{1}{x_0+2}+x_0=\dfrac{(x_0+1)^2}{x_0+2}>0$.

综上，当 $m\leqslant3$ 时，有 $f(x)>0$.

（4）$\ln x\leqslant x-1(x>0)$

例 5　（2017 年理数Ⅲ第 21 题改编）已知函数 $f(x)=x-1-a\ln x$.

（Ⅰ）若 $f(x)\geqslant0$，求 a 的值；

（Ⅱ）设 b 为整数，且对于任意正整数 n，$\left(1+\dfrac{1}{3}\right)\left(1+\dfrac{1}{3^2}\right)\cdots\left(1+\dfrac{1}{3^n}\right)<b$，求 b 的最

小值.

解：（Ⅰ）略.

（Ⅱ）因为由（1）可得 $a=1$，即 $x-1-\ln x \geqslant 0$ 在 $(0, +\infty)$ 上恒成立，所以有 $\ln x \leqslant x-1(x>0)$.

令 $x=1+\dfrac{1}{3^n}$，即有 $\dfrac{1}{3^n} \geqslant \ln\left(1+\dfrac{1}{3^n}\right)$，则有 $\ln\left[\left(1+\dfrac{1}{3}\right)\left(1+\dfrac{1}{3^2}\right)\cdots\left(1+\dfrac{1}{3^n}\right)\right]=$

$\ln\left(1+\dfrac{1}{3}\right)+\ln\left(1+\dfrac{1}{3^2}\right)+\cdots+\ln\left(1+\dfrac{1}{3^n}\right) \leqslant \dfrac{1}{3}+\dfrac{1}{3^2}+\cdots+\dfrac{1}{3^n}=\dfrac{\dfrac{1}{3}\left[1-\left(\dfrac{1}{3}\right)^n\right]}{1-\dfrac{1}{3}}<\dfrac{1}{2}$.

所以若对于任意正整数 n，有 $\left(1+\dfrac{1}{3}\right)\left(1+\dfrac{1}{3^2}\right)\cdots\left(1+\dfrac{1}{3^n}\right)<b$，则有 $\ln b \geqslant \dfrac{1}{2}$，$b \geqslant \sqrt{e}$，故整数 $b_{\min}=2$.

$(5)\ \boldsymbol{a} \cdot \boldsymbol{b} \leqslant |\boldsymbol{a}| \cdot |\boldsymbol{b}|$

例 6 证明柯西不等式 $\displaystyle\sum_{i=1}^n a_i^2 \sum_{i=1}^n b_i^2 \geqslant \left(\sum_{i=1}^n a_i b_i\right)^2$，当且仅当 $\dfrac{a_1}{b_1}=\dfrac{a_2}{b_2}=\cdots=\dfrac{a_n}{b_n}$ 或 a_i，b_i，$i=1$，2，$\cdots$，n 中有一为零时成立.

证明：令 $\boldsymbol{m}=(a_1, a_2, \cdots, a_n)$，$\boldsymbol{n}=(b_1, b_2, \cdots, b_n)$，则 $\boldsymbol{m} \cdot \boldsymbol{n}=a_1 b_1+a_2 b_2+\cdots+a_n b_n$，因为 $\boldsymbol{m} \cdot \boldsymbol{n}=|\boldsymbol{m}||\boldsymbol{n}|\cos\langle\boldsymbol{m}, \boldsymbol{n}\rangle=\sqrt{a_1^2+\cdots+a_n^2}\sqrt{b_1^2+\cdots+b_n^2}\cos\langle\boldsymbol{m}, \boldsymbol{n}\rangle$ 且 $\cos\langle\boldsymbol{m}, \boldsymbol{n}\rangle \leqslant 1$，所以有 $a_1 b_1+a_2 b_2+\cdots+a_n b_n \leqslant \sqrt{a_1^2+\cdots+a_n^2}\sqrt{b_1^2+\cdots+b_n^2}$. 得证.

$(6)\ -|x| \leqslant x \leqslant |x|\ (x \in \mathbf{R})$

例 7 推导含有绝对值的三角不等式 $|a|-|b| \leqslant |a \pm b| \leqslant |a|+|b|$.

解：因为 $-|a| \leqslant a \leqslant |a|$，$-|b| \leqslant b \leqslant |b|$，所以有 $-(|a|+|b|) \leqslant a+b \leqslant |a|+|b|$，即 $|a+b| \leqslant |a|+|b|$，同理可得 $|a-b| \leqslant |a|+|b|$.

又因为 $|(a+b)-b| \leqslant |a+b|+|-b|$，即 $|a|-|b| \leqslant |a+b|$，同理可得 $|a|-|b| \geqslant -|a+b|$，所以有 $||a|-|b|| \leqslant |a+b|$，同理可得 $||a|-|b|| \leqslant |a-b|$.

综上可得含有绝对值的三角不等式 $|a|-|b| \leqslant |a \pm b| \leqslant |a|+|b|$.

2.2.3 利用基本不等式求最值

基本不等式在求解最值方面十分简捷有效，不论是在高考函数、数列中，还是在几何大题中，只要出现两正数相加的和或者相乘的积为正数，就可以求解最值. 但是在运用基本不等式求解最值时需要注意"一正、二定、三相等"的条件.

例 8 若正数 a，b 满足 $\dfrac{1}{a^3}+\dfrac{1}{b^3}=1$，求 $\dfrac{3}{a^3-1}+\dfrac{2}{b^3-1}$ 的最小值，并求此时 a，b 的值.

解法 1：因为 $\dfrac{1}{a^3}+\dfrac{1}{b^3}=1$，可得 $a=\sqrt[3]{\dfrac{b^3}{b^3-1}}>0$，故 $b>1$.

所以有 $\dfrac{3}{a^3-1}+\dfrac{2}{b^3-1}=3(b^3-1)+\dfrac{2}{b^3-1} \geqslant 2\sqrt{6}$，当且仅当 $3(b^3-1)=\dfrac{2}{b^3-1}$ 时等号成立. 即 $a=\sqrt[3]{\dfrac{5}{2}}$，$b=\sqrt[3]{\dfrac{5}{3}}$，故 $\dfrac{3}{a^3-1}+\dfrac{2}{b^3-1}$ 的最小值为 $2\sqrt{6}$.

该解法是在双元的条件下，用两项之和来求解最值的问题．可以采用消元的方法转化为单元问题，计算简便，难度降低．还可以通过换元或者根据所给条件寻找乘积是定值时满足的条件．

解法 2：因为 $\frac{1}{a^3}+\frac{1}{b^3}=1$，可联想到三角代换.

令 $a=\sqrt[3]{\frac{1}{\sin^2\theta}}$，$b=\sqrt[3]{\frac{1}{\cos^2\theta}}$，代入 $\frac{3}{a^3-1}+\frac{2}{b^3-1}$.

可得 $\frac{3\sin^2\theta}{\cos^2\theta}+\frac{2\cos^2\theta}{\sin^2\theta}\geqslant 2\sqrt{6}$，当且仅当 $\frac{3\sin^2\theta}{\cos^2\theta}=\frac{2\cos^2\theta}{\sin^2\theta}$ 时，等号成立.

即 $a=\sqrt[3]{\frac{5}{2}}$，$b=\sqrt[3]{\frac{5}{3}}$.

故 $\frac{3}{a^3-1}+\frac{2}{b^3-1}$ 的最小值为 $2\sqrt{6}$.

2.2.4　基本不等式在实际问题中的应用

在实际生活中会遇到需要用基本不等式解决的各种问题，此时需要构建数学模型，从而求解.

例 9　某投资商到一开发区投资 72 万元建起一座蔬菜加工厂，第一年共支出 12 万元，以后每年支出增加 4 万元．从第一年起，每年蔬菜销售收入 50 万元．设 $f(n)$ 表示前 n 年的纯利润总和($f(n)$＝前 n 年的总收入－前 n 年的总支出－投资额).

（1）该厂从第几年开始盈利？

（2）若干年后，投资商为开发新项目，对该厂有两种处理方案：第一，年平均纯利润达到最大时，以 48 万元出售该厂；第二，纯利润总和达到最大时，以 16 万元出售该厂．问哪种方案更合算？

解：（1）略.

（2）方案 1：设年平均纯利润为 S，则 $S=\frac{f(n)}{n}=40-2\left(n+\frac{36}{n}\right)$.

因为 $n+\frac{36}{n}\geqslant 2\sqrt{n\cdot\frac{36}{n}}=12$，当且仅当 $n=6$ 时等号成立，所以 $S\leqslant 16$，当且仅当 $n=6$ 时等号成立.

故方案 1 共获利 $6\times 16+48=144$(万元)，此时 $n=6$.

方案 2：设纯利润为 W，则 $W=f(n)=-2(n-10)^2+128$，所以当 $n=10$ 时，$W_{\max}=128$．故方案 2 共获利 $128+16=144$(万元).

比较两种方案，获利都是 144 万元，但是由于方案 1 所需时间比方案 2 要少 4 年，故最终选择方案 1 更合算.

本例是在实际问题的基础上抽象建立相应的函数关系式，建立数学模型，从而划归为函数的最值问题，再利用基本不等式求解，但是必须保证等号成立，要紧扣"一正、二定、三相等"这三个条件.

2.2.5　基本不等式与其他知识相结合

（1）基本不等式与函数的综合

例 10 （2018 年浙江卷理科 22 题）已知函数 $f(x)=\sqrt{x}-\ln x$. 若 $f(x)$ 在 $x=x_1$，$x_2(x_1\neq x_2)$ 处导数相等，求证：$f(x_1)+f(x_2)>8-8\ln 2$.

证明：由已知对 $f(x)$ 求导，可得 $f'(x)=\dfrac{1}{2\sqrt{x}}-\dfrac{1}{x}$.

因为 $f(x)$ 在 $x=x_1$，$x_2(x_1\neq x_2)$ 处导数相等，所以有 $f'(x_1)=f'(x_2)$，即 $\dfrac{1}{2\sqrt{x_1}}-\dfrac{1}{x_1}=\dfrac{1}{2\sqrt{x_2}}-\dfrac{1}{x_2}$，所以有 $\dfrac{1}{2\sqrt{x_1}}-\dfrac{1}{2\sqrt{x_2}}=\dfrac{1}{x_1}-\dfrac{1}{x_2}$.

对该式进行分母有理化，可得 $\sqrt{x_1 x_2}=2(\sqrt{x_2}+\sqrt{x_1})$. 因为基本不等式 $\dfrac{a+b}{2}\geq\sqrt{ab}$，所以有 $\sqrt{x_2}+\sqrt{x_1}\geq 2\sqrt[4]{x_1 x_2}$，当且仅当 $x_1=x_2$ 时取等号.

又因为 $x_1\neq x_2$，所以 $\sqrt{x_2}+\sqrt{x_1}>2\sqrt[4]{x_1 x_2}$，故有 $\sqrt{x_1 x_2}\geq 4\sqrt[4]{x_1 x_2}$，即 $x_1 x_2>256$.

因为 $f(x_1)+f(x_2)=\sqrt{x_1}+\sqrt{x_2}-\ln x_1 x_2=\dfrac{1}{2}\sqrt{x_1 x_2}-\ln x_1 x_2$，所以令 $x_1 x_2=t>256$，$g(t)=\dfrac{1}{2}\sqrt{t}-\ln t$，对 $g(t)$ 求导，可得 $g'(t)=\dfrac{\sqrt{t}-4}{4t}>0$. 故 $g(t)$ 在 $(256,+\infty)$ 上单调递增，有 $g(t)>g(256)=8-8\ln 2$，命题得证.

（2）基本不等式与解析几何的综合

例 11 已知 AC，BD 为圆 O：$x^2+y^2=4$ 的两条相互垂直的弦，垂足为 $M(1,\sqrt{2})$，则四边形 $ABCD$ 的面积最大为多少？

解：设圆心 O 到 AC，BD 的距离分别为 d_1，d_2，则有 $d_1^2+d_2^2=OM^2=3$.

因为 $|AC|=2\sqrt{4-d_1^2}$，$|BD|=2\sqrt{4-d_2^2}$，所以四边形 $ABCD$ 的面积 $S=\dfrac{1}{2}|AC||BD|$.

因为基本不等式 $\dfrac{a+b}{2}\geq\sqrt{ab}$，所以有 $S=2\sqrt{(4-d_1^2)(4-d_2^2)}\leq 8-(d_1^2+d_2^2)=5$.

2.2.6 应用基本不等式的变形及推广

由基本不等式可得到以下变形：

（1）$a^2+b^2\geq\dfrac{(a+b)^2}{2}$，当且仅当 $a=b$ 时等号成立.

例 12 已知 $\begin{cases}a+b+c+d+e=8,\\a^2+b^2+c^2+d^2+e^2=16,\end{cases}$ 求 e 的最大值.

解：由已知可求联立方程组，得 $16-e^2=a^2+b^2+c^2+d^2$.

因为由不等式（1）可建立如下不等式：

$a^2+b^2+c^2+d^2\geq\dfrac{(a+b)^2}{2}+\dfrac{(c+d)^2}{2}\geq\dfrac{1}{2}\cdot\dfrac{(a+b+c+d)^2}{2}=\dfrac{(8-e)^2}{4}$，即 $16-e^2\geq\dfrac{(8-e)^2}{4}\Rightarrow e(5e-16)\leq 0$.

所以有 $0 \leqslant e \leqslant \dfrac{16}{5}$，故 $e_{\max} = \dfrac{16}{5}$.

(2) $(a+b)^2 \geqslant 4ab$ 或 $ab \leqslant \dfrac{(a+b)^2}{4}$，当且仅当 $a=b$ 时等号成立.

例 13　设 a_1，a_2，$\cdots$，a_n 是两两互不相等的正整数，求证：$\displaystyle\sum_{i=1}^{n} \dfrac{a_i}{i^2} \geqslant \sum_{i=1}^{n} \dfrac{1}{i}$.

证明：因为 $\dfrac{a_i}{i^2} \geqslant \dfrac{2}{i} - \dfrac{1}{a_i}$，所以有 $\displaystyle\sum_{i=1}^{n} \dfrac{a_i}{i^2} \geqslant \sum_{i=1}^{n} \dfrac{2}{i} - \sum_{i=1}^{n} \dfrac{1}{a_i} = \sum_{i=1}^{n} \dfrac{1}{i} + \sum_{i=1}^{n} \dfrac{1}{i} - \sum_{i=1}^{n} \dfrac{1}{a_i}$.

因为 a_1，a_2，$\cdots$，a_n 取 1，2，$\cdots$，n 中互不相等的正整数，所以有 $\displaystyle\sum_{i=1}^{n} \dfrac{1}{i} - \sum_{i=1}^{n} \dfrac{1}{a_i} = 0$，从而有 $\displaystyle\sum_{i=1}^{n} \dfrac{a_i}{i^2} \geqslant \sum_{i=1}^{n} \dfrac{1}{i}$.

(3) $\dfrac{a^2}{b} \geqslant 2a - b$，当且仅当 $a=b$ 时等号成立.

例 14　若 $a>b>c$，求证：$\dfrac{a^2}{a-b} + \dfrac{b^2}{b-c} > a+2b+c$.

证明：因为由变式(3)可得 $\dfrac{a^2}{a-b} \geqslant 2a-(a-b) = a+b$，$\dfrac{b^2}{b-c} \geqslant 2b-(b-c) = b+c$，所以有 $\dfrac{a^2}{a-b} + \dfrac{b^2}{b-c} \geqslant a+2b+c$，又 $a \neq b \neq c$，则该不等式不能取等号. 故有 $\dfrac{a^2}{a-b} + \dfrac{b^2}{b-c} > a+2b+c$.

(4) $a^2+b^2 \geqslant 2ab \Rightarrow ab \leqslant \dfrac{1}{2}(a^2+b^2)$，当 $a=b$ 时取等号.

例 15　若 $a>b>0$，求 $a^2 + \dfrac{16}{b(b-a)}$ 的最小值.

解：因为 $b(b-a) \leqslant \left(\dfrac{a}{2}\right)^2 = \dfrac{a^2}{4}$，所以有 $a^2 + \dfrac{16}{b(b-a)} \geqslant a^2 + \dfrac{64}{a^2} \geqslant 16$，当 $\begin{cases} b=a-b \\ a^2 = \dfrac{64}{a^2} \end{cases}$ 时，即 $a=8$，$b=4$ 时取等号.

故 $a^2 + \dfrac{16}{b(b-a)}$ 的最小值为 16.

该不等式还可以进行推广：设 $\lambda>0$，$ab \leqslant \dfrac{1}{2}(\lambda a^2 + \dfrac{1}{\lambda}b^2) \Leftrightarrow \lambda a^2 + \dfrac{1}{\lambda}b^2 \geqslant 2ab$，当 $\lambda a^2 = \dfrac{1}{\lambda}b^2 \Rightarrow b=\lambda a$ 时，该不等式取等号.

当 $\lambda<0$，$a>0$，$b>0$ 时，有 $-2ab \geqslant \lambda a^2 + \dfrac{1}{\lambda}b^2$.

2.3　绝对值不等式

2.3.1　绝对值不等式及其应用

在不等式应用中，有的问题是通过非负数来度量的. 对于含有绝对值的不等式，在计算方面，需要利用绝对值的意义，去掉绝对值符号，等价变形转化为一般的式子；在证明方面，多数利用含有绝对值的三角不等式来证明不等式，有时也包含求最值情况.

例 16 （2017 年全国卷Ⅲ理科 23 题）已知函数 $f(x)=|x+1|-|x-2|$.

（1）求不等式 $f(x)\geqslant 1$ 的解集；

（2）若不等式 $f(x)\geqslant x^2-x+m$ 的解集非空，求 m 的取值范围.

解：（1）当 $x\leqslant -1$ 时，$f(x)=-(x+1)+(x-2)=-3<1$，无解.

当 $-1<x<2$ 时，$f(x)=x+1+(x-2)=2x-1$，又由 $2x-1\geqslant 1$，解得 $x\geqslant 1$，所以 $1\leqslant x<2$.

当 $x\geqslant 2$ 时，$f(x)=x+1-(x-2)=3>1$，所以 $x\geqslant 2$.

综上所述，不等式 $f(x)\geqslant 1$ 的解集为 $[1,+\infty)$.

（2）原式等价于存在实数 x 使得不等式 $f(x)\geqslant x^2-x+m$ 成立，即有 $m\leqslant [f(x)-x^2+x]_{max}$.

设 $g(x)=f(x)-x^2+x$，由（1）可知，$g(x)=\begin{cases}-x^2+x-3,& x\leqslant -1,\\ -x^2+3x-1,& -1<x<2,\\ -x^2+x+3,& x\geqslant 2.\end{cases}$

当 $x\leqslant -1$ 时，有 $g(x)=-x^2+x-3$，为开口向下的抛物线，其对称轴为 $x=\frac{1}{2}>-1$，所以 $g(x)\leqslant g(-1)=-5$.

当 $-1<x<2$ 时，有 $g(x)=-x^2+3x-1$，为开口向下的抛物线，其对称轴为 $x=\frac{3}{2}$，所以 $g(x)\leqslant g\left(\frac{3}{2}\right)=\frac{5}{4}$.

当 $x\geqslant 2$ 时，有 $g(x)=-x^2+x+3$，为开口向下的抛物线，其对称轴为 $x=\frac{1}{2}<2$，所以 $g(x)\leqslant g(2)=1$.

综上可知，$[g(x)]_{max}=\frac{5}{4}$，所以 m 的取值范围为 $\left(-\infty,\frac{5}{4}\right]$.

绝对值不等式在高考中的考点主要在于解不等式和根据已知条件求解含参量的取值范围.

2.3.2 利用含有绝对值的三角不等式证明不等式

三角不等式是指在三角形中两边之和大于第三边，有时亦指用不等号连接的含有三角函数的式子. 三角不等式虽然简单，但却是平面几何不等式中最为基础的结论. 而含有绝对值的三角不等式为：

对于 $a,b\in\mathbf{R}$，有 $|a|-|b|\leqslant|a\pm b|\leqslant|a|+|b|$.

对于 $|a|-|b|=|a+b|=|a|+|b|$，第一个等号有 $ab\leqslant 0$ 且 $|a|\geqslant|b|$，第二个等号有 $ab\geqslant 0$.

对于 $|a|-|b|=|a-b|=|a|+|b|$，第一个等号有 $ab\geqslant 0$ 且 $|a|\geqslant|b|$，第二个等号有 $ab\leqslant 0$.

此不等式多数用于证明.

例 17 （2016 年全国卷Ⅲ理科 24 题）已知函数 $f(x)=|2x-a|+a$.

（1）当 $a=2$ 时，求不等式 $f(x)\leqslant 6$ 的解集；

（2）设函数 $g(x)=|2x-1|$，当 $x\in\mathbf{R}$ 时，$f(x)+g(x)\geqslant 3$，求 a 的取值范围.

解：（1）略.

（2）因为 $g(x)=|2x-1|$，所以 $f(x)+g(x)\geqslant 3$ 可以表示为 $|2x-a|+|2x-1|\geqslant 3$.

当 $a\geqslant 3$ 时，$|2x-a|+|2x-1|\geqslant 0\geqslant 3-a$，符合题意；

当 $1<a<3$ 时，$a-1\geqslant 3-a\Rightarrow a\geqslant 2$；

当 $a<3$ 时，$|2x-a|+|2x-1|\geqslant|a-1|\geqslant 3-a$；

当 $a\leqslant 1$ 时，$1-a\geqslant 3-a$，矛盾.

综上可知 $a\geqslant 2$.

2.4　均值不等式

2.4.1　均值不等式链

均值不等式在不等式中是十分重要的一个公式，其内容为 H_n（调和平均）$\leqslant G_n$（几何平均）$\leqslant A_n$（算数平均）$\leqslant Q_n$（平方平均），其中：

$$H_n=\frac{n}{\sum_{i=1}^{n}\frac{1}{x_i}}=\frac{n}{\frac{1}{x_1}+\frac{1}{x_2}+\cdots+\frac{1}{x_n}}, G_n=\sqrt[n]{\prod_{i=1}^{n}x_i}=\sqrt[n]{x_1x_2\cdots x_n},$$

$$A_n=\frac{\sum_{i=1}^{n}x_i}{n}=\frac{x_1+x_2+\cdots+x_n}{n}, Q_n=\sqrt{\frac{\sum_{i=1}^{n}x_i^2}{n}}=\sqrt{\frac{x_1^2+x_2^2+\cdots+x_n^2}{n}}.$$

然而在高中数学中，运用较多的是均值不等式链：若 a，b 都是正数，则 $\dfrac{2}{\dfrac{1}{a}+\dfrac{1}{b}}\leqslant$

$\sqrt{ab}\leqslant\dfrac{a+b}{2}\leqslant\sqrt{\dfrac{a^2+b^2}{2}}$，当且仅当 $a=b$ 时等号成立.

均值不等式在高中数学中除了用于函数、三角和几何中求解最值问题，还用于证明不等式，更加简捷有效.

2.4.2　均值不等式的具体应用

例 18　设 $a>0$，$b>0$，且 $a+b=1$，求 $\left(a+\dfrac{1}{a}\right)\cdot\left(b+\dfrac{1}{b}\right)$ 及 $\left(a+\dfrac{1}{a}\right)^2+\left(b+\dfrac{1}{b}\right)^2$ 的最小值.

解：由已知，可得

$$\left(a+\frac{1}{a}\right)\cdot\left(b+\frac{1}{b}\right)=ab+\frac{1}{ab}+\frac{a}{b}+\frac{b}{a}\geqslant ab+\frac{1}{ab}+2$$

$$=2+\left(ab+\underbrace{\frac{1}{16ab}+\frac{1}{16ab}+\cdots+\frac{1}{16ab}}_{16}\right)\geqslant 2+17\sqrt[17]{\frac{ab}{(16ab)^{16}}}=2+17\sqrt[17]{\frac{1}{2^{64}(ab)^{15}}}\geqslant\frac{25}{4},$$

当且仅当 $a=b=\dfrac{1}{2}$ 时等号成立.

又因为 $\left(a+\dfrac{1}{a}\right)^2+\left(b+\dfrac{1}{b}\right)^2\geqslant 2\left(a+\dfrac{1}{a}\right)\left(b+\dfrac{1}{b}\right)\geqslant 2\cdot\dfrac{25}{4}=\dfrac{25}{2}$，当且仅当 $a=b=\dfrac{1}{2}$ 时等号成立，所以 $\left(a+\dfrac{1}{a}\right)\cdot\left(b+\dfrac{1}{b}\right)$ 及 $\left(a+\dfrac{1}{a}\right)^2+\left(b+\dfrac{1}{b}\right)^2$ 的最小值分别为 $\dfrac{25}{4}$ 和 $\dfrac{25}{2}$.

2.4.3 利用均值不等式证明不等式

例 19 设 a，b，c，$d\in\mathbf{R}^+$，求证：$\sqrt[3]{\dfrac{abc+bcd+cda+dab}{4}}\leqslant\sqrt{\dfrac{a^2+b^2+c^2+d^2}{4}}$.

证明：因为 $\dfrac{abc+bcd+cda+dab}{4}=\dfrac{1}{2}\left(ab\cdot\dfrac{c+d}{2}+cd\cdot\dfrac{a+b}{2}\right)$，所以有

$$\dfrac{abc+bcd+cda+dab}{4}\leqslant\dfrac{1}{2}\left[\left(\dfrac{a+b}{2}\right)^2\cdot\dfrac{c+d}{2}+\left(\dfrac{c+d}{2}\right)^2\cdot\dfrac{a+b}{2}\right]$$

$$=\dfrac{a+b}{2}\cdot\dfrac{c+d}{2}\cdot\dfrac{a+b+c+d}{4}$$

$$\leqslant\left(\dfrac{\dfrac{a+b}{2}+\dfrac{c+d}{2}}{2}\right)^2\cdot\dfrac{a+b+c+d}{4}$$

$$=\left(\dfrac{a+b+c+d}{4}\right)^3,$$

所以 $\sqrt[3]{\dfrac{abc+bcd+cda+dab}{4}}\leqslant\dfrac{a+b+c+d}{4}$.

又因为 $\dfrac{a+b+c+d}{4}\leqslant\sqrt{\dfrac{a^2+b^2+c^2+d^2}{4}}$，

所以 $\sqrt[3]{\dfrac{abc+bcd+cda+dab}{4}}\leqslant\sqrt{\dfrac{a^2+b^2+c^2+d^2}{4}}$.

2.5 柯西不等式

2.5.1 柯西不等式及其推论

二维形式：$(a_1^2+a_2^2)(b_1^2+b_2^2)\geqslant(a_1b_1+a_2b_2)^2$，当且仅当 $\dfrac{a_1}{b_1}=\dfrac{a_2}{b_2}$ 时等号成立.

一般形式：设 a_i，$b_i\in\mathbf{R}(i=1,2,\cdots,n)$，则有 $\sum\limits_{i=1}^{n}a_i^2\cdot\sum\limits_{i=1}^{n}b_i^2\geqslant(\sum\limits_{i=1}^{n}a_ib_i)^2$，当且仅当 $\lambda a_i=\mu b_i$，λ，μ 不全为 0，$i=1,2,\cdots,n$ 时等号成立.

柯西不等式有多种证明方法，可用向量积不等式或函数加以证明. 同理，柯西不等式有以下常用推广：

(1) 设 a_i，$b_i(i=1,2,\cdots,n)$，则有 $\sum\limits_{i=1}^{n}\dfrac{a_i^2}{b_i}\cdot\sum\limits_{i=1}^{n}b_i\geqslant(\sum\limits_{i=1}^{n}a_ib_i)^2$，当且仅当 $b_i=\lambda a_i$ $(i=1,2,\cdots,n)$ 时等号成立.

（2）设 a_i，$b_i(i=1,2,\cdots,n)$ 同号且不为零，则有 $\sum\limits_{i=1}^{n}\dfrac{a_i}{b_i}\geqslant\dfrac{\left(\sum\limits_{i=1}^{n}a_i\right)^2}{\sum\limits_{i=1}^{n}a_ib_i}$，$a_i$，$b_i$ 同号

且均不为 0，当且仅当 $b_1=b_2=\cdots=b_n$ 时等号成立.

例20　已知 $1<a_i<\sqrt{7}\ (i=1,2,\cdots,n)$，其中正整数 $n\geqslant 2$，求 $S=\sum\limits_{i=1}^{n}\dfrac{1}{\sqrt{(a_i^2-1)(7-a_{i+1}^2)}}$ 的最小值，其中约定 $a_{n+1}=a_1$.

证明：因为由柯西不等式推论可知：

$$S=\sum_{i=1}^{n}\frac{1}{\sqrt{(a_i^2-1)(7-a_{i+1}^2)}}\geqslant\frac{n^2}{\sum\limits_{i=1}^{n}\sqrt{(a_i^2-1)(7-a_{i+1}^2)}}$$

$$\geqslant\frac{n^2}{\sum\limits_{i=1}^{n}\dfrac{\sqrt{(a_i^2-1)+(7-a_{i+1}^2)}}{2}}=\frac{n^2}{\sum\limits_{i=1}^{n}\left(\dfrac{a_i^2-a_{i+1}^2}{2}+3\right)}=\frac{n}{3},$$

当且仅当 $a_1=a_2=\cdots=a_n=2$ 时等号成立，

所以 S 的最小值为 $\dfrac{n}{3}$.

2.5.2　柯西不等式的应用

（1）在函数中的应用

例21　设三角形 ABC 的三边长为 a，b，c，其外接圆的半径为 R，求证：$(a^2+b^2+c^2)\left(\dfrac{1}{\sin^2 A}+\dfrac{1}{\sin^2 B}+\dfrac{1}{\sin^2 C}\right)\geqslant 36R^2$.

证明：因为正弦定理 $\sin A=\dfrac{a}{2R}$，$\sin B=\dfrac{b}{2R}$，$\sin C=\dfrac{c}{2R}$ 和柯西不等式，所以有

$$(a^2+b^2+c^2)\left(\frac{1}{\sin^2 A}+\frac{1}{\sin^2 B}+\frac{1}{\sin^2 C}\right)=(a^2+b^2+c^2)\left(\frac{4R^2}{a^2}+\frac{4R^2}{b^2}+\frac{4R^2}{c^2}\right)\geqslant\left(a\times\frac{2R}{a}+b\times\frac{2R}{b}+c\times\frac{2R}{c}\right)^2=36R^2.$$

故 $(a^2+b^2+c^2)\left(\dfrac{1}{\sin^2 A}+\dfrac{1}{\sin^2 B}+\dfrac{1}{\sin^2 C}\right)\geqslant 36R^2$.

（2）在不等式中的应用

例22　求证：$\dfrac{1}{n+1}+\dfrac{1}{n+2}+\cdots+\dfrac{1}{2n}\geqslant\dfrac{2n}{3n+1}$，当且仅当 $n=1$ 时等号成立.

证明：因为 $(n+1)+(n+2)+\cdots+2n=\dfrac{3n^2+n}{2}$，所以有

$$\frac{3n^2+n}{2}\left(\frac{1}{n+1}+\frac{1}{n+2}+\cdots+\frac{1}{2n}\right)$$

$$=\left[(n+1)+(n+2)+\cdots+2n\right]\cdot\left(\frac{1}{n+1}+\frac{1}{n+2}+\cdots+\frac{1}{2n}\right)$$

$$=\left(\sqrt{n+1}\cdot\frac{1}{\sqrt{n+1}}+\sqrt{n+2}\cdot\frac{1}{\sqrt{n+2}}+\cdots+\sqrt{2n}\cdot\frac{1}{\sqrt{2n}}\right)=n^2.$$

故有 $\dfrac{1}{n+1}+\dfrac{1}{n+2}+\cdots+\dfrac{1}{2n}\geqslant\dfrac{2n}{3n+1}$，当且仅当 $n+1=2n$，即 $n=1$ 时等号成立.

（3）在几何中的应用

例 23 已知椭圆 $C：\dfrac{x^2}{a^2}+\dfrac{y^2}{b^2}=1(a>b>0)$ 的离心率为 $\dfrac{\sqrt{6}}{3}$，短轴的一个端点到右焦点的距离为 $\sqrt{3}$.

（1）求椭圆 C 的方程；

（2）设直线 l 与椭圆 C 交于 A，B 两点，坐标原点 O 到直线 l 的距离为 $\dfrac{\sqrt{3}}{2}$，求 $\triangle ABC$ 面积的最大值.

解：（1）略；

（2）设 $A(x_1，y_1)$，$B(x_2，y_2)$，则直线 AB 的方程为 $(y_1-y_2)x+(x_2-x_1)y+x_1y_2-x_2y_1=0$.

因为原点 O 到直线 AB 的距离为 $\dfrac{\sqrt{3}}{2}$，所以有 $\dfrac{|x_1y_2-x_2y_1|}{\sqrt{(y_1-y_2)^2+(x_2-x_1)^2}}=\dfrac{\sqrt{3}}{2}$，即

$$\sqrt{(y_1-y_2)^2+(x_2-x_1)^2}=\dfrac{2|x_1y_2-x_2y_1|}{\sqrt{3}}.$$

从而 $\triangle ABC$ 的面积为 $S_{\triangle ABC}=\dfrac{1}{2}|AB|\cdot\dfrac{\sqrt{3}}{2}=\dfrac{1}{2}\cdot\sqrt{(y_1-y_2)^2+(x_2-x_1)^2}\cdot\dfrac{\sqrt{3}}{2}=\dfrac{1}{2}|x_1y_2-x_2y_1|$.

又因为 $A(x_1，y_1)$，$B(x_2，y_2)$ 均在椭圆 $\dfrac{x^2}{3}+y^2=1$ 上，所以有 $\dfrac{x_1^2}{3}+y_1^2=1$，$\dfrac{x_2^2}{3}+y_2^2=1$，由柯西不等式可得 $S_{\triangle ABC}=\dfrac{1}{2}|x_1y_2-x_2y_1|=\dfrac{\sqrt{3}}{2}\left|\dfrac{x_1}{\sqrt{3}}\cdot y_2+\left(-\dfrac{x_2}{\sqrt{3}}\right)y_1\right|\leqslant\sqrt{\dfrac{x_1^2}{3}+y_1^2}\cdot$

$\sqrt{\dfrac{x_2^2}{3}+y_2^2}=\dfrac{\sqrt{3}}{2}$.

故 $\triangle ABC$ 面积的最大值为 $\dfrac{\sqrt{3}}{2}$.

2.6 伯努利不等式

2.6.1 伯努利不等式的证明

伯努利不等式：对实数 $x>-1$，在 $n\geqslant1$ 时，有 $(1+x)^n\geqslant1+nx$ 成立.

数学归纳法证明：

（1）当 $n=2$ 时，有 $(1+x)^2=1+2x+x^2>1+2x$，不等式成立.

（2）假设当 $n=k(k\geqslant2)$ 时，不等式成立，即有 $(1+x)^k>1+kx$.

当 $n=k+1$ 时，有 $(1+x)^{k+1}=(1+x)(1+x)^k>(1+x)(1+kx)=1+x+kx+kx^2>1+(k+1)x$，所以当 $n=k+1$ 时，不等式成立.

综上，对实数 $x>-1$，在 $n\geqslant1$ 时，有 $(1+x)^n\geqslant1+nx$ 成立.

2.6.2　伯努利不等式的推论及应用

推论 1　令 $1+x=t$，$t>0$，且 $n\in\mathbf{N}$，$n>1$，则有 $t^n\geqslant 1+n(t-1)$，当且仅当 $t=1$ 时等号成立.

推论 2　设 $a>0$，$\lambda>0$，且 $n\in\mathbf{N}$，$n>1$，则有 $a^n\geqslant n\lambda^{n-1}a-(n-1)\lambda^n$，当且仅当 $a=\lambda$ 时等号成立.

例 24　设 x_1，x_2，$\cdots$，x_n 都是正数，且 $x_1+x_2+\cdots+x_n=1(n>1)$，求证：$\dfrac{x_1^2}{1-x_1}+\dfrac{x_2^2}{1-x_2}+\cdots+\dfrac{x_n^2}{1-x_n}\geqslant\dfrac{1}{n-1}$.

证明：令 $t=nx_1$，因为由推论 1 可得 $(nx_1)^2\geqslant n(nx_1-1)+1=(n^2-n+1)-n^2(1-x_1)$，所以 $\dfrac{x_1^2}{1-x_1}\geqslant\dfrac{n^2-n+1}{n^2}\cdot\dfrac{1}{1-x_1}-1$，同理可得其余 $n-1$ 个不等式，所以 $\displaystyle\sum_{k=1}^{n}\dfrac{x_k^2}{1-x_k}\geqslant\dfrac{n^2-n+1}{n^2}\displaystyle\sum_{k=1}^{n}\dfrac{1}{1-x_k}-n$.

因为由倒数不等式：a_1，a_2，$\cdots$，$a_n\in\mathbf{R}^+$，则 $\displaystyle\sum_{k=1}^{n}\dfrac{1}{a_k}\geqslant\dfrac{n^2}{\displaystyle\sum_{k=1}^{n}a_k}$，所以有 $\displaystyle\sum_{k=1}^{n}\dfrac{x_k^2}{1-x_k}\geqslant\dfrac{n^2-n+1}{n^2}\cdot\dfrac{n^2}{n-1}-n=\dfrac{1}{n-1}$.

2.7　排序不等式

排序不等式是数学上的一种不等式，它可以推导出很多有名的不等式. 排序不等式是高中数学竞赛大纲、新课标普通高中课程标准试验教科书数学（选修 4-5 第三章第三节）要求的基本不等式.

设 $0<a_1\leqslant a_2\leqslant\cdots\leqslant a_n$，$0<b_1\leqslant b_2\leqslant\cdots\leqslant b_n$，假设 i_1，i_2，$\cdots$，i_n 是 1，2，$\cdots$，n 的任一个排列，则有 $a_1b_n+a_2b_{n-1}+\cdots+a_nb_1$（逆序和）$\leqslant a_1b_{i_1}+a_2b_{i_2}+\cdots+a_nb_{i_n}$（乱序和）$\leqslant a_1b_1+a_2b_2+\cdots+a_nb_n$（同序和），当且仅当 $a_1=a_2=\cdots=a_n$ 或 $b_1=b_2=\cdots=b_n$ 时等号成立.

排序不等式有广泛的应用.

例 25　a，b，$c>0$，求证：$\dfrac{a}{x}+\dfrac{b}{y}+\dfrac{c}{z}\geqslant 3$（其中 x，y，z 是 a，b，c 的一个排列）.

证明：不妨设 $a\geqslant b\geqslant c>0$，则有 $\dfrac{1}{c}\geqslant\dfrac{1}{b}\geqslant\dfrac{1}{a}>0$.

因为由题意可知 $\left\{\dfrac{1}{x}，\dfrac{1}{y}，\dfrac{1}{z}\right\}$ 是 $\left\{\dfrac{1}{c}，\dfrac{1}{b}，\dfrac{1}{a}\right\}$ 的一个排列，所以有 $a\cdot\dfrac{1}{x}+b\cdot\dfrac{1}{y}+c\cdot\dfrac{1}{z}\geqslant a\cdot\dfrac{1}{a}+b\cdot\dfrac{1}{b}+c\cdot\dfrac{1}{c}=3$.

2.8 琴生不等式

2.8.1 琴生不等式的定义

函数凹凸性在高中阶段是没有做具体要求的，实际上这是高等数学研究的函数重要性质之一，但它的身影在练习题目和高考试题中却经常出现．这充分说明了高考命题源于课本，又高于课本的原则，同时也体现了高考为高校输送优秀人才的选拔性功能．琴生不等式是在函数凹凸性上的一个重要定理．其内容如下：

（1）若 $f(x)$ 是区间 (a, b) 上的凹函数，则对任意的 $x_1, x_2, \cdots, x_n \in (a, b)$，有不等式 $f\left(\dfrac{x_1 + x_2 + \cdots + x_n}{n}\right) \leqslant \dfrac{f(x_1) + f(x_2) + \cdots + f(x_n)}{n}$，当且仅当 $x_1 = x_2 = \cdots = x_n$ 时等号成立．

（2）若 $f(x)$ 是区间 (a, b) 上的凸函数，则对任意的 $x_1, x_2, \cdots, x_n \in (a, b)$，有不等式 $f\left(\dfrac{x_1 + x_2 + \cdots + x_n}{n}\right) \geqslant \dfrac{f(x_1) + f(x_2) + \cdots + f(x_n)}{n}$，当且仅当 $x_1 = x_2 = \cdots = x_n$ 时等号成立．

2.8.2 琴生不等式的运用

（1）在三角函数中的应用

例 26 设 A，B，C 是 $\triangle ABC$ 的三个内角，求证：$\sin A + \sin B + \sin C \leqslant \dfrac{3\sqrt{3}}{2}$．

证明： 令 $f(x) = \sin x \,(0 < x < \pi)$，则有 $f''(x) = -\sin x < 0$ 恒成立，$f(x)$ 为凸函数，由琴生不等式得 $\dfrac{f(A) + f(B) + f(C)}{3} \leqslant f\left(\dfrac{A+B+C}{3}\right)$，即 $\dfrac{\sin A + \sin B + \sin C}{3} \leqslant \sin \dfrac{\pi}{3} = \dfrac{\sqrt{3}}{2}$，所以 $\sin A + \sin B + \sin C \leqslant \dfrac{3\sqrt{3}}{2}$．

（2）在函数中的应用

例 27 （Ⅰ）设函数 $f(x) = x \log_2 x + (1-x) \log_2 (1-x) \,(0 < x < 1)$，求 $f(x)$ 的最小值；

（Ⅱ）设正数 $P_1, P_2, \cdots, P_{2^n}$ 满足 $P_1 + P_2 + P_3 + \cdots + P_{2^n} = 1$，求证：$P_1 \log_2 P_1 + P_2 \log_2 P_2 + \cdots + P_{2^n} \log_2 P_{2^n} \geqslant -n$．

解：（Ⅰ）令 $g(x) = x \log_2 x$．

因为有 $g'(x) = \log_2 x + \dfrac{1}{\ln 2}$，$g''(x) = \dfrac{1}{x \ln 2} > 0$，所以 $g(x)$ 为凹函数，由琴生不等式可得 $\dfrac{g(x_1) + g(x_2)}{2} \geqslant g\left(\dfrac{x_1 + x_2}{2}\right)$，即 $\dfrac{x_1 \log_2 x_1 + x_2 \log_2 x_2}{2} \geqslant \dfrac{x_1 + x_2}{2} \log_2\left(\dfrac{x_1 + x_2}{2}\right)$．

从而有 $x \log_2 x + (1-x) \log_2(1-x) \geqslant 2 \cdot \dfrac{1}{2} \cdot \log_2 \dfrac{1}{2} = -1$，故 $f(x)$ 的最小值为 -1．

（Ⅱ）由（Ⅰ）可得 $g(x) = x \log_2 x$ 是凹函数，则由琴生不等式可得

$$\dfrac{g(P_1) + g(P_2) + \cdots + g(P_{2^n})}{2^n} \geqslant \dfrac{P_1 + P_2 + \cdots + P_{2^n}}{2^n} \log_2\left(\dfrac{P_1 + P_2 + \cdots + P_{2^n}}{2^n}\right),$$

所以有 $\dfrac{P_1 \log_2 P_1 + \cdots + P_{2^n} \log_2 P_{2^n}}{2^n} \geqslant \dfrac{P_1 + P_2 + \cdots + P_{2^n}}{2^n} \log_2 \left(\dfrac{P_1 + P_2 + \cdots + P_{2^n}}{2^n} \right).$

又因为 $\displaystyle\sum_{i=1}^{n} P_i = 1$，则 $\dfrac{P_1 \log_2 P_1 + P_2 \log_2 P_2 + \cdots + P_{2^n} \log_2 P_{2^n}}{2^n} \geqslant \dfrac{1}{2^n} \log_2 \left(\dfrac{1}{2^n} \right) =$

$\dfrac{-n}{2^n}$，所以有 $P_1 \log_2 P_1 + P_2 \log_2 P_2 + \cdots + P_{2^n} \log_2 P_{2^n} \geqslant -n.$

（3）在数列中的应用

例 28　若 a，b，c 三个正数成等差数列，公差 $d \neq 0$，自然数 $n \geqslant 2$，求证：$a^n + c^n > 2b^n.$

证明：根据已知条件构造函数 $f(x) = x^n$，$x \in \mathbf{R}^+$，则 $f''(x) = n(n-1)x^{n-2}.$

因为 $n \geqslant 2$，$x \in \mathbf{R}^+$，所以 $f''(x) > 0$ 且 $f(x)$ 是下凸函数，又 $a \neq c$，则根据琴生不等式有 $\dfrac{f(a) + f(c)}{2} > f\left(\dfrac{a+c}{2} \right) = f(b)$，即 $a^n + c^n > 2b^n.$

（4）在不等式中的应用

例 29　设 x，y，$z \in \mathbf{R}^+$ 且 $x + y + z = 1$，求证：$\sqrt{x+1} + \sqrt{y+1} + \sqrt{z+1} \leqslant 2\sqrt{3}.$

证明：令 $f(t) = \sqrt{t+1}(t > 0)$，则有 $f''(t) = -\dfrac{1}{4}(t+1)^{-\frac{3}{2}} < 0$ 恒成立，$f(x)$ 为凸函数.

由琴生不等式得 $\dfrac{f(x) + f(y) + f(z)}{3} \leqslant f\left(\dfrac{x+y+z}{3} \right)$，

即 $\dfrac{\sqrt{x+1} + \sqrt{y+1} + \sqrt{z+1}}{3} \leqslant \sqrt{\dfrac{x+y+z}{3} + 1}$，

故 $\sqrt{x+1} + \sqrt{y+1} + \sqrt{z+1} \leqslant 2\sqrt{3}.$

不等式在高中数学课程中设有专门的章节，既是教学的重点，又是教学的难点，特别是不等式的证明和应用历来都是教学的难点．不等式是解决（处理）实数的大小比较、证明函数的单调性、求函数的值域（最值）、线性规划、近似计算、数值估算等问题的重要工具，是学习高等数学的核心基础．对不等式应用的归纳总结可以让学生在解决有关不等式问题时更加游刃有余.

参考文献

[1] 徐程. 微专题三十 基本不等式的应用 [J]. 中学数学教学参考，2018（3）：53−56.

[2] 朱占奎，陆贤彬. 微专题十七 基本不等式的应用 [J]. 中学数学教学参考，2017（1）：112−115.

[3] 李保臻，袁茹，严天珍. 不等式 $e^x \geqslant x+1$ 的背景探源、变形推广及高考妙用 [J]. 数学教学研究，2018，37（5）：51−54.

[4] 鲍人灯. 向量数量积不等式的多种应用 [J]. 数理化解题研究，2018（7）：24−25.

[5] 管勇，武瑞雪. "基本不等式的证明"（第 1 课时）教学实录与点评 [J]. 中学数学月刊，2017（1）：28−31.

[6] 周义超. 基于"课程协同一致"的基本不等式教学设计 [J]. 中国数学教育（高中版），2018（6）：36−39.

[7] 胡振辉. 含参数的绝对值不等式恒成立问题的解法探讨 [J]. 中学数学（高中版），2019（2）：43−44.

[8] 张雪峰. 柯西不等式在解题中的应用 [J]. 中学数学研究，2016 (8)：34－36.

[9] 吴善和. 几何凸函数与琴生型不等式 [J]. 数学的实践与认识，2004，34 (2)：155－163.

[10] 赵思林. 巧用伯努利不等式及推论解竞赛题 [J]. 数学通报，2008 (11)：53－54.

[11] 徐小琴，赵思林，李秀萍. 关于基本不等式之外的基本不等式 [J]. 数学教学通讯，2017 (6)：38，41.

第三节　例谈一个不等式的证明与推广①

1　问题呈现

设 a，b，$c \in \mathbf{R}^+$，且 $a+b+c=1$，求证：$\left(a+\dfrac{1}{a}\right)^2 + \left(b+\dfrac{1}{b}\right)^2 + \left(c+\dfrac{1}{c}\right)^2 \geqslant \dfrac{100}{3}$.

2　思路探索

方法 1　基本不等式

首先，借用基本不等式 $a^2+b^2 \geqslant 2ab$，对不等式左边放缩.

$$\left(a+\frac{1}{a}\right)^2 + \lambda^2 \geqslant 2\lambda\left(a+\frac{1}{a}\right),$$

$$\left(b+\frac{1}{b}\right)^2 + \lambda^2 \geqslant 2\lambda\left(b+\frac{1}{b}\right),$$

$$\left(c+\frac{1}{c}\right)^2 + \lambda^2 \geqslant 2\lambda\left(c+\frac{1}{c}\right),$$

所以 $\left(a+\dfrac{1}{a}\right)^2 + \left(b+\dfrac{1}{b}\right)^2 + \left(c+\dfrac{1}{c}\right)^2 \geqslant 2\lambda\left(1+\dfrac{1}{a}+\dfrac{1}{b}+\dfrac{1}{c}\right) - 3\lambda^2$.

当且仅当 $a+\dfrac{1}{a} = b+\dfrac{1}{b} = c+\dfrac{1}{c} = \lambda$ 时等号成立.

又因为 $\dfrac{1}{a}+\dfrac{1}{b}+\dfrac{1}{c} = \dfrac{a+b+c}{a} + \dfrac{a+b+c}{b} + \dfrac{a+b+c}{c}$

$$= 3 + \left(\frac{b}{a}+\frac{a}{b}\right) + \left(\frac{c}{d}+\frac{b}{c}\right) + \left(\frac{a}{c}+\frac{c}{a}\right)$$

$$\geqslant 3+2+2+2$$

$$= 9,$$

所以原不等式化为 $\left(a+\dfrac{1}{a}\right)^2 + \left(b+\dfrac{1}{b}\right)^2 + \left(c+\dfrac{1}{c}\right)^2 \geqslant 20\lambda - 3\lambda^2$. 要使得等号成立，

取 $20\lambda - 3\lambda^2 = \dfrac{100}{3}$，即取 $\lambda = \dfrac{10}{3}$ 时，等号成立，得证.

---

① 作者：徐小琴、赵思林. 本节内容刊登在《上海中学数学》2017 年第 1 期.

方法 2　柯西不等式

$$\frac{1}{3}(1^2+1^2+1^2)\left[\left(a+\frac{1}{a}\right)^2+\left(b+\frac{1}{b}\right)^2+\left(c+\frac{1}{c}\right)^2\right]$$

$$\geqslant\frac{1}{3}\left(a+\frac{1}{a}+b+\frac{1}{b}+c+\frac{1}{c}\right)^2$$

$$=\frac{1}{3}\left[1+(a+b+c)\left(\frac{1}{a}+\frac{1}{b}+\frac{1}{c}\right)\right]^2$$

$$=\frac{100}{3}.$$

即得证.

方法 3　巧用三元均值不等式

因为 $\left(a+\frac{1}{a}\right)^2+\left(b+\frac{1}{b}\right)^2+\left(c+\frac{1}{c}\right)^2\geqslant\dfrac{\left(a+\frac{1}{a}+b+\frac{1}{b}+c+\frac{1}{c}\right)^2}{3}=\dfrac{\left(1+\frac{1}{a}+\frac{1}{b}+\frac{1}{c}\right)^2}{3}$,

又 $\frac{1}{a}+\frac{1}{b}+\frac{1}{c}\geqslant 3\sqrt[3]{\frac{1}{a}\cdot\frac{1}{b}\cdot\frac{1}{c}}=\frac{3}{\sqrt[3]{abc}}\geqslant\frac{9}{a+b+c}=9$，代入上式即得证.

3　问题推广

推广是数学研究的基本方法，是对统一问题本质的不同运用，是对问题的拓展延伸. 研究问题的推广更能培养学生的创新意识与实践能力.

推广 1　若 a，b，$c\in\mathbf{R}^+$，$a+b+c=1$，$n\in\mathbf{N}$，$n\geqslant 2$，则 $\left(a+\frac{1}{a}\right)^n+\left(b+\frac{1}{b}\right)^n+\left(c+\frac{1}{c}\right)^n\geqslant 3\cdot\left(\frac{10}{3}\right)^n$.

为了证明推广，我们先证明这样的不等式成立.

$a_i>0$，$i\in 1$，2，$\cdots$，n，$k\geqslant 2$，$k\in\mathbf{N}$，$\dfrac{a_1^k+a_2^k+\cdots+a_n^k}{n}\geqslant\left(\dfrac{a_1+a_2+\cdots+a_n}{n}\right)^k$.　（＊）

证明：设 $\sum_{i=1}^n a_i=s,a_i=\frac{s}{n}+\frac{t_i}{n}$，则 $\sum_{i=1}^n t_i=0$，且 $s+t_i>0,\frac{t_i}{s}>-1$. 由伯努利不等式得 $\left(1+\frac{t_i}{s}\right)^k\geqslant 1+k\cdot\frac{t_i}{s}$，所以 $\sum_{i=1}^n\left(1+\frac{t_i}{s}\right)^k\geqslant n$，则 $\frac{1}{s^k}\sum_{i=1}^n(s+t_i)^k\geqslant n$，即 $\sum_{i=1}^n a_i^k n^k\geqslant n\cdot s^k$，不等式（＊）得证.

由（＊）知 $\left(a+\frac{1}{a}\right)^n+\left(b+\frac{1}{b}\right)^n+\left(c+\frac{1}{c}\right)^n\geqslant 3\cdot\left[\dfrac{a+\frac{1}{a}+b+\frac{1}{b}+c+\frac{1}{c}}{3}\right]^n=3\cdot\left[\dfrac{1+\frac{1}{a}+\frac{1}{b}+\frac{1}{c}}{3}\right]^n$，且 $\frac{1}{a}+\frac{1}{b}+\frac{1}{c}\geqslant 9$，即推广 1 得证.

推广 2　若 x_1，x_2，$\cdots$，$x_n\in\mathbf{R}^+$，$x_1+x_2+\cdots+x_n=1$，则 $\left(x_1+\frac{1}{x_1}\right)^2+\left(x_2+\frac{1}{x_2}\right)^2+\cdots+\left(x_n+\frac{1}{x_n}\right)^2\geqslant n\cdot\left(\frac{n^2+1}{n}\right)^2$.

证明：由不等式（＊）可得

$$\left(x_1+\frac{1}{x_1}\right)^2+\left(x_2+\frac{1}{x_2}\right)^2+\cdots+\left(x_n+\frac{1}{x_n}\right)^2\geqslant n\cdot\left(\frac{1+\frac{1}{x_1}+\frac{1}{x_2}+\cdots+\frac{1}{x_n}}{n}\right)^2.$$

又 $\frac{1}{x_1}+\frac{1}{x_2}+\cdots+\frac{1}{x_n}\geqslant\frac{n}{\sqrt[n]{x_1x_2\cdots x_n}}\geqslant\frac{n^2}{x_1+x_2+\cdots+x_n}=n^2$，所以推广 2 得证.

推广 3 若 a，b，$c\in\mathbf{R}^+$，$a+b+c=1$，则 $\left(a+\frac{1}{a^2}\right)^2+\left(b+\frac{1}{b^2}\right)^2+\left(c+\frac{1}{c^2}\right)^2\geqslant\frac{784}{3}$.

证明：由不等式（＊）可得

$$\left(a+\frac{1}{a^2}\right)^2+\left(b+\frac{1}{b^2}\right)^2+\left(c+\frac{1}{c^2}\right)^2\geqslant3\cdot\left(\frac{1+\frac{1}{a^2}+\frac{1}{b^2}+\frac{1}{c^2}}{3}\right)^2.$$

当 $a=b=c=\frac{1}{3}$ 时，等号成立.

又 $\frac{1}{a^2}+\lambda^3a+\lambda^3a\geqslant3\sqrt[3]{\frac{1}{a^2}\cdot\lambda^3a\cdot\lambda^3a}=3\lambda^2$，$\frac{1}{b^2}+\lambda^3b+\lambda^3b\geqslant3\sqrt[3]{\frac{1}{b^2}\cdot\lambda^3b\cdot\lambda^3b}=3\lambda^2$，$\frac{1}{c^2}+\lambda^3c+\lambda^3c\geqslant3\sqrt[3]{\frac{1}{c^2}\cdot\lambda^3c\cdot\lambda^3c}=3\lambda^2$. 所以 $\frac{1}{a^2}+\frac{1}{b^2}+\frac{1}{c^2}\geqslant9\lambda^2-2\lambda^3(a+b+c)=9\lambda^2-2\lambda^3$，当且仅当 $\frac{1}{a^2}=\lambda^3a$，$\frac{1}{b^2}=\lambda^3b$，$\frac{1}{c^2}=\lambda^3c$，即 $\lambda=3$ 时，等号成立. 所以 $\frac{1}{a^2}+\frac{1}{b^2}+\frac{1}{c^2}\geqslant27$，推广 3 得证.

推广 4 若 a，b，$c\in\mathbf{R}^+$，$a+b+c=1$，则

$$\left(a+\frac{1}{a^n}\right)^2+\left(b+\frac{1}{b^n}\right)^2+\left(c+\frac{1}{c^n}\right)^2\geqslant3\cdot\left(\frac{1+3^{n+1}}{3}\right)^2.$$

第四节　基本不等式教学设计研究[①]

1　研究意义

首先，基本不等式是高考中的常考点，整张试卷中有大半的篇幅涉及不等式，这不仅体现在题目中，甚至在解答过程中也经常用到不等式. 其次，基本不等式是培养学生逻辑思维能力和数学应用意识的好素材. 基本不等式的证明方法较多，可以通过设置"一题多证"培养学生的发散思维能力以及创造性思维. 同时，相比于三角函数、导数等知识，基本不等式具有更加广泛的应用价值. 通过运用基本不等式不仅可以解决函数最值问题，还可以解决范围问题等，更重要的是使解答过程简捷明了、易于理解. 最后，基本不等式是学习高等数学的基础. 数学具有连续性，高中的基本不等式正是为高等数学中的施瓦兹不

---

① 作者：唐瑞、赵思林.

等式、赫尔德不等式等做铺垫，以便解决更为复杂的问题.

2　科普式教学设计——以"基本不等式"为例

科普式教学是以 5～15 分钟微视频为主要载体的网络数字化阅读，教学环节完整，让学生对一个知识点、概念、方法、思想有初步的了解. 在教育教学过程中融入科普式教学理论，不仅可以使学生在短时间内对一个知识点有大致的了解，方便学生高度集中注意力，而且可以减轻学生的学习负担，提高学生对数学的学习兴趣.

2.1　科普式教学理论简介

科普教育是指利用各种传媒，以浅显的、让公众易于理解、接受和参与的方式，向普通大众介绍自然科学和社会科学知识、推广科学技术、倡导科学方法、传播科学思想、弘扬科学精神的活动[1]. 而科普式教学理论正是基于这种理念，将书本上复杂难懂的知识点以浅显的、让学生容易理解的方式进行讲解.

数学具有逻辑性、抽象性、连续性等特点，大部分学生感到头疼，甚至一提起数学就犯困. 他们对数学的这种抵触心理，究其原因，不仅是因为数学本身的难度较大，更重要的是他们的数学老师照本宣科，没有针对自己的学生做出较为合理的教学设计. 一开始就给学生树立起"数学难懂""数学难学"的围墙，学生自然而然就开始排斥数学，并且一旦在低年级时没有打下坚实的基础，随着年级的升高，数学越来越抽象，学习的难度越来越大，学生很容易产生放弃数学的想法.

林群院士曾在一次演讲中指出，我们的教材在编写上往往将简单的知识讲得复杂，一开始就给学生讲定理、讲证明，将原本生动有趣的数学课变得枯燥无味，使得大部分学生对数学产生抵触心理. 而科普式教学法正好可以解决这个问题，它通过一个小小的案例，将书本上长篇的证明过程简单化，变得易于理解，当学生解决了"跳一跳，够得到"的问题时，自信心油然而生，对数学的兴趣也能不知不觉地培养起来了.

因此，为了培养学生对数学的学习兴趣，让学生主动思考数学问题，应该将数学的门槛降低，让学生能走进数学的殿堂，感受数学的魅力，探寻数学的乐趣. 通过一个小小的案例，将学生带进数学世界，在短时间内让学生了解到某个知识点，拉近学生与数学的距离，才能让学生愿意接近数学、认识数学，从而爱上数学.

2.2　科普式教学过程

（1）情境引入（1分钟）

师：呈现在同学们面前的图 1 是第 24 届国际数学家大会的会标. 该会标由四个全等的直角三角形拼接而成，最终构成大、小两个正方形. 通过观察可以发现，小正方形的面积加上四个直角三角形的面积正好等于大正方形的面积.

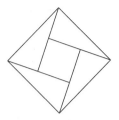

图 1 第 24 届国际数学家大会会标

设计意图：通过情境教学法引入基本不等式，让学生感受到数学来源于生活，并对本节课的讲授内容产生兴趣.

（2）新课讲解(5 分钟)

师：假设直角三角形的长为 $\sqrt{a}$、宽为 $\sqrt{b}$，利用勾股定理可得直角三角形的斜边长为 $\sqrt{a+b}$. 那么，大正方形的面积为 $a+b$，四个直角三角形的面积和为 $2\sqrt{ab}$.

此时，利用多媒体技术，动态展示当直角三角形的两直角边变化时，会标形状的变化过程. 当直角三角形变化成等腰直角三角形时，会标形状如图 2 所示. 通过观察整个变化过程可以发现，四个直角三角形的面积之和始终小于或者等于大正方形的面积，并且当直角三角形的两直角边相等，即 $\sqrt{a}=\sqrt{b}$ 时，四个直角三角形恰好与大正方形重合，面积相等.

用数学语言描述为：$a+b\geqslant 2\sqrt{ab}(a>0，b>0)$. 将此不等式进行变形，得到 $\dfrac{a+b}{2}\geqslant\sqrt{ab}(a>0，b>0)$，当且仅当 $a=b$ 时等号成立.

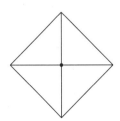

图 2 当直角三角形两直角边相等时会标的形状

这就是本节课所需要学习的内容——基本不等式：$\dfrac{a+b}{2}\geqslant\sqrt{ab}(a>0，b>0)$，当且仅当 $a=b$ 时等号成立.

设计意图：使用多媒体技术向学生展现动态的会标，不仅能让学生直观地感受到当且仅当直角三角形的直角边相等时，大正方形的面积等于四个直角三角形的面积之和，而且能避免人教 A 版中由"不自然"的替换给学生带来的疑惑.

（3）证明公式(3 分钟)

师：能否用数学中严谨的方法来证明基本不等式？

比较法：$\dfrac{a+b}{2}-\sqrt{ab}=\dfrac{a+b-2\sqrt{ab}}{2}=\dfrac{1}{2}\cdot(\sqrt{a}-\sqrt{b})^2\geqslant 0$，即 $\dfrac{a+b}{2}\geqslant\sqrt{ab}(a>0，b>0)$，当且仅当 $a=b$ 时等号成立.

设计意图：基本不等式的证明方法较多，本节课只是让学生初步了解基本不等式，所以在证明过程中沿用教材中的比较法，而选择将分析法放在正式的课堂中，为学生进行系统讲解.

（4）当堂练习（3分钟）

例：当 m 为正数时，求证：$m+\dfrac{1}{m}\geq 2$.

证明：因为 m 为正数，所以考虑利用基本不等式进行求解.

$m+\dfrac{1}{m}\geq 2\sqrt{m\cdot\dfrac{1}{m}}\geq 2$，得证.

设计意图：本节课的目的仅仅是让学生初步感受基本不等式，所以选取教材中最简单、直接的例题进行讲解，对基本不等式的应用不做深入探讨.

（5）布置作业（1分钟）

①复习本节课所学内容.

②P46练习题1、2题.

③思考题：已知函数 $y=x+\dfrac{1}{x-3}$，当 $x>3$ 时，求函数的最小值；已知函数 $y=x+\dfrac{1}{x-3}$，当 $x\geq 4$ 时，求函数的最小值.

④预习本节剩下的内容.

设计意图：在作业中留下思考题，不仅有利于分层教学，而且通过做这两道思考题，能培养学生独立思考问题的能力，同时为后面讲授"口诀"即"一正、二定、三相等"做铺垫.

优异的教学设计是系统规划课堂教学内容、教学过程和教学行为而做出的教学设想和整体安排[2]. 在拟定教学设计时，应该充分考虑课程标准的要求和学生的学习情况，抛弃传统教学模式中的"以课堂、书本和教师为中心"的观念，坚持学生起主体作用、教师起主导作用的原则，设想课堂上可能会出现的各种情况，并做出相应对策. 那么，一个优异的数学课堂教学设计应该坚持哪些原则呢？有多位专家、教授从不同的角度提出了观点相异的教学设计原则：①目标性原则、整体性原则、美学原则、反馈原则[3]；②智能首位原则、学生中心原则、情境活动原则、整体构建原则、情意相融原则[4]；③情意原则、结构原则、过程原则、调控原则[5]. 然而，不管是哪种教学原则，最终的目的都是提高课堂效率，向学生展示数学的魅力.

参考文献

[1] 佚名. 什么是科普教育[EB/OL]. [2019－04－10]. https://dwz.cn/Dx1Xhhzk.

[2] 陈荣华. 也谈"数学课堂教学设计原则"[J]. 数学通报，2017（6）：28－29，33.

[3] 肖柏荣. 数学教学设计的艺术 [J]. 数学通报，1996（10）：2－5.

[4] 田中. 实现数学素质教育目标重在教学设计——对设计原则和微观过程设计的再讨论 [J]. 数学通报，2001（12）：封二－4.

[5] 章建跃. 数学课堂教学设计研究 [J]. 数学通报，2006，45（7）：20－26.

第四章 三角函数及教学

张景中院士指出："三角是中学数学课程中的重要内容，是联系几何与代数的桥梁，是沟通初等代数和高等代数的通道，它与函数、向量、复数等重要的知识都有关."[①] 三角函数是数学中属于基本初等函数中的一类函数，它的本质是任意角的集合与一个比值的集合的变量之间的映射．三角函数在复数中有较为重要的应用，同时对解决物理中的力学问题也很重要，主要在于力与力之间的转换，并列出平衡方程．三角函数是高中数学的重要内容之一，也是高考的热点和难点，具有鲜明的周期性和规律性．

三角函数的主要内容包括任意角的三角函数的定义，三角函数诱导公式，两角和与差的正弦、余弦、正切公式及倍角公式，三角函数（正弦函数、余弦函数、正切函数和余切函数）的图像及性质，正弦定理和余弦定理．

第一节 三角变换及应用[②]

三角变换是高中数学的重要内容，在中学数学中占有重要的地位．历年围绕三角变换的高考试题体现着新颖性与系统性．例如，2020 年全国卷Ⅰ理科第 7 题、9 题、16 题，全国卷Ⅱ理科第 17 题等都涉及了三角变换的考点．三角函数（变换）位于 2017 年版教材必修Ⅰ第五章，本章的重要考点为诱导公式、三角函数的图像与性质、三角恒等变换、正余弦定理、解三角形等．需要深刻理解三角函数的图像与性质，抓住此类题的基本规律，夯实基础，还要注意三角函数与其他数学知识的结合，比如三角函数与向量、不等式、数列、导数等的综合运用，要加强对数学思想方法的领悟，熟练掌握三角函数变换常用的数学思想方法（如数形结合思想、化归思想等）与技巧．

1 角度的变换

角度的变换是三角函数的重要变换之一，三角函数的公式大多都离不开角．三角函数的各类公式是三角函数变换的基础，进行角度的变换，更有利于公式的应用．一般将角度"由难到易"，转化为熟悉的特殊角或三角公式等．

---

① 张景中．三角下放 全局皆活——初中数学课程结构性改革的一个方案 [J]．数学通报，2007（1）：1-5.
② 作者：包悦玲、李红霞、赵思林．

例 1 （2015 年全国卷Ⅰ理科第 2 题）$\sin20°\cos10°-\cos160°\sin10°=$（　　）.

A. $-\dfrac{\sqrt{3}}{2}$ 　　　B. $\dfrac{\sqrt{3}}{2}$ 　　　C. $-\dfrac{1}{2}$ 　　　D. $\dfrac{1}{2}$

分析：题目中的 20° 与 160° 互补，因此有 $\cos160°=-\cos20°$，将题目中的 160° 变换为 20° 即可进行计算，解决此问题.

解：$\sin20°\cos10°-\cos160°\sin10°=\sin20°\cos10°+\cos20°\sin10°=\sin30^0=\dfrac{1}{2}$.

例 2 （2019 年全国卷Ⅰ文科第 7 题）$\tan255°=$（　　）.

A. $-2-\sqrt{3}$ 　　　B. $-2+\sqrt{3}$ 　　　C. $2-\sqrt{3}$ 　　　D. $2+\sqrt{3}$

分析：题中的 255° 可以看作是 180°+75°，于是 $\tan255°=\tan75°$，因此把 75° 变换为 45°+30° 即可.

解：$\tan225°=\tan(180°+75°)=\tan75°=\tan(45°+30°)=\dfrac{\tan45°+\tan30°}{1-\tan45°\tan30°}=\dfrac{1+\frac{\sqrt{3}}{3}}{1-1\times\frac{\sqrt{3}}{3}}=$

$2+\sqrt{3}$.

例 3 （2018 年全国卷Ⅱ文科第 15 题）已知 $\tan\left(\alpha-\dfrac{5\pi}{4}\right)=\dfrac{1}{5}$，则 $\tan\alpha=$_____.

分析：题中的 $-\dfrac{5\pi}{4}$ 可以变换为 $-\dfrac{\pi}{4}-\pi$.

解：$\tan\left(\alpha-\dfrac{5\pi}{4}\right)=\tan\left[\left(\alpha-\dfrac{\pi}{4}\right)-\pi\right]=-\tan\left[\pi-\left(\alpha-\dfrac{\pi}{4}\right)\right]=\tan\left(\alpha-\dfrac{\pi}{4}\right)$.

因为 $\tan\left(\alpha-\dfrac{5\pi}{4}\right)=\dfrac{1}{5}$，所以 $\tan\left(\alpha-\dfrac{\pi}{4}\right)=\dfrac{1}{5}$.

所以 $\tan\alpha=\tan\left[\left(\alpha-\dfrac{\pi}{4}\right)+\dfrac{\pi}{4}\right]=\dfrac{\tan\left(\alpha-\frac{\pi}{4}\right)+\tan\frac{\pi}{4}}{1-\tan\left(\alpha-\frac{\pi}{4}\right)\tan\frac{\pi}{4}}=\dfrac{3}{2}$.

2　函数名称的变换

"切割化弦"以及利用诱导公式进行"正"与"余"之间三角函数的互换等都是函数名称变换中常用的解题思想方法.

例 4 （2015 年四川卷理科第 12 题）$\sin15°+\sin75°=$_____.

分析：题目中两个度数 15° 与 75° 互余，有 $\sin75°=\cos15°$，因此把题目中的 $\sin75°$ 变换为 $\cos15°$ 即可.

解：原式 $=\sin15°+\sin(90°-15°)=\sin15°+\cos15°$

$=\sqrt{2}(\sin15°\cos45°+\cos15°\sin45°)=\sqrt{2}\sin60°=\dfrac{\sqrt{6}}{2}$.

例 5 函数 $f(x)=\dfrac{\tan x}{1+\tan^2x}$ 的最小正周期为（　　）.

A. $\dfrac{\pi}{4}$ B. $\dfrac{\pi}{2}$ C. π D. 2π

分析：此题需将 $\tan x$ 变换为 $\dfrac{\sin x}{\cos x}$.

解：$f(x)=\dfrac{\dfrac{\sin x}{\cos x}}{1+\left(\dfrac{\sin x}{\cos x}\right)^2}=\sin x\cdot\cos x=\dfrac{1}{2}\sin 2x.$

所以 $f(x)$ 的最小正周期为 $T=\dfrac{2\pi}{2}=\pi$.

例 6（2017 年全国卷 Ⅰ 理科第 9 题）已知曲线 C_1：$y=\cos x$，C_2：$y=\sin\left(2x+\dfrac{2\pi}{3}\right)$，则下面结论正确的是（　　）.

A. 把 C_1 上各点的横坐标伸长到原来的 2 倍，纵坐标不变，再把得到的曲线向右平移 $\dfrac{\pi}{6}$ 个单位长度，得到曲线 C_2

B. 把 C_1 上各点的横坐标伸长到原来的 2 倍，纵坐标不变，再把得到的曲线向左平移 $\dfrac{\pi}{12}$ 个单位长度，得到曲线 C_2

C. 把 C_1 上各点的横坐标缩短到原来的 $\dfrac{1}{2}$，纵坐标不变，再把得到的曲线向右平移 $\dfrac{\pi}{6}$ 个单位长度，得到曲线 C_2

D. 把 C_1 上各点的横坐标缩短到原来的 $\dfrac{1}{2}$，纵坐标不变，再把得到的曲线向左平移 $\dfrac{\pi}{12}$ 个单位长度，得到曲线 C_2

分析：首先将曲线 C_1，C_2 变换为同一三角函数名，然后再进行变换移动，注意 ω 的系数，向右平移需将 $\omega=2$ 提到括号外面，这时 $x+\dfrac{\pi}{4}$ 平移至 $x+\dfrac{\pi}{3}$，根据"左加右减"的原则，"$x+\dfrac{\pi}{4}$"到"$x+\dfrac{\pi}{3}$"需加上 $\dfrac{\pi}{12}$，即再向左平移 $\dfrac{\pi}{12}$.

解：C_1：$y=\cos x$，C_2：$y=\sin\left(2x+\dfrac{2\pi}{3}\right)$，首先曲线 C_1，C_2 统一为同一三角函数名，可将 C_1：$y=\cos x$ 用诱导公式处理. $y=\cos x=\cos\left(x+\dfrac{\pi}{2}-\dfrac{\pi}{2}\right)=\sin\left(x+\dfrac{\pi}{2}\right)$. 横坐标变换需将 $\omega=1$ 变成 $\omega=2$，即 $y=\sin\left(x+\dfrac{\pi}{2}\right)\xrightarrow{\ C_1\text{上各点横坐标缩短为原来的}\frac{1}{2}\ }y=$

$\sin\left(2x+\dfrac{\pi}{2}\right)=\sin 2\left(x+\dfrac{\pi}{4}\right)\xrightarrow{\ \text{曲线向左平移}\frac{\pi}{12}\text{个单位长度}\ }y=\sin\left(2x+\dfrac{2\pi}{3}\right)=\sin 2\left(x+\dfrac{\pi}{3}\right).$

3　函数式的变换

含有 $\sin\theta\pm\cos\theta$ 与 $\sin\theta\times\cos\theta$ 的对称式、"1"的巧用以及万能公式等都是三角函

数式变换的常用解题技巧.

例 7 （2018 年全国卷 II 理科第 15 题）已知 $\sin\alpha + \cos\beta = 1$，$\cos\alpha + \sin\beta = 0$，则 $\sin(\alpha + \beta) = $ _____.

分析：这道题是注意"1"的巧用，$\sin\alpha + \cos\beta = 1$，$\cos\alpha + \sin\beta = 0$ 同时平方后相加，则有 $\sin^2\alpha + \cos^2\alpha$ 与 $\sin^2\beta + \cos^2\beta$，然后利用三角函数的公式即可解决此问题.

解：由 $\sin\alpha + \cos\beta = 1$，两边同时平方，可得 $\sin^2\alpha + 2\sin\alpha\cos\beta + \cos^2\beta = 1$. ①

由 $\cos\alpha + \sin\beta = 0$，两边同时平方，可得 $\cos^2\alpha + 2\cos\alpha\sin\beta + \sin^2\beta = 0$. ②

由①＋②，得 $2 + 2(\sin\alpha\cos\beta + \cos\alpha\sin\beta) = 1$，即 $2 + 2\sin(\alpha + \beta) = 1$.

所以 $2\sin(\alpha + \beta) = -1$，$\sin(\alpha + \beta) = -\dfrac{1}{2}$.

例 8 （2019 年全国卷 II 理科第 10 题）已知 $\alpha \in \left(0, \dfrac{\pi}{2}\right)$，$2\sin 2\alpha = \cos 2\alpha + 1$，则 $\sin\alpha = ($).

A. $\dfrac{1}{5}$ B. $\dfrac{\sqrt{5}}{5}$ C. $\dfrac{\sqrt{3}}{3}$ D. $\dfrac{2\sqrt{5}}{5}$

分析：巧用 $\sin^2\alpha + \cos^2\alpha = 1$，从而得出结果.

解：因为 $2\sin 2\alpha = \cos 2\alpha + 1$，所以 $4\sin\alpha\cos\alpha = 2\cos^2\alpha$.

因为 $\alpha \in \left(0, \dfrac{\pi}{2}\right)$，所以 $\cos\alpha > 0$，$\sin\alpha > 0$，所以 $2\sin\alpha = \cos\alpha$.

又 $\sin^2\alpha + \cos^2\alpha = 1$，$5\sin^2\alpha = 1$，即 $\sin^2\alpha = \dfrac{1}{5}$.

因为 $\sin\alpha > 0$，所以 $\sin\alpha = \dfrac{\sqrt{5}}{5}$.

例 9 （2015 年四川卷理科第 19 题 1 小问）求证：$\tan\dfrac{A}{2} = \dfrac{1 - \cos A}{\sin A}$.

证明：$\tan\dfrac{A}{2} = \dfrac{\sin\dfrac{A}{2}}{\cos\dfrac{A}{2}} = \dfrac{2\sin^2\dfrac{A}{2}}{2\sin\dfrac{A}{2}\cos\dfrac{A}{2}} = \dfrac{1 - \cos A}{\sin A}$.

例 10 （2020 年全国卷 I 理科第 9 题）已知 $\alpha \in (0, \pi)$，且 $3\cos 2\alpha - 8\cos\alpha = 5$，则 $\sin\alpha = ($).

A. $\dfrac{\sqrt{5}}{3}$ B. $\dfrac{2}{3}$ C. $\dfrac{1}{3}$ D. $\dfrac{\sqrt{5}}{9}$

分析：题中两个角是 2 倍关系，用二倍角的余弦公式将已知方程转化为关于 $\cos\alpha$ 的一元二次方程，求解得出 $\cos\alpha$，再用同角间的三角函数关系. 本例考查三角恒等变换和同角间的三角函数关系求值，熟记公式是解题的关键.

解：因为 $3\cos 2\alpha - 8\cos\alpha = 5$，所以 $6\cos^2\alpha - 8\cos\alpha - 8 = 0$.

即 $3\cos^2\alpha - 4\cos\alpha - 4 = 0$，解得 $\cos\alpha = -\dfrac{2}{3}$ 或 $\cos\alpha = 2$（舍去）.

因为 $\alpha \in (0, \pi)$，所以 $\sin\alpha = \sqrt{1 - \cos^2\alpha} = \dfrac{\sqrt{5}}{3}$.

4 化一变换

求最小正周期、值域、最值、单调区间以及图像的平移、对称等都必须对三角函数式进行化一变换,变换为一个角的一种三角函数. 通常是化为 $y = A\sin(\omega x + \varphi)(A > 0,$ $\omega > 0)$ 的形式.

例 11 (2020 年北京卷第 14 题) 若函数 $f(x) = \sin(x + \varphi) + \cos x$ 的最大值为 2,则常数 φ 的一个取值为_____.

分析:本例主要考查两角和的正弦公式、辅助角公式的应用以及平方关系的应用,只有把原函数式化一变换为一个角的一种三角函数,才能解出其值.

解:因为 $f(x) = \cos\varphi\sin x + (\sin\varphi + 1)\cos x = \sqrt{\cos^2\varphi + (\sin\varphi + 1)^2}\sin(x + \theta)$,所以 $\sqrt{\cos^2\varphi + (\sin\varphi + 1)^2} = 2$,解得 $\sin\varphi = 1$,故可取 $\varphi = \dfrac{\pi}{2}$.

故答案为 $\dfrac{\pi}{2}\left(2k\pi + \dfrac{\pi}{2},\ k \in \mathbf{Z}$ 均可$\right)$.

例 12 (2019 年全国卷Ⅲ文科第 5 题) 函数 $f(x) = 2\sin x - \sin 2x$ 在 $[0, 2\pi]$ 的零点个数为(   ).

A. 2   B. 3   C. 4   D. 5

分析:把函数式进行化一变换后,令 $f(x) = 0$,即可解得零点个数.

解:$f(x) = 2\sin x - \sin 2x = 2\sin x - 2\sin x\cos x = 2\sin x(1 - \cos x)$.

令 $f(x) = 0$,即 $\sin x = 0$ 或 $\cos x = 1$,又 $x \in [0, 2\pi]$,所以当 $\sin x = 0$ 时,$x = 0$,π 或 2π. 当 $\cos x = 1$ 时,$x = 0$ 或 2π.

所以 $x = 0$,π 或 2π,零点个数为 3.

例 13 (2018 年北京卷文科第 16 题) 已知函数 $f(x) = \sin^2 x + \sqrt{3}\sin x\cos x$.

(Ⅰ) 求 $f(x)$ 的最小正周期;

(Ⅱ) 若 $f(x)$ 在区间 $\left[-\dfrac{\pi}{3}, m\right]$ 上的最大值为 $\dfrac{3}{2}$,求 m 的最小值.

分析:确定三角函数的最小正周期一般有两种解题途径:①定义法;②公式法($T = \dfrac{2\pi}{\omega}$ 或 $T = \dfrac{\pi}{\omega}$,$\omega > 0$). 第二种解题途径就需把三角函数式化归变换为一个角的一种三角函数. 此题把原函数式化为一个角的一种三角函数即可.

解:(Ⅰ) $f(x) = \dfrac{1 - \cos 2x}{2} + \dfrac{\sqrt{3}}{2}\sin 2x = \dfrac{\sqrt{3}}{2}\sin 2x - \dfrac{1}{2}\cos 2x + \dfrac{1}{2} = \sin\left(2x - \dfrac{\pi}{6}\right) + \dfrac{1}{2}$,所以 $f(x)$ 的最小正周期为 $T = \dfrac{2\pi}{2} = \pi$.

(Ⅱ) 由 (Ⅰ) 知 $f(x) = \sin\left(2x - \dfrac{\pi}{6}\right) + \dfrac{1}{2}$.

因为 $x \in \left[-\dfrac{\pi}{3}, m\right]$,所以 $2x - \dfrac{\pi}{6} \in \left[-\dfrac{5\pi}{6}, 2m - \dfrac{\pi}{6}\right]$.

要使得 $f(x)$ 在 $\left[-\dfrac{\pi}{3}, m\right]$ 上的最大值为 $\dfrac{3}{2}$,即 $\sin\left(2x - \dfrac{\pi}{6}\right)$ 在 $\left[-\dfrac{\pi}{3}, m\right]$ 上的最大

值为 1. 所以 $2m-\dfrac{\pi}{6}\geqslant\dfrac{\pi}{2}$，即 $m\geqslant\dfrac{\pi}{3}$.

所以 m 的最小值为 $\dfrac{\pi}{3}$.

例 14 （2018 年全国卷 I 文科第 8 题）已知函数 $f(x)=2\cos^2x-\sin^2x+2$，则（　　）.

A. $f(x)$ 的最小正周期为 π，最大值为 3

B. $f(x)$ 的最小正周期为 π，最大值为 4

C. $f(x)$ 的最小正周期为 2π，最大值为 3

D. $f(x)$ 的最小正周期为 2π，最大值为 4

分析：把原函数式化一变换为一个角的一种三角函数即可求出最小正周期与最值.

解：$f(x)=2\cos^2x-\sin^2x+2=2\cos^2x-\sin^2x+2\sin^2x+2\cos^2x=4\cos^2x+\sin^2x=3\cos^2x+1=3\dfrac{\cos2x+1}{2}+1=\dfrac{3\cos2x}{2}+\dfrac{5}{2}$.

故函数的最小正周期为 π，最大值为 $\dfrac{3}{2}+\dfrac{5}{2}=4$.

例 15 （2018 年全国卷 II 理科第 10 题）若 $f(x)=\cos x-\sin x$ 在 $[-a,a]$ 上是减函数，则 a 的最大值是（　　）.

A. $\dfrac{\pi}{4}$ 　　　　 B. $\dfrac{\pi}{2}$ 　　　　 C. $\dfrac{3\pi}{4}$ 　　　　 D. π

分析：把原函数式化一变换为一个角的一种三角函数.

解：$f(x)=\cos x-\sin x=\sqrt{2}\cos\left(x+\dfrac{\pi}{4}\right)$，函数 $y=\cos x$ 在区间 $[0,\pi]$ 上单调递减，由 $0\leqslant x+\dfrac{\pi}{4}\leqslant\pi$，可得 $-\dfrac{\pi}{4}\leqslant x\leqslant\dfrac{3\pi}{4}$.

因为 $f(x)$ 在 $[-a,a]$ 上是减函数，所以 $\begin{cases}-a\geqslant-\dfrac{\pi}{4},\\a\leqslant\dfrac{3\pi}{4}.\end{cases}$

解得 $a\leqslant\dfrac{\pi}{4}$，故 $0<a\leqslant\dfrac{\pi}{4}$.

所以 a 的最大值为 $\dfrac{\pi}{4}$.

例 16 （2017 年全国卷 II 理科第 14 题）函数 $f(x)=\sin^2x+\sqrt{3}\cos x-\dfrac{3}{4}\left(x\in\left[0,\dfrac{\pi}{2}\right]\right)$ 的最大值是 _____ .

解：$f(x)=1-\cos^2x+\sqrt{3}\cos x-\dfrac{3}{4}=-\cos^2x+\sqrt{3}\cos x+\dfrac{1}{4}=-\left(\cos x-\dfrac{\sqrt{3}}{2}\right)^2+1$.

因为 $x\in\left[0,\dfrac{\pi}{2}\right]$，所以 $\cos x\in[0,1]$.

故当 $\cos x=\dfrac{\sqrt{3}}{2}$ 时，函数 $f(x)$ 取得最大值 1.

5 三角形内的变换

由于三角形的内角和为 $180°$，因此三角形三内角的三角变化具有一定的特殊性.

例 17 （2020 年浙江卷第 18 题）在锐角 $\triangle ABC$ 中，角 A，B，C 的对边分别为 a，b，c，且 $2b\sin A = \sqrt{3}a$.

（Ⅰ）求角 B；

（Ⅱ）求 $\cos A + \cos B + \cos C$ 的取值范围.

分析：解三角形的基本策略：一是利用正弦定理实现"边化角"；二是利用余弦定理实现"角化边". 求最值也是一种常见类型，主要方法有两类：一是找到边之间的关系，利用基本不等式求最值；二是转化为关于某个角的函数，利用函数思想求最值. 本例首先利用正弦定理边化角，然后结合特殊角的三角函数值即可确定 $\angle B$ 的大小，结合（Ⅰ）的结论将含有三个角的三角函数式化简为只含有 $\angle A$ 的三角函数式，再由三角形为锐角三角形确定 $\angle A$ 的取值范围，最后结合三角函数的性质即可求得 $\cos A + \cos B + \cos C$ 的取值范围.

解：（Ⅰ）由 $2b\sin A = \sqrt{3}a$ 结合正弦定理，得 $2\sin B\sin A = \sqrt{3}\sin A$，所以 $\sin B = \dfrac{\sqrt{3}}{2}$.

又 $\triangle ABC$ 为锐角三角形，故 $B = \dfrac{\pi}{3}$.

（Ⅱ）结合（Ⅰ）的结论，有 $\cos A + \cos B + \cos C = \cos A + \dfrac{1}{2} + \cos\left(\dfrac{2\pi}{3} - A\right) = \cos A -$

$\dfrac{1}{2}\cos A + \dfrac{\sqrt{3}}{2}\sin A + \dfrac{1}{2} = \dfrac{\sqrt{3}}{2}\sin A + \dfrac{1}{2}\cos A + \dfrac{1}{2} = \sin\left(A + \dfrac{\pi}{6}\right) + \dfrac{1}{2}$.

由 $\begin{cases} 0 < \dfrac{2}{3}\pi - A < \dfrac{\pi}{2}, \\ 0 < A < \dfrac{\pi}{2}, \end{cases}$ 可得 $\dfrac{\pi}{6} < A < \dfrac{\pi}{2}$，$\dfrac{\pi}{3} < A + \dfrac{\pi}{6} < \dfrac{2\pi}{3}$，则 $\sin\left(A + \dfrac{\pi}{3}\right) \in \left(\dfrac{\sqrt{3}}{2}, \ 1\right]$，

$\sin\left(A + \dfrac{\pi}{3}\right) + \dfrac{1}{2} \in \left(\dfrac{\sqrt{3}+1}{2}, \ \dfrac{3}{2}\right]$.

即 $\cos A + \cos B + \cos C$ 的取值范围是 $\left(\dfrac{\sqrt{3}+1}{2}, \ \dfrac{3}{2}\right]$.

例 18 （2020 年全国卷Ⅰ文科第 18 题）$\triangle ABC$ 的内角 A，B，C 的对边分别为 a，b，c. 已知 $B = 150°$.

（1）略；

（2）若 $\sin A + \sqrt{3}\sin C = \dfrac{\sqrt{2}}{2}$，求 C.

分析：本例考查余弦定理、三角恒等变换解三角形，熟记公式是解题的关键. 将 $A = 30° - C$ 代入已知等式，由两角差的正弦和辅助角公式，化简得出有关角 C 的三角函数值，结合 C 的范围，即可求解.

解：因为 $A + C = 30°$，所以 $\sin A + \sqrt{3}\sin C = \sin(30° - C) + \sqrt{3}\sin C = \dfrac{1}{2}\cos C +$

$$\frac{\sqrt{3}}{2}\sin C=\sin(C+30°)=\frac{\sqrt{2}}{2}.$$

因为 $0°<C<30°$，所以 $30°<C+30°<60°$，$C+30°=45°$，$C=15°$.

例 19　（2020 年全国卷Ⅱ理科第 17 题）$\triangle ABC$ 中，$\sin^2 A-\sin^2 B-\sin^2 C=\sin B\sin C$.

（1）求 A；

（2）略.

分析：本例考查解三角形的相关知识，涉及正弦定理角化边的应用、余弦定理的应用，利用正弦定理角化边，配凑出 $\cos A$ 的形式，进而求得 A.

解：由正弦定理可得 $BC^2-AC^2-AB^2=AC\cdot AB$，所以 $\cos A=\dfrac{AC^2+AB^2-BC^2}{2AC\cdot AB}=-\dfrac{1}{2}.$

因为 $A\in(0,\pi)$，所以 $A=\dfrac{2\pi}{3}$.

例 20　（2017 年全国卷Ⅱ理科第 17 题）$\triangle ABC$ 的内角 A，B，C 的对边分别为 a，b，c，已知 $\sin(A+C)=8\sin^2\dfrac{B}{2}$.

（1）求 $\cos B$；

（2）略.

解：由 $A+C=\pi-B$，得 $\sin B=8\sin^2\dfrac{B}{2}$，即 $\cos\dfrac{B}{2}=4\sin\dfrac{B}{2}$.

所以 $\tan\dfrac{B}{2}=\dfrac{1}{4}$，得 $\tan B=\dfrac{8}{15}$，则有 $\cos B=\dfrac{15}{17}$.

第二节　高中三角函数考点与典型案例精析[①]

三角函数是高中数学的重要内容之一，也是高考的热点和难点，具有鲜明的周期性和规律性. 从近几年的高考数学来看，考查的题目数量控制在 2～3 道，多是以一道选择题或填空题、一道大题的形式出现. 大题的考查内容与平面向量、解三角形有所交汇，其中与平面向量的交汇问题考查较少，多是结合解三角形进行考查. 此外，解析几何中的部分内容也可以借助三角函数的参数形式进行求解，相较于传统的代数方法，更简捷、方便. 高考对三角函数的考查范围有所扩大，方法的运用更加灵活，涉及多层次的数学思想，包括化归与转化思想、数形结合思想、方程与函数思想、参数思想、分类讨论思想等，更注重体现三角函数的工具性、灵活性、适应性等特点.

---

① 作者：樊红玉、赵思林、李红霞.

1 三角函数求值问题

三角函数求值问题分为给值求值、给式求值、给值求角三种类型. 确定目标后，在对已知条件进行化简时，遵循"一看角、二看名、三看结构"的原则."看角"是指观察已知角与未知角的联系，利用配凑、诱导公式等方法将未知转化为已知."看名"是指若函数名称不同，考虑转化函数名称，常见的有切化弦."看结构"是指通过结构寻找入手点，常见的有通分、降幂升角，并合理利用同角三角函数商除关系、平方关系.

1.1 给值求值

三角函数的给值求值问题，解题的关键在于"变角"，当已知角有两个时，通常考虑将未知角表示为两个已知角的和、差形式，如 $\alpha-\beta=2\alpha-(\alpha+\beta)$，$2\alpha=(\alpha-\beta)+(\alpha+\beta)$，把待求三角函数值的角用已知角表示，但求解时要注意角的范围、开方后的符号. 高考对该部分内容的考查较为频繁，如 2020 年天津卷第 16 题，2018 年江苏卷第 16 题、浙江卷第 18 题等，应引起重视.

例 1 （2018 年江苏卷理科第 16 题）已知 α，β 为锐角，$\tan\alpha=\dfrac{4}{3}$，$\cos(\alpha+\beta)=-\dfrac{\sqrt{5}}{5}$.

（Ⅰ）求 $\cos 2\alpha$ 的值；

（Ⅱ）求 $\tan(\alpha-\beta)$ 的值.

解：（Ⅰ）因为 $\tan\alpha=\dfrac{\sin\alpha}{\cos\alpha}=\dfrac{4}{3}$，所以 $\sin\alpha=\dfrac{4}{3}\cos\alpha$.

又因为 $\sin^2\alpha+\cos^2\alpha=1$，所以可解得 $\cos^2\alpha=\dfrac{9}{25}$，故 $\cos 2\alpha=2\cos^2\alpha-1=-\dfrac{7}{25}$.

（Ⅱ）因为 α，β 为锐角，即 $0<\alpha<\dfrac{\pi}{2}$，$0<\beta<\dfrac{\pi}{2}$，所以 $0<\alpha+\beta<\pi$.

又因为 $\cos(\alpha+\beta)=-\dfrac{\sqrt{5}}{5}$，所以 $\sin(\alpha+\beta)=\sqrt{1-\cos^2(\alpha+\beta)}=\dfrac{2\sqrt{5}}{5}$，因此 $\tan(\alpha+\beta)=\dfrac{\sin(\alpha+\beta)}{\cos(\alpha+\beta)}=-2$.

而 $\tan\alpha=\dfrac{4}{3}$，则有 $\tan 2\alpha=\dfrac{2\tan\alpha}{1-\tan^2\alpha}=-\dfrac{24}{7}$.

故 $\tan(\alpha-\beta)=\tan[2\alpha-(\alpha+\beta)]=\dfrac{\tan 2\alpha-\tan(\alpha+\beta)}{1+\tan 2\alpha\tan(\alpha+\beta)}=-\dfrac{2}{11}$.

评注：给值求值问题解题的关键在于"变名""凑角"，如 $\alpha-\beta=2\alpha-(\alpha+\beta)$，$2\alpha=(\alpha-\beta)+(\alpha+\beta)$ 等，寻找未知角与已知角的联系，将未知角转化为已知角，需要注意的是角的范围以及变名时的符号.

1.2 给式求值

给式求值问题解题的关键在于"变名"，利用商除关系、平方关系对已知条件进行合理转化，再利用两角和、差的正弦、余弦进行求解. 给式求值问题在高考中考查的题型多为选填题，如 2020 年江苏卷第 8 题、全国卷 I 第 9 题、全国卷 III 第 9 题，2019 年全国卷 II 第 10 题，2018 年全国卷 II 第 15 题等.

例 2　（2019 年江苏卷理科第 13 题）已知 $\dfrac{\tan\alpha}{\tan\left(\alpha+\dfrac{\pi}{4}\right)}=-\dfrac{2}{3}$，求 $\sin\left(2\alpha+\dfrac{\pi}{4}\right)$ 的值.

解：因为 $\dfrac{\tan\alpha}{\tan\left(\alpha+\dfrac{\pi}{4}\right)}=\dfrac{\tan\alpha}{\dfrac{\tan\alpha+1}{1-\tan\alpha}}=-\dfrac{2}{3}$，所以 $\dfrac{2(\tan\alpha+1)}{1-\tan\alpha}=-3\tan\alpha$，由 $3\tan^2\alpha-$

$5\tan\alpha-2=(3\tan\alpha+1)(\tan\alpha-2)=0$，解得 $\tan\alpha=-\dfrac{1}{3}$ 或 $\tan\alpha=2$.

又因为 $\sin\left(2\alpha+\dfrac{\pi}{4}\right)=\dfrac{\sqrt{2}}{2}(\sin2\alpha+\cos2\alpha)=\dfrac{\sqrt{2}}{2}(2\sin\alpha\cos\alpha+\cos^2\alpha-\sin^2\alpha)=$

$\dfrac{\sqrt{2}}{2}\left(\dfrac{2\sin\alpha\cos\alpha+\cos^2\alpha-\sin^2\alpha}{\cos^2\alpha+\sin^2\alpha}\right)=\dfrac{\sqrt{2}}{2}\left(\dfrac{2\tan\alpha+1-\tan^2\alpha}{1+\tan^2\alpha}\right)$，所以当 $\tan\alpha=-\dfrac{1}{3}$ 时，

$\sin\left(2\alpha+\dfrac{\pi}{4}\right)=\dfrac{\sqrt{2}}{10}$；当 $\tan\alpha=2$ 时，$\sin\left(2\alpha+\dfrac{\pi}{4}\right)=\dfrac{\sqrt{2}}{10}$.

综上所述，$\sin\left(2\alpha+\dfrac{\pi}{4}\right)=\dfrac{\sqrt{2}}{10}$.

评注：三角函数给式求值问题是指给出一个较为复杂的函数式，对其进行三角恒等变换之后，求解另一个复杂的三角函数式. 解决此类问题的关键在于找出二者的关联点，依据关联点对函数式进行化简求值.

1.3　给值求角

给值求角问题可转化为给值求值问题，即先求出所需角的一个三角函数值，再利用角的范围进行确切定值. 在选择函数时要注意观察角的范围. 若角的范围为 $\left(0,\dfrac{\pi}{2}\right)$，则选择正弦函数与余弦函数都可以；若角的范围为 $\left(\dfrac{\pi}{2},\pi\right)$，则选择余弦函数；若角的范围为 $\left(-\dfrac{\pi}{2},\dfrac{\pi}{2}\right)$，则倾向于选择正弦函数.

例 3　已知 $\cos(\alpha-\beta)=-\dfrac{15}{17}$，$\cos(\alpha+\beta)=\dfrac{15}{17}$，且 $\alpha-\beta\in\left(\dfrac{\pi}{2},\pi\right)$，$\alpha+\beta\in\left(\dfrac{3\pi}{2},2\pi\right)$，求角 β 的值.

解：因为 $\alpha-\beta\in\left(\dfrac{\pi}{2},\pi\right)$，$\cos(\alpha-\beta)=-\dfrac{15}{17}$，所以 $\sin(\alpha-\beta)=\dfrac{8}{17}$.

同理，因为 $\alpha+\beta\in\left(\dfrac{3\pi}{2},2\pi\right)$，$\cos(\alpha+\beta)=\dfrac{15}{17}$，所以 $\sin(\alpha+\beta)=-\dfrac{8}{17}$.

而 $\cos2\beta=\cos[(\alpha+\beta)-(\alpha-\beta)]=\cos(\alpha+\beta)\cos(\alpha-\beta)+\sin(\alpha+\beta)\sin(\alpha-\beta)=$

$\dfrac{15}{17}\times\left(-\dfrac{15}{17}\right)+\left(-\dfrac{8}{17}\right)\times\dfrac{8}{17}=-1$.

又因为 $\alpha - \beta \in \left(\dfrac{\pi}{2}, \pi\right)$，$\alpha + \beta \in \left(\dfrac{3\pi}{2}, 2\pi\right)$，所以 $2\beta \in \left(\dfrac{\pi}{2}, \dfrac{3\pi}{2}\right)$.

故 $2\beta = \pi$，即 $\beta = \dfrac{\pi}{2}$.

评注：本例主要考查两角和、差的余弦公式、三角函数之间的转化，考查学生的运算、转化能力.

2　三角函数图像及变换问题

2.1　三角函数图像问题

三角函数图像问题一般是关于定义域、值域单调性、周期性、对称中心、对称轴的问题. 解决此类问题时要注意灵活运用数形结合思想. 三角函数图像问题是高考的热点题型之一，2020 年北京卷第 8 题、山东新高考卷第 10 题、浙江卷第 4 题，2019 年上海卷第 16 题，2018 年江苏卷第 7 题等都考查了三角函数图像问题.

例 4　（2020 年全国卷 Ⅰ 理科第 7 题）设函数 $f(x) = \cos\left(\omega x + \dfrac{\pi}{6}\right)$ 在 $[-\pi, \pi]$ 上的图像大致如图 1 所示，求 $f(x)$ 的最小正周期.

解：由图像可知，$f\left(-\dfrac{4\pi}{9}\right) = 0$，代入即 $\cos\left(-\dfrac{4\pi\omega}{9} + \dfrac{\pi}{6}\right) = 0$，所以有 $-\dfrac{4\pi\omega}{9} + \dfrac{\pi}{6} = \dfrac{\pi}{2} + k\pi (k \in \mathbf{Z})$，解得 $\omega = -\dfrac{3}{4} - \dfrac{9k}{4}(k \in \mathbf{Z})$.

又因为观察图像，可明显看出 $\pi < T = \dfrac{2\pi}{|\omega|} < 2\pi$，所以 $1 < |\omega| < 2$，当且仅当 $k = -1$ 时满足 $1 < |\omega| < 2$.

将 $k = -1$ 代入 $\omega = -\dfrac{3}{4} - \dfrac{9k}{4}$，可得 $\omega = \dfrac{3}{2}$.

故 $T = \dfrac{2\pi}{\omega} = \dfrac{4\pi}{3}$.

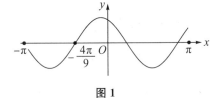

图 1

评注：本例主要利用函数的周期性、单调性、对称性等性质确定参数的取值（范围），考查学生对数形结合思想的理解和掌握，有助于学生直观想象素养的培养.

例 5　已知 $x = -\dfrac{\pi}{12}$ 是函数 $f(x) = \sin(\omega x + \varphi)$ $(\omega > 0, 0 < \varphi < \pi)$ 的零点，直线 $x = -\dfrac{\pi}{3}$ 是函数 $f(x)$ 的图像的一条对称轴，若 $f(x)$ 在区间 $\left(\dfrac{\pi}{6}, \dfrac{2\pi}{3}\right)$ 内单调，求 φ 的值.

解：因为 $f(x)$ 在区间 $\left(\dfrac{\pi}{6}, \dfrac{2\pi}{3}\right)$ 内单调，所以 $\dfrac{2\pi}{3} - \dfrac{\pi}{6} = \dfrac{\pi}{2} \leqslant \dfrac{T}{2}$，解得 $T \geqslant \pi$.

由 $T \geqslant \pi$，可得 $\dfrac{2\pi}{\omega} \geqslant \pi$，即 $0 < \omega \leqslant 2$.

又因为 $x = -\dfrac{\pi}{12}$ 是函数 $f(x) = \sin(\omega x + \varphi)$ 的零点，直线 $x = -\dfrac{\pi}{3}$ 是 $f(x)$ 的图像的一

条对称轴,所以 $-\dfrac{\pi}{12}-\left(-\dfrac{\pi}{3}\right)=\dfrac{\pi}{4}$.

若 $\dfrac{\pi}{4}=\dfrac{T}{4}$,则 $T=\pi$,故有 $\dfrac{2\pi}{\omega}=\pi$,解得 $\omega=2$,满足 $0<\omega\leqslant2$.

若 $\dfrac{\pi}{4}=\dfrac{3T}{4}$,则 $T=\dfrac{\pi}{3}$,故有 $\dfrac{2\pi}{\omega}=\dfrac{\pi}{3}$,解得 $\omega=6$,不满足 $0<\omega\leqslant2$.

因为 $f(x)=\sin(2x+\varphi)$,且直线 $x=-\dfrac{\pi}{3}$ 是 $f(x)$ 的图像的一条对称轴,所以 $-\dfrac{\pi}{3}\times2$ $+\varphi=k\pi+\dfrac{\pi}{2}$,$k\in\mathbf{Z}$,解得 $\varphi=k\pi+\dfrac{7\pi}{6}$,$k\in\mathbf{Z}$.

又因为 $0<\varphi<\pi$,所以当 $k=-1$ 时,$\varphi=\dfrac{\pi}{6}$.

评注:本例主要利用了三角函数的平移、单调性和周期性等性质,解决此类问题要注意三角函数对称轴的运用. 此外,本例还渗透了数形结合思想,有助于学生更加直观地理解题目条件.

2.2 三角函数图像变换问题

三角函数的图像变换是三角函数的基本问题. 2020 年天津卷第 8 题、江苏卷第 10 题,2019 年天津卷第 7 题、北京卷第 9 题,2018 年江苏卷第 7 题等都对其图像变换问题进行了考查. 解决此类问题的关键在于掌握函数图像的变换法则,注重方程思想和化归与转化思想的运用.

例 6 已知函数 $f(x)=2\sin(\omega x+\varphi)+b\left(\omega>0,\ -\dfrac{\pi}{2}<\varphi<\dfrac{\pi}{2}\right)$ 的图像的相邻两对称轴间的距离为 $\dfrac{\pi}{2}$,若将 $f(x)$ 的图像先向左平移 $\dfrac{\pi}{12}$ 个单位,再向下平移 1 个单位,所得的图像对应的函数 $g(x)$ 为奇函数.

(Ⅰ)求 $f(x)$ 的解析式,并求 $f(x)$ 的对称中心;

(Ⅱ)若关于 x 的方程 $3[g(x)]^2+m\cdot g(x)+4=0$ 在区间 $\left[0,\dfrac{\pi}{2}\right]$ 上有两个不相等的实根,求实数 m 的取值范围.

解:(Ⅰ)由题意可得 $\dfrac{T}{2}=\dfrac{\pi}{\omega}=\dfrac{\pi}{2}$,则 $\omega=2$,有 $f(x)=2\sin(2x+\varphi)+b$.

因为将 $f(x)$ 的图像进行变换,所以有 $g(x)=2\sin\left[2\left(x+\dfrac{\pi}{12}\right)+\varphi\right]+b-1=$ $2\sin\left(2x+\dfrac{\pi}{6}+\varphi\right)+b-1$.

又因为 $g(x)$ 为奇函数,所以 $\dfrac{\pi}{6}+\varphi=k\pi(k\in\mathbf{Z})$ 且 $b-1=0$,其中 $-\dfrac{\pi}{2}<\varphi<\dfrac{\pi}{2}$,解得 $\varphi=-\dfrac{\pi}{6}$,$b=1$,故 $f(x)=2\sin\left(2x-\dfrac{\pi}{6}\right)+1$,$g(x)=2\sin2x$.

令 $2x-\dfrac{\pi}{6}=k\pi(k\in\mathbf{Z})$,可得 $x=\dfrac{k\pi}{2}+\dfrac{\pi}{12}(k\in\mathbf{Z})$.

故 $f(x)$ 的对称中心为 $\left(\dfrac{k\pi}{2}+\dfrac{\pi}{12},\ 1\right)(k\in\mathbf{Z})$.

（Ⅱ）由（Ⅰ）得 $g(x)=2\sin 2x$，因为 $x\in\left[0,\dfrac{\pi}{2}\right]$，所以 $2x\in[0,\ \pi]$.

令 $g(x)=2\sin 2x=t$，则 $t\in[0,\ 2]$，$3\left[g(x)\right]^2+m\cdot g(x)+4=3t^2+mt+4=0$.

因为 $3\left[g(x)\right]^2+m\cdot g(x)+4=0$ 在区间 $\left[0,\dfrac{\pi}{2}\right]$ 上有两个不相等的实根，所以方程 $3t^2+mt+4=0$ 在 $[0,2)$ 上有且仅有 1 个实根.

令 $D(t)=3t^2+mt+4$，则 $D(0)=4>0$ 且 $D(2)=12+2m+4<0$，或 $\Delta=m^2-48=0$ 且 $0<-\dfrac{m}{6}<1$，解得 $m<-8$ 或 $m=-4\sqrt{3}$.

评注：本例主要利用函数图像对称性的特点及方程思想来确定参数 m 的范围，要求学生对三角函数图像的伸缩变换熟练掌握，考查学生对三角函数图像与性质的掌握以及对方程思想（换元法）的掌握.

3 三角函数性质问题

三角函数性质包括周期性、对称性、单调性、奇偶性、最值等. 近几年对三角函数的性质考查力度有所增大，如 2020 年全国卷Ⅲ第 16 题、浙江卷第 18 题，2019 年上海卷第 15 题、全国卷Ⅱ第 12 题，2018 年全国卷Ⅰ第 16 题等. 其中，考查较为频繁的是三角函数的最值问题，解决这类问题，一是可以将其转化为较为熟悉的函数，如二次函数、对勾函数等，再利用其性质对最值进行讨论；二是可以借助三角函数的有界性进行确定. 常用的方法有辅助角法、配方法、换元法等.

例 7　（2020 年上海卷理科第 18 题改编）已知 $f(x)=2\sin\omega x(\omega>0)$.

（Ⅰ）若 $f(x)$ 的周期是 4π，求 ω，并求此时 $f(x)=1$ 的解集；

（Ⅱ）已知 $\omega=1$，$g(x)=f^2(x)+\sqrt{3}f(-x)f\left(\dfrac{\pi}{2}-x\right)$，$x\in\left[0,\dfrac{\pi}{4}\right]$，求 $g(x)$ 的值域.

解：（Ⅰ）因为 $f(x)$ 的周期是 4π，且 $\omega>0$，所以 $\omega=\dfrac{1}{2}$.

又因为 $f(x)=1$，即 $2\sin\dfrac{1}{2}x=1$，所以 $\dfrac{1}{2}x=\dfrac{5\pi}{6}+2k\pi$ 或 $\dfrac{1}{2}x=\dfrac{\pi}{6}+2k\pi(k\in\mathbf{Z})$，解得 $x=\dfrac{5\pi}{3}+4k\pi(k\in\mathbf{Z})$ 或 $x=\dfrac{\pi}{3}+4k\pi\ (k\in\mathbf{Z})$.

因此 $f(x)=1$ 的解集为 $\left\{x\left|x=\dfrac{\pi}{3}+4k\pi\ 或\ x=\dfrac{5\pi}{3}+4k\pi\right.\right\}$.

（Ⅱ）若 $\omega=1$，则 $f(x)=2\sin x$.

因为 $f(-x)=2\sin(-x)=-2\sin x$，$f\left(\dfrac{\pi}{2}-x\right)=2\sin\left(\dfrac{\pi}{2}-x\right)=2\cos x$，所以

$$g(x)=4\sin^2 x-4\sqrt{3}\sin x\cos x=2-4\left(\dfrac{1}{2}\cos 2x+\dfrac{\sqrt{3}}{2}\sin 2x\right)=2-4\sin\left(2x+\dfrac{\pi}{6}\right).$$

又因为 $x \in \left[0, \dfrac{\pi}{4}\right]$，所以 $2x + \dfrac{\pi}{6} \in \left[\dfrac{\pi}{6}, \dfrac{2\pi}{3}\right]$，故 $\sin\left(2x+\dfrac{\pi}{6}\right) \in \left[\dfrac{1}{2}, 1\right]$.

因为 $\sin\left(2x+\dfrac{\pi}{6}\right) \in \left[\dfrac{1}{2}, 1\right]$，所以 $g(x) \in [-2, 0]$.

故 $g(x)$ 的值域为 $[-2, 0]$.

评注：本例主要考查三角函数 $A\sin(\omega x + \varphi)$ 的周期性，同时也考查了正弦函数、余弦函数的单调性、奇偶性. 解决此类问题的关键在于利用函数性质求解参数，熟练掌握基本的三角恒等变换.

例8 已知函数 $f(x) = a\sin x\cos x - b(\cos^2 x - \sin^2 x)(x \in \mathbf{R}$，$a$，$b$ 为常数)，且 $f\left(\dfrac{\pi}{2}\right) = \dfrac{\sqrt{3}}{4}$，$f\left(\dfrac{\pi}{12}\right) = -\dfrac{1}{4}$.

（Ⅰ）求 $f(x)$ 的单调递增区间；

（Ⅱ）当 $x \in \left[-\dfrac{\pi}{4}, \dfrac{\pi}{4}\right]$ 时，求函数 $f(x)$ 的最大值与最小值.

解：（Ⅰ）由题意，可将 $f(x)$ 进行化简，得 $f(x) = a\sin x\cos x - b(\cos^2 x - \sin^2 x) = \dfrac{a}{2}\sin 2x - b\cos 2x$.

因为 $f\left(\dfrac{\pi}{2}\right) = \dfrac{\sqrt{3}}{4}$，$f\left(\dfrac{\pi}{12}\right) = -\dfrac{1}{4}$，即 $\dfrac{a}{2}\sin \pi - b\cos \pi = \dfrac{\sqrt{3}}{4}$，$\dfrac{a}{2}\sin \dfrac{\pi}{6} - b\cos \dfrac{\pi}{6} = -\dfrac{1}{4}$，解得 $a = \dfrac{1}{2}$，$b = \dfrac{\sqrt{3}}{4}$，所以函数 $f(x) = \dfrac{1}{4}\sin 2x - \dfrac{\sqrt{3}}{4}\cos 2x = \dfrac{1}{2}\sin\left(2x - \dfrac{\pi}{3}\right)$.

当 $2k\pi - \dfrac{\pi}{2} \leqslant 2x - \dfrac{\pi}{3} \leqslant 2k\pi + \dfrac{\pi}{2}(k \in \mathbf{Z})$，即 $k\pi - \dfrac{\pi}{12} \leqslant x \leqslant k\pi + \dfrac{5\pi}{12}(k \in \mathbf{Z})$ 时，$f(x)$ 单调递增.

故 $f(x)$ 的单调递增区间为 $\left[k\pi - \dfrac{\pi}{12}, k\pi + \dfrac{5\pi}{12}\right](k \in \mathbf{Z})$.

评注：本例主要考查三角恒等变换的综合应用，将三角函数的性质与三角恒等变换巧妙结合，通过对函数进行转化，最终化为 $A\sin(\omega x + \varphi) + B$ 的形式，再借助三角函数性质进行研究. 研究时应注意角、结构、函数名称等特征和范围.

例9 已知函数 $f(x) = \cos^4 x - 2\sin x\cos x - \sin^4 x$.

（Ⅰ）求 $f(x)$ 的最小正周期；

（Ⅱ）当 $x \in \left[0, \dfrac{\pi}{2}\right]$ 时，求 $f(x)$ 的最小值以及取得最小值时 x 的集合.

解：（Ⅰ）由 $f(x) = \cos^4 x - 2\sin x\cos x - \sin^4 x$ 化简，可得 $f(x) = \cos^4 x - \sin 2x - (1-\cos^2 x)^2 = \cos 2x - \sin 2x = \sqrt{2}\cos\left(2x + \dfrac{\pi}{4}\right)$.

故 $f(x)$ 的最小正周期 $T = \dfrac{2\pi}{\omega} = \dfrac{2\pi}{2} = \pi$.

（Ⅱ）当 $\cos\left(2x + \dfrac{\pi}{4}\right) = -1$ 时，$f(x)$ 取得最小值 $-\sqrt{2}$.

因此 $2x + \dfrac{\pi}{4} = 2k\pi + \pi\ (k \in \mathbf{Z})$，即 $x = k\pi + \dfrac{3\pi}{8}\ (k \in \mathbf{Z})$.

故当 $x\in\left[0,\dfrac{\pi}{2}\right]$ 时，$f(x)$ 的最小值为 $-\sqrt{2}$，此时 x 的集合为 $\left\{x\left|x=k\pi+\dfrac{3\pi}{8},k\in\mathbf{Z}\right.\right\}$.

评注：针对本题中的函数，发现其幂次较高，且含有正弦、余弦两类函数，则考虑将其四次幂化为一次幂，再将函数化为一个角的三角函数，以方便利用其有界性.

例 10（2020 年浙江卷理科第 18 题）在锐角 $\triangle ABC$ 中，角 A，B，C 的对边分别为 a，b，c，且 $2b\sin A=\sqrt{3}a$.

（Ⅰ）求角 B；

（Ⅱ）求 $\cos A+\cos B+\cos C$ 的取值范围.

解：（Ⅰ）由正弦定理，得 $2b\sin A=\sqrt{3}a$，可化为 $2\sin B\sin A=\sqrt{3}\sin A$.

因为 $0<A<\dfrac{\pi}{2}$，$\sin A\neq 0$，所以 $\sin B=\dfrac{\sqrt{3}}{2}$.

又因为 $0<B<\dfrac{\pi}{2}$，所以 $B=\dfrac{\pi}{3}$.

（Ⅱ）由（Ⅰ）知 $B=\dfrac{\pi}{3}$，因此 $\cos A+\cos B+\cos C=\cos A+\cos\dfrac{\pi}{3}+\cos\left(\dfrac{2\pi}{3}-A\right)=\dfrac{\sqrt{3}}{2}\sin A+\dfrac{1}{2}\cos A+\dfrac{1}{2}=\sin\left(A+\dfrac{\pi}{6}\right)+\dfrac{1}{2}$.

又因为 $\triangle ABC$ 为锐角三角形，所以有 $0<\dfrac{2}{3}\pi-A<\dfrac{\pi}{2}$ 且 $0<A<\dfrac{\pi}{2}$，解得 $\dfrac{\pi}{6}<A<\dfrac{\pi}{2}$.

而 $\dfrac{\pi}{3}<A+\dfrac{\pi}{6}<\dfrac{2\pi}{3}$，因此有 $\sin\left(A+\dfrac{\pi}{6}\right)\in\left(\dfrac{\sqrt{3}}{2},1\right]$，进而有 $\sin\left(A+\dfrac{\pi}{6}\right)\in\left(\dfrac{\sqrt{3}+1}{2},\dfrac{3}{2}\right]$.

故 $\cos A+\cos B+\cos C$ 的取值范围为 $\left(\dfrac{\sqrt{3}+1}{2},\dfrac{3}{2}\right]$.

评注：在解决三角函数最值与解三角形的综合问题时，应注意角的范围. 其本质上还是三角函数的最值问题，需注意三角形中隐含的角、边的限制条件，主要解决方法依旧是利用三角函数的有界性.

4 三角函数与解三角形问题

从近几年高考数学来看，解三角形问题往往是与三角函数关联考查的，如 2020 年山东卷第 17 题、北京卷第 17 题，2019 年全国卷Ⅰ第 17 题、全国卷Ⅱ第 18 题，2018 年天津卷第 15 题等. 这类题型是高考的热点和重点，往往需要将正弦定理、余弦定理、三角恒等变换、三角函数的基本关系等知识结合运用. 但题目限制在三角形中，需注意角的范围.

例 11（2020 年江苏卷理科第 16 题）在 $\triangle ABC$ 中，角 A，B，C 的对边分别为 a，b，c，已知 $a=3$，$c=\sqrt{2}$，$B=45°$.

（Ⅰ）求 $\sin C$ 的值；

（Ⅱ）在边 BC 上取一点 D，使得 $\cos\angle ADC=-\dfrac{4}{5}$，求 $\tan\angle DAC$ 的值.

解：（Ⅰ）由余弦定理可得 $b^2=a^2+c^2-2ac\cos B=5$，故 $b=\sqrt{5}$.

又因为 $\dfrac{c}{\sin C}=\dfrac{b}{\sin B}$，所以 $\sin C=\dfrac{c\sin B}{b}=\dfrac{\sqrt{5}}{5}$.

（Ⅱ）如图 2 所示，因为 $\cos\angle ADC=-\dfrac{4}{5}$ 且 $\angle ADC\in$

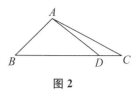

图 2

$\left(\dfrac{\pi}{2},\ \pi\right)$，所以 $\sin\angle ADC=\sqrt{1-\cos^2\angle ADC}=\dfrac{3}{5}$.

又由 $C\in\left(0,\ \dfrac{\pi}{2}\right)$，可得 $\cos C=\sqrt{1-\sin^2 C}=\dfrac{2\sqrt{5}}{5}$，因此有 $\sin\angle DAC=\sin(\pi-$

$\angle DAC)=\sin(\angle ADC+\angle C)=\sin\angle ADC\cos C+\cos\angle ADC\sin C=\dfrac{2\sqrt{5}}{25}$.

又因为 $\angle DAC\in\left(0,\ \dfrac{\pi}{2}\right)$，所以 $\cos\angle DAC=\sqrt{1-\sin^2\angle DAC}=\dfrac{11\sqrt{5}}{25}$.

故 $\tan\angle DAC=\dfrac{\sin\angle DAC}{\cos\angle DAC}=\dfrac{2}{11}$.

评注：本例是三角函数与解三角形的交汇问题，运用了余弦定理，正弦定理，两角和、差的正弦以及同角三角函数的基本关系等知识. 在应用正弦、余弦定理时，注意公式变式的条件，正确运用三角函数知识，并注意角的限制范围.

5 三角证明问题

三角函数证明问题是考试的难点，主要在于角度、名称变化灵活，公式变形方法多样，难以把握其规律性. 在解决这类问题时要注意三角函数式的特征，抓住三大基本关系，即角度关系、名称关系、次数关系，从中找出量与量之间的关系，巧妙解决问题. 此类题注重考查三角恒等变换能力、思维的发散性和灵活性，要求学生具备一定的转化能力、逻辑推理能力和数学运算能力.

例 12（2020 年全国卷Ⅱ理科第 21 题）已知函数 $f(x)=\sin^2 x\sin 2x$.

（Ⅰ）讨论 $f(x)$ 在区间 $(0,\pi)$ 的单调性；

（Ⅱ）求证：$|f(x)|\leqslant\dfrac{3\sqrt{3}}{8}$；

（Ⅲ）设 $n\in\mathbf{N}^*$，求证：$\sin^2 x\sin^2 2x\sin^2 4x\cdots\sin^2 2^n x\leqslant\dfrac{3^n}{4^n}$.

解：（Ⅰ）由函数 $f(x)=\sin^2 x\sin 2x=2\sin^3 x\cos x$，可得 $f'(x)=2\sin^2 x(3\cos^2 x-\sin^2 x)=2\sin^2 x(4\cos^2 x-1)=2\sin^2 x(2\cos x+1)=2\sin^2 x(2\cos x+1)(2\cos x-1)$.

令 $f'(x)=0$，可得 $x_1=\dfrac{\pi}{3}$，$x_2=\dfrac{2\pi}{3}$.

当 $x\in\left(0,\ \dfrac{\pi}{3}\right)$时，$f'(x)>0$，此时 $f(x)$ 单调递增；当 $x\in\left(\dfrac{\pi}{3},\ \dfrac{2\pi}{3}\right)$时，$f'(x)<0$，此时 $f(x)$ 单调递减；当 $x\in\left(\dfrac{2\pi}{3},\ \pi\right)$时，$f'(x)>0$，此时 $f(x)$ 单调递增.

（Ⅱ）观察函数可发现 $f(x+\pi)=\sin^2(x+\pi)\sin[2(x+\pi)]=\sin^2 x\sin 2x=f(x)$，因

此，$f(x)$ 的周期为 π.

由（Ⅰ）可知，因为 $f(0)=f(\pi)=0$，$f\left(\dfrac{\pi}{3}\right)=\left(\dfrac{\sqrt{3}}{2}\right)^2\times\dfrac{\sqrt{3}}{2}=\dfrac{3\sqrt{3}}{8}$，$f\left(\dfrac{2\pi}{3}\right)=\left(\dfrac{\sqrt{3}}{2}\right)^2\times$

$\left(-\dfrac{\sqrt{3}}{2}\right)=-\dfrac{3\sqrt{3}}{8}$，所以 $[f(x)]_{\max}=\dfrac{3\sqrt{3}}{8}$，$[f(x)]_{\min}=-\dfrac{3\sqrt{3}}{8}$.

故 $|f(x)|\leqslant\dfrac{3\sqrt{3}}{8}$.

（Ⅲ）因为 $\sin^2x\sin^22x\sin^24x\cdots\sin^22^nx=\left[\sin^3x\sin^32x\sin^34x\cdots\sin^32^nx\right]^{\frac{2}{3}}=$
$\left[\sin x(\sin^2x\sin 2x)(\sin^22x\sin 4x)\cdots(\sin^22^{n-1}x\sin 2^nx)\sin^22^nx\right]^{\frac{2}{3}}$.

由（Ⅱ）得 $\left[\sin x(\sin^2x\sin 2x)(\sin^22x\sin 4x)\cdots(\sin^22^{n-1}x\sin 2^nx)\sin^22^nx\right]^{\frac{2}{3}}\leqslant$
$\left[\sin x\times\dfrac{3\sqrt{3}}{8}\times\dfrac{3\sqrt{3}}{8}\times\cdots\times\dfrac{3\sqrt{3}}{8}\times\sin^22^nx\right]^{\frac{2}{3}}\leqslant\left[\left(\dfrac{3\sqrt{3}}{8}\right)^n\right]^{\frac{2}{3}}=\left(\dfrac{3}{4}\right)^n$.

故 $\sin^2x\sin^22x\sin^24x\cdots\sin^22^nx\leqslant\dfrac{3^n}{4^n}$.

评注：本例主要考查导数法在三角函数证明题中的应用，考查简单的三角恒等变换能力. 解决问题的关键在于发现函数的周期性，能够根据已知条件对函数式进行放缩.

6 三角交汇问题

6.1 三角函数与平面向量交汇

向量是解决数学问题的重要工具，三角函数与平面向量的交汇主要体现在以三角函数的形式作为向量的坐标，由两向量的数量积、共线、垂直等运算关系确定函数解析式，再利用三角函数的有界性、单调性、周期性进行求解. 从近几年的高考试题来看，平面向量多是结合解析几何、立体几何等知识考查，淡化了在三角函数中的考查. 但其在 2011—2017 年考查次数较多，并且多是以大题的形式出现，如 2017 年江苏卷第 16 题、2015 年广东卷第 16 题，值得注意.

例 13 已知 $\boldsymbol{a}=(5\sqrt{3}\cos x,\cos x)$，$\boldsymbol{b}=(\sin x,2\cos x)$，函数 $f(x)=\boldsymbol{a}\cdot\boldsymbol{b}+|\boldsymbol{b}|^2$.

（Ⅰ）求函数 $f(x)$ 的单调递减区间；

（Ⅱ）当 $\dfrac{\pi}{6}\leqslant x\leqslant\dfrac{\pi}{2}$ 时，求函数 $f(x)$ 的值域.

解：（Ⅰ）由 $f(x)=\boldsymbol{a}\cdot\boldsymbol{b}+|\boldsymbol{b}|^2$，可得 $f(x)=5\sqrt{3}\cos x\sin x+6\cos^2x+\sin^2x=$
$5\left(\dfrac{\sqrt{3}}{2}\sin 2x+\dfrac{1}{2}\cos 2x+\dfrac{1}{2}\right)+1=5\sin\left(2x+\dfrac{\pi}{6}\right)+\dfrac{7}{2}$.

因为 $2k\pi+\dfrac{\pi}{2}\leqslant 2x+\dfrac{\pi}{6}\leqslant 2k\pi+\dfrac{3\pi}{2}(k\in\mathbf{Z})$，所以 $k\pi+\dfrac{\pi}{6}\leqslant x\leqslant k\pi+\dfrac{2\pi}{3}(k\in\mathbf{Z})$.

故函数 $f(x)$ 的单调递减区间为 $\left[k\pi+\dfrac{\pi}{6},k\pi+\dfrac{2\pi}{3}\right](k\in\mathbf{Z})$.

（Ⅱ）当 $\frac{\pi}{6}\leqslant x\leqslant\frac{\pi}{2}$ 时，有 $\frac{\pi}{2}\leqslant 2x+\frac{\pi}{6}\leqslant\frac{7\pi}{6}$.

进而有 $-\frac{1}{2}\leqslant\sin\left(2x+\frac{\pi}{6}\right)\leqslant 1$，$1\leqslant 5\sin\left(2x+\frac{\pi}{6}\right)+\frac{7}{2}\leqslant\frac{17}{2}$.

故函数 $f(x)$ 的值域为 $\left[1,\frac{17}{2}\right]$.

评注：本例考查平面向量的基本概念、数量积、三角函数的性质等，并考查学生的转化能力和计算能力.

6.2　三角函数与解析几何交汇

在解析几何中会遇到类似于求圆锥曲线上一点到定直线的距离的最值问题，这类问题往往以几何图形为背景，其常规解法为代数法，但代数法运算量大. 若引入参数 θ，则可简化问题. 参数法的本质是借助圆锥曲线的参数方程，将解析几何最值问题转化为三角函数的最值问题，此方法简单，运算量较小.

例 14　已知点 $M(4,0)$，$N(1,0)$，若动点 P 满足 $\overrightarrow{MN}\cdot\overrightarrow{MP}=6\mid\overrightarrow{NP}\mid$.

（Ⅰ）求动点 P 的轨迹 C；

（Ⅱ）在曲线 C 上求一点 Q，使点 Q 到直线 l：$x+2y-12=0$ 的距离最小.

解：（Ⅰ）设动点 $P(x,y)$，则 $\overrightarrow{MN}=(-3,0)$，$\overrightarrow{MP}=(x-4,y)$，$\overrightarrow{NP}=(x-1,y)$.

由 $\overrightarrow{MN}\cdot\overrightarrow{MP}=6\mid\overrightarrow{NP}\mid$，得 $-3x+12=6\sqrt{(1-x)^2+(-y)^2}$.

将上式两边平方，可得 $3x^2+4y^2=12$，即 $\frac{x^2}{4}+\frac{y^2}{3}=1$.

故动点 P 的轨迹 C 为 $\frac{x^2}{4}+\frac{y^2}{3}=1$.

（Ⅱ）由 $\frac{x^2}{4}+\frac{y^2}{3}=1$，得轨迹 C 的参数方程为 $\begin{cases}x=2\cos\theta,\\y=\sqrt{3}\sin\theta,\end{cases}\theta\in[0,2\pi)$，故 $Q(2\cos\theta,\sqrt{3}\sin\theta)$.

因此有距离 $d=\frac{\mid 2\cos\theta+2\sqrt{3}\sin\theta-12\mid}{\sqrt{1+2^2}}$，化简可得 $\frac{\left|4\left(\frac{1}{2}\cos\theta+\frac{\sqrt{3}}{2}\sin\theta\right)-12\right|}{\sqrt{5}}=\frac{\left|4\sin\left(\theta+\frac{\pi}{6}\right)-12\right|}{\sqrt{5}}$.

易得，当 $\theta=\frac{\pi}{3}$ 时，$d=\frac{\left|4\sin\left(\theta+\frac{\pi}{6}\right)-12\right|}{\sqrt{5}}$ 取得最小值 $\frac{8\sqrt{5}}{5}$.

故点 Q 到直线 l：$x+2y-12=0$ 的距离最小为 $\frac{8\sqrt{5}}{5}$.

评注：本例集平面向量、解析几何、三角函数于一体，考查曲线参数方程的运用，将代数问题转化为三角函数最值问题.

6.3　三角函数与实际问题交汇

数学来源于生活，并应用于生活．三角函数的实际问题通常以天文和生活实际为背景，如物体的简谐运动、振动波、生产和生活中的最值（利润）问题等，2019 年江苏卷第 18 题、2016 年上海卷第 20 题等都考查了三角函数的实际问题．这类应用问题的求解一般需要先找出自变量与因变量之间的关系，求出解析式，注重培养学生收集数据、建立数学模型的能力．在此问题中，需要注意确定函数的定义域必须符合实际问题．此外，高考还常考查三角函数解析式问题，如 2020 年全国卷 Ⅰ 第 7 题、山东卷第 10 题等．确定其解析式有三大步骤，即首先由图读 A，其次利用周期确定 ω 的值，最后将已知点（零点、最高点、最低点）代入解析式确定 φ，要注意 ω 和 φ 的限定范围．

例 15　图 3 是一弹簧振子做简谐运动的图像，横轴表示振动的时间，纵轴表示振子的位移，若该曲线满足 $y = A\sin(\omega x + \varphi)\left(A > 0,\ \omega > 0,\ |\varphi| < \dfrac{\pi}{2}\right)$，求该振子的振动函数解析式.

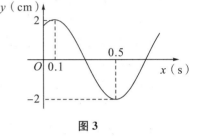

图 3

解：由函数图像可得 $A = 2$，$\dfrac{T}{2} = 0.5 - 0.1 = 0.4$，故 $T = 0.8$，$\omega = \dfrac{2\pi}{T} = \dfrac{5\pi}{2}$.

根据五点法作图，可得 $\dfrac{5\pi}{2} \times 0.1 + \varphi = \dfrac{\pi}{2}$，解得 $\varphi = \dfrac{\pi}{4}$.

故该振子的振动函数解析式为 $y = 2\sin\left(\dfrac{5\pi}{2}x + \dfrac{\pi}{4}\right)$.

评注：本例考查三角函数图像问题，解题的关键是能够读取有效信息．首先利用周期确定 ω 的值，然后确定 φ 的值即可确定函数的解析式，最后利用诱导公式可得正确结果．

第三节　一道三角试题的解法探究①

2017 年四川省高职单招数学试卷的压轴题如下：

已知点 D 是 $\triangle ABC$ 的边 BC 上的一点，$\sin B = \dfrac{\sqrt{5}}{5}$，$AB = 2AD = 2AC$.

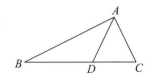

（Ⅰ）求 $\cos\angle ADB$ 的值；

（Ⅱ）求 $\dfrac{BD}{DC}$ 的值.

---

①　作者：薛世林、赵思林.

1 试题的立意

本题考查函数与方程、化归与转化、数形结合、分类与整合等数学思想，全面考查了数学思维品质，包括思维的灵活性、发散性、批判性、创造性等. 本题得分率为 0.07.

第（Ⅰ）问需要考生对三角形的内角 $\angle B$ 进行分类讨论，利用正弦定理、同角三角函数的基本关系并结合三个内角的关系得到结论. 第（Ⅱ）问讨论三角形的边与边的关系，题目给出了两边及其一边的对角，一般情况下满足此条件的三角形是不能确定的，但是此处蕴含的边角关系恰好可以唯一确定满足条件的三角形，这需要学生熟练运用正弦定理和三角形的边、角关系解三角形，较好地理解三角形的性质，具有解三角形时根据条件判断所得解是否符合题意的意识. 如果考生能够通过边的关系推知 $\triangle ABC$ 为直角三角形，那么也可通过解直角三角形的方法完成该题的解答. 这也正是考查考生数学思维、数学能力和素养的反映.

2 解题思路分析

思维心理学认为，发散思维是创造性思维的核心. 本题具有思路宽阔、解法灵活多样等特点. 本题可以从不同角度进行分析与探究，得到多种解法.

2.1 第（Ⅰ）问的思路与解法探究

思路一：三角法

欲求 $\cos\angle ADB$ 的值，自然联想到正弦定理和余弦定理，因此应想办法将已知条件尽可能地集中到同一个三角形中.

方法 1：运用正弦定理

在 $\triangle ABD$ 中，$AB=2AD$，运用正弦定理，有 $\dfrac{AD}{\sin B}=\dfrac{AB}{\sin\angle ADB}=\dfrac{2AD}{\sin\angle ADB}$，可得

$\sin\angle ADB=2\sin B=2\times\dfrac{\sqrt5}{5}=\dfrac{2\sqrt5}{5}$.

又 $|\cos\angle ADB|=\sqrt{1-\left(\dfrac{2\sqrt5}{5}\right)^2}=\dfrac{\sqrt5}{5}$，由于 $AD=AC$，故 $\angle ADC=\angle ACD$，又

$\angle ADB+\angle ADC=180°$，$\angle ADB=\angle DAC+\angle ACD=\angle DAC+\angle ADC$，故 $\angle ADB$ 为钝角，$\cos\angle ADB=-\dfrac{\sqrt5}{5}$.

评注：方法 1 用正弦定理将边的关系化为角的关系，达到了"边化角"的目的.

方法 2：运用余弦定理

在 $\triangle ABD$ 中，$\sin B=\dfrac{\sqrt5}{5}$，由 $\sin B^2+\cos B^2=1$，可得 $\cos B=\dfrac{2\sqrt5}{5}$.

设 $AB=2$，则 $AD=1$，由余弦定理，得 $\cos B=\dfrac{AB^2+BD^2-AD^2}{2AB\cdot BD}$，代入假设的数据

可得 $BD=\dfrac{3\sqrt{5}}{5}$.

在△ABD 中，由余弦定理，得 $\cos\angle ADB=\dfrac{AD^2+BD^2-AB^2}{2AB\cdot BD}=-\dfrac{\sqrt{5}}{5}$.

思路二：向量法

方法 3：利用向量法

易知 $|\overrightarrow{AD}|=|\overrightarrow{BD}-\overrightarrow{BA}|$，两边平方计算，得 $\dfrac{|\overrightarrow{BD}|}{|\overrightarrow{AD}|}=\dfrac{3\sqrt{5}}{5}$.

因为 $\cos B=\dfrac{\overrightarrow{BA}\cdot\overrightarrow{BD}}{|\overrightarrow{BA}|\cdot|\overrightarrow{BD}|}=\dfrac{2\sqrt{5}}{5}$，而 $\cos\angle ADB=\dfrac{\overrightarrow{AD}\cdot\overrightarrow{BD}}{|\overrightarrow{AD}|\cdot|\overrightarrow{BD}|}$，$|\overrightarrow{AD}|=\dfrac{1}{2}|\overrightarrow{AB}|$，$\overrightarrow{AD}=\overrightarrow{AB}+\overrightarrow{BD}$.

所以 $\cos B=\dfrac{(\overrightarrow{AB}+\overrightarrow{BD})\cdot\overrightarrow{BD}}{\frac{1}{2}|\overrightarrow{AB}|\cdot|\overrightarrow{BD}|}=\dfrac{\overrightarrow{AB}\cdot\overrightarrow{BD}}{\frac{1}{2}|\overrightarrow{AB}|}+\dfrac{|\overrightarrow{BD}|}{\frac{1}{2}|\overrightarrow{AB}|}=-\dfrac{4\sqrt{5}}{5}+\dfrac{3\sqrt{5}}{5}=-\dfrac{\sqrt{5}}{5}$.

评注：运用向量法，其关键是运用向量的加法与减法表示出所要求的向量，再利用向量数量积相关公式即可求解.

思路三：解析法

方法 4：过顶点 A 作 BC 边上的高，记垂足为点 E，以点 E 为坐标原点，BC 所在的直线为 x 轴，EA 所在的直线为 y 轴，建立直角坐标系.

设 $AE=a$，$BE=b$，$EC=c$，且 a，b，c 皆大于 0. $|AC|^2=a^2+c^2$，$|AB|^2=a^2+b^2$，其中 $|AB|=2|AC|$，可得 $a^2+b^2=4(a^2+c^2)$，化简得 $b^2=3a^2+4c^2$. ①

因为 $\sin B=\dfrac{\sqrt{5}}{5}$，$\tan B=\dfrac{1}{2}$，且 $\tan B=\dfrac{a}{b}=\dfrac{1}{2}$，得 $b=2a$. ②

将②代入①，得 $a=2c$. ③

将③代入②，得 $b=4c$.

因此可设 $A(0,2)$，$B(-4,0)$，$C(1,0)$.

又因为 $AD=AC$，$AE\perp BC$，所以点 E 为 CD 的中点，$D(-1,0)$.

因此 $\overrightarrow{DA}=(1,2)$，$\overrightarrow{DB}=(-3,0)$，所以 $\cos\angle ADB=\dfrac{\overrightarrow{DA}\cdot\overrightarrow{DB}}{|\overrightarrow{DA}|\cdot|\overrightarrow{DB}|}=-\dfrac{\sqrt{5}}{5}$.

评注：运用解析法，让学生经历解析法解决问题的过程（包括建系），体会解析法的工具性价值，感受数学知识内在的统一美.

思路四：平面几何法

方法 5：在△ABC 中，过点 A 作 BC 边上的高 AE，记垂足为点 E.

设 $AB=2$，则 $AD=AC=1$.

因为 $\sin B=\dfrac{\sqrt{5}}{5}$，所以在△ABE 中，$AE=\dfrac{2\sqrt{5}}{5}$，$DE=\dfrac{\sqrt{5}}{5}$，$\cos\angle ADE=\dfrac{DE}{AD}=\dfrac{\sqrt{5}}{5}$，

$\cos\angle ADB=\cos(\pi-\angle ADE)=-\cos\angle ADE=-\dfrac{\sqrt{5}}{5}$.

评注：此方法的关键是通过添加辅助线，即作高，顺利地将斜角三角形问题转化为直

角三角形问题.

2.2 第（Ⅱ）问的思路与解法探究

思路一：三角法

方法 1：运用正弦定理

因为 $\angle ADB + \angle ADC = 180°$，所以 $\cos \angle ADC = \cos \angle ACD = \dfrac{\sqrt{5}}{5}$.

因为 $\sin \angle B = \cos \angle ACD = \dfrac{\sqrt{5}}{5}$，所以 $\angle B + \angle ACB = 90°$，则 $\angle BAC = 90°$，$BC = \sqrt{AB^2 + AC^2} = \sqrt{5} AC = \sqrt{5} AD$.

因为 $\sin \angle BAD = \sin(\pi - \angle B - \angle BDA) = \sin(\angle B + \angle BDA) = \dfrac{3}{5}$，所以 $\cos \angle BAD = \dfrac{4}{5}$.

因为 $BD^2 = AB^2 + AD^2 - 2AB \cdot AD \cdot \cos \angle BAD = 5AD^2 - \dfrac{16}{5}AD^2 = \dfrac{9}{5}AD^2$，即 $BD = \dfrac{3\sqrt{5}}{5}AD$，所以 $CD = BC - BD = \sqrt{5}AD - \dfrac{3\sqrt{5}}{5}AD = \dfrac{2\sqrt{5}}{5}AD$.

故 $\dfrac{BD}{CD} = \dfrac{\dfrac{3\sqrt{5}}{5}AD}{\dfrac{2\sqrt{5}}{5}AD} = \dfrac{3}{2}$.

评注：方法 1 用正弦定理将边的关系化为角的关系，达到了"边化角"的目的.

方法 2：运用余弦定理

由（Ⅰ）知 $BD = \dfrac{3\sqrt{5}}{5}a$，在 $\triangle ABC$ 中，由余弦定理，得 $\cos B = \dfrac{AB^2 + BC^2 - AC^2}{2AB \cdot BC}$，得 $BC = \sqrt{5}a$，所以 $CD = \dfrac{2\sqrt{5}}{5}a$，故 $\dfrac{BD}{CB} = \dfrac{3}{2}$.

思路二：平面几何法

方法 3：易知 $\triangle ABE \backsim \triangle ADE$，所以 $\dfrac{AE}{BE} = \dfrac{DE}{AE}$，$BE = \dfrac{4}{5}\sqrt{5}a$，$BD = \dfrac{3}{5}\sqrt{5}a$，即

$\dfrac{BD}{CD} = \dfrac{\dfrac{3\sqrt{5}}{5}AD}{\dfrac{2\sqrt{5}}{5}AD} = \dfrac{3}{2}$.

评注：通过相似三角形的相似比，可简捷地解决三角形的有关比值问题.

思路三：向量法

方法 4：利用向量法

易知 $\cos \angle ADC = \dfrac{\sqrt{5}}{5}$，$|\overrightarrow{AC}| = |\overrightarrow{DC} - \overrightarrow{DA}|$，所以 $|\overrightarrow{AC}|^2 = |\overrightarrow{DC}|^2 - 2|\overrightarrow{DC}| \cdot |\overrightarrow{DA}| + |\overrightarrow{DA}|^2$，得 $\dfrac{|\overrightarrow{DC}|}{|\overrightarrow{AC}|} = \dfrac{2\sqrt{5}}{5}$.

又因为 $|AC|=|AD|$，所以 $\dfrac{|\overrightarrow{DC}|}{|\overrightarrow{AD}|}=\dfrac{2\sqrt{5}}{5}$．

又由（Ⅰ）知 $\dfrac{|\overrightarrow{BD}|}{|\overrightarrow{AD}|}=\dfrac{3\sqrt{5}}{5}$，所以 $\dfrac{|\overrightarrow{BD}|}{|\overrightarrow{DC}|}=\dfrac{3}{2}$．

评注：运用向量法，其关键是运用向量的加法与减法表示出所要求的向量，再利用平方和与相关数量关系即可求解．

思路四：解析法

方法 5：易证 $\triangle ABC$ 与以 $\angle B$ 为锐角的直角三角形相似，则 $\angle BAC=90°$，以点 A 为坐标原点，AB 所在的直线为 x 轴，AC 所在的直线为 y 轴，建立直角坐标系．

当 $AC=1$ 时，点 A，B，C 的坐标分别为 $A(0，0)$，$B(2，0)$，$C(0，1)$，于是可得直线 BC 的方程为 $y=-\dfrac{1}{2}x+1$．点 D 在直线 BC 上，设其坐标为 $D(x_0，y_0)$，则 $y_0=-\dfrac{1}{2}x_0+1$．①

由题意得 $AD=AC=1$，则 $AD=\sqrt{x_0^2+y_0^2}=1$．②

由①②，得 $x_0=\dfrac{4}{5}$ 或 $x_0=0$（舍去），则 $y_0=-\dfrac{1}{2}\times\dfrac{4}{5}+1=\dfrac{3}{5}$，则 $D\left(\dfrac{4}{5}，\dfrac{3}{5}\right)$．

则 $|BD|=\sqrt{\left(\dfrac{4}{5}-2\right)^2+\left(\dfrac{3}{5}\right)^2}=\dfrac{3\sqrt{5}}{5}$，$|CD|=\sqrt{\left(\dfrac{4}{5}\right)^2+\left(\dfrac{3}{5}-1\right)^2}=\dfrac{2\sqrt{5}}{5}$．

所以 $\dfrac{BD}{CD}=\dfrac{|BD|}{|CD|}=\dfrac{3}{2}$．

评注：运用解析法，让学生体会解析法的工具性价值，感受数学知识内在的统一美．

思路五：运用韦达定理

方法 6：在 $\triangle ABD$ 中，$\sin B=\dfrac{\sqrt{5}}{5}$，由 $\sin B^2+\cos B^2=1$，可得 $\cos B=\dfrac{2\sqrt{5}}{5}$．

设 $AB=2AD=2AC=2$，则在 $\triangle ABD$ 中，由余弦定理，得 $\cos B=\dfrac{AB^2+BD^2-AD^2}{2AB\cdot BD}=\dfrac{3+BD^2}{2\cdot 2\cdot BD}=\dfrac{2\sqrt{5}}{5}$．

化简可得方程 $BD^2-\dfrac{8\sqrt{5}}{5}BD+3=0$．①

同理，在 $\triangle ABC$ 中，可得方程 $BC^2-\dfrac{8\sqrt{5}}{5}BC+3=0$．②

观察方程①②可知，BC，BD 是方程 $x^2-\dfrac{8\sqrt{5}}{5}x+3=0$ 的两个正实根．由韦达定理，得 $BC+BD=\dfrac{8\sqrt{5}}{5}$，$BC\cdot BD=3$，解得 $BC=\dfrac{5\sqrt{5}}{5}$，$BD=\dfrac{3\sqrt{5}}{5}$．

所以 $\dfrac{BD}{DC}=\dfrac{\dfrac{3\sqrt{5}}{5}}{\dfrac{2\sqrt{5}}{5}}=\dfrac{3}{2}$．

评注：利用余弦定理构造一元二次方程，巧妙运用韦达定理求解，使 BC，BD 简捷获解，体现了思维的创新性.

第四节 基于问题驱动的数学教学设计^①

——以"任意角的三角函数"为例

"任意角的三角函数"选用的教材是人教社普通高中课程标准试验教科书数学 4（必修）（A 版）[1].

1 问题驱动的数学教学设计理论

教学目标需要问题来触动，教学过程需要问题来激活，教学质量需要问题来表达. 只有围绕问题并基于问题解决的教学设计才是生动、有主题的教学设计. 问题及问题解决是教学设计的逻辑生长点[2]. 问题是知识结构的心脏，是教师教学的心脏，是学生学习的心脏. 教学过程实质上是师生基于问题解决的互动过程，教学设计则是指向问题与问题解决过程的有效设计[3]. 由此推知，问题是数学的心脏，问题是数学教学的心脏，问题是数学学习的心脏. 数学的生命力就体现在不断涌现的数学问题以及解决这些问题的过程之中. 据此，归结出基于问题驱动的数学教学设计理论.

1.1 数学问题是数学的心脏

美国数学家哈尔莫斯认为，问题是数学的心脏，数学的真正的组成部分是问题和解[4]. 数学问题是指数学中要求回答或解释的疑问. 广义的数学问题是指在数量关系和空间形式中出现的困难和矛盾；狭义的数学问题则是已经明显地表示出来的题目，用命题的形式加以表述，包括求解类、证明类、设计类、评价类等问题[5]. 数学问题解决要在数学教育中发挥更大的作用，离不开"好"的数学问题. 从数学教育的角度看，好的数学问题应具有探究性、启发性、反思性、推广性、开放性等特点[6].

基于"问题是数学的心脏"，数学教学设计理念应该体现或实现"三化"，即数学知识问题化、数学问题情境化、问题情境经验化. 也就是说，将数学知识（概念、命题等）通过一个一个的问题呈现出来，而这些问题应尽可能地与数学情境、问题情境、现实情境相联系，并且这些情境应与学生已有的数学活动经验密切联系. 据此，立足于学生数学活动经验的问题探索、问题分析、问题解决，才是最经济有效的教学，学生对新知识的建构才有意义.

1.2 数学问题是数学教学的心脏

数学教学中的问题既包括外显的数学知识性问题，也包括内隐的数学概念、数学活动

---

① 作者：王佩、赵思林. 本节内容刊登在《中学数学月刊》2017 年第 10 期，被人大复印《高中数学教与学》2018 年第 2 期全文转载.

经验等生成性问题. 前者启示我们, 数学教学中要"学会向数学知识提问", 即数学知识要问题化. 后者启示我们, 数学教学中要"学会向数学问题解决提问", 即数学问题要意义化、形式化[2]. 通过数学问题建立知识间的内在逻辑, 得到更系统连贯的问题, 使学生沿着问题"螺旋上升"的台阶完成自主探索真知的学习, 即数学问题应成为数学教学环节中的重要节点.

1.3 数学问题是数学学习的心脏

数学问题是数学教学方向和教学动力生成的核心要素, 教学过程实质上是基于数学问题解决的学习过程[2]. 学生是学习数学的主体, 也是参与数学活动的主体. 而好问题能够启迪学生思维, 激发学生的探究意识, 活化学生的思维过程, 并产生创造性思维[7]. 问题使学生产生认知需求, 享受在感知、领悟中学习新知识和探求新方法的乐趣. 问题也可以引发学生思考、探究, 促使学生在学习过程中产生强烈的好奇心和求知欲, 从而达到对知识的理解和巩固[7].

在数学知识如概念、命题等的建立过程中, 不能满足于形式地、演绎地给出, 而要把数学本质用问题的形式展示出来. 这就要求在问题驱动的数学教学中提出好的数学问题, 而好的数学问题要体现"少而精"的原则, 这样才能保障学生有充足的时间思考问题、分析问题、解决问题、反思与总结问题.

数学教学需要问题来驱动, 数学思维需要问题来发动, 数学灵感需要问题来触动. 问题驱动的数学教学可以把隐藏在"冰冷的数学形式"后面的数学思想、数学观念与"鲜活的数学活动经验"紧密地结合起来. 这时, 数学将会呈现出引人入胜的斑斓色彩[8].

下面是基于问题驱动的数学教学设计理念, 对任意角三角函数的教学过程进行了设计.

2 基于问题驱动的三角函数的教学过程设计

2.1 开门见山引出课题

三角函数是描述周期现象的重要数学模型. 它在几何学、物理学、天文学、测量学等领域都有重要的应用, 是解决实际问题的重要工具, 是学习其他学科的基础, 如对振动、声音传播等的研究. 任意角的三角函数是解决一切三角函数问题的基础, 是后继内容学习的起点.

2.2 复习旧知

复习思考: 如图 1 所示, 请同学们回忆锐角 α 的三角函数的定义, 即正弦、余弦、正切($\sin \alpha$、$\cos \alpha$、$\tan \alpha$)的定义.

设计意图: 为了促进有意义的学习, 锐角三角函数作为"先行组织者", 即一种引导性的材料, 是为任意角的三角函数的学习奠定支点和认知经验框架.

问题 1 如果将直角三角形的斜边和其中一条直角边延长(或缩短),

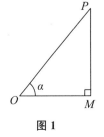

图 1

构造出更大(或更小)的直角三角形(如图 2 所示),能否用新对边与新斜边表示锐角 α 的正弦($\sin \alpha$)呢?

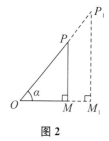

图 2

问题 2　为什么可以用新对边比新斜边定义锐角 α 的正弦呢?

设计意图:根据相似三角形引出三角函数的本质,即相似比的不变性.同理,对角 α 的余弦和正切也成立.进而得到对于确定的角 α,这三个比值不会随点 P 在角 α 终边上位置的改变而改变.

2.3　探究新知

2.3.1　直角坐标系内锐角三角函数的定义

我们常在直角坐标系内讨论角的问题,因此将锐角 α 放在直角坐标系中讨论,如图 3 所示.

设计意图:在直角坐标系中,角的终边绕原点旋转 $360°$ 后回到原来的位置.因此,在直角坐标系中讨论角可以很好地表现角"周而复始"的变化规律.

问题 3　如图 4 所示,在 $\mathrm{Rt}\triangle OMP$ 中,角 α 的对边、邻边、斜边分别与点 P 的坐标有什么关系?

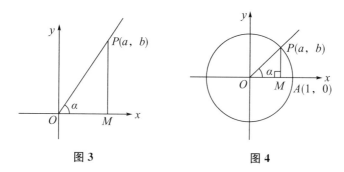

图 3　　　　　图 4

设计意图:解决直角三角形中各边与坐标的关系,使学生直观体会到角 α 的对边 $=b=$ 点 P 的纵坐标,邻边 $=a=$ 点 P 的横坐标,斜边 $=\sqrt{a^2+b^2}$.为了让斜边的取值简单一些,联想到对于确定的角 α,比值不会随着点 P 的位置而改变,因此将点 P 取在使 $OP=1$ 的特殊位置上是科学、合理的.

试一试:能用直角坐标系中角的终边上点的坐标来表示锐角三角函数吗?

设计意图:根据锐角三角函数的定义可以很形象直观地得到坐标与三角函数间的等量关系,即 $\sin \alpha = b$(纵坐标),$\cos \alpha = a$(横坐标),$\tan \alpha = \dfrac{b}{a}\left(\dfrac{\text{纵坐标}}{\text{横坐标}}\right)$.并给学生介绍单位圆的定义.

2.3.2　任意角的三角函数的定义[1]

探究:如果角 α 是任意角,能否用单位圆上点的坐标表示任意角的三角函数呢?

类比锐角三角函数,设 α 是一个任意角,它的终边与单位圆交于点 $P(x,y)$,那么,

(1) y 叫作 α 的正弦(sine),记作 $\sin \alpha$,即 $\sin \alpha = y$.

(2) x 叫作 α 的余弦(cosine),记作 $\cos \alpha$,即 $\cos \alpha = x$.

(3) $\dfrac{y}{x}$ 叫作 α 的正切(tangent),记作 $\tan\alpha$,即 $\tan\alpha=\dfrac{y}{x}(x\neq0)$.

质疑与思考 1:定义中的"即"是"等价"的意思,而前者"$\sin\alpha$"是解析式,后者"$\sin\alpha=y$"是等式或方程,显然两者并不等价. 数学是一门严谨的学问,教材的陈述应该严谨. 基于此,我们将任意角的三角函数的定义更正如下:

(1) y 叫作 α 的正弦(sine),记作 $y=\sin\alpha$,即 $\sin\alpha=y$.

(2) x 叫作 α 的余弦(cosine),记作 $x=\cos\alpha$,即 $\cos\alpha=x$.

(3) $\dfrac{y}{x}$ 叫作 α 的正切(tangent),记作 $\dfrac{y}{x}=\tan\alpha$,即 $\tan\alpha=\dfrac{y}{x}(x\neq0)$.

质疑与思考 2:请同学们观察教材中的图 $1.2-3$(如图 5 所示),图中任意角 α 的标法正确吗?

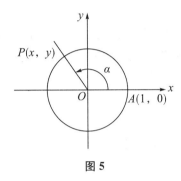

图 5

由于任意角是不能标方向和大小的,因此教材对任意角的标法是错误的. 正确标法如图 6 所示,即将角 α 标在终边的外面.

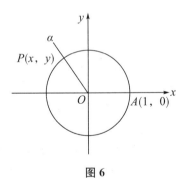

图 6

设计意图:质疑与思考 1、2 是让学生思考与认识教材中两处不严谨的地方,其目的是让学生今后阅读教材时要敢于质疑教材,质疑权威,这有利于培养学生的创新精神.

2.3.3 三角函数的定义域

思考:对于任意角 α,三角函数的 $\sin\alpha$,$\cos\alpha$,$\tan\alpha$ 的定义域分别是什么?

设计意图:建立了角的弧度制,角的集合与实数集合之间建立了一一对应关系,引导学生用弧度制表示它的定义域. 因此,$\sin\alpha$,$\cos\alpha$ 的定义域都是 **R**. 在 $\tan\alpha=\dfrac{y}{x}$ 中,

$x \neq 0$，从而 $\tan \alpha$ 的定义域是 $\left\{ \alpha \,\middle|\, \alpha \neq \dfrac{\pi}{2} + k\pi,\ \alpha \in \mathbf{R},\ k \in \mathbf{Z} \right\}$.

2.4 范例与练习

思考：今后我们求任意角的三角函数时，实质是在求什么呢？

设计意图：实质是求角 α 的终边与单位圆的交点的坐标.

试一试：求 $\dfrac{5\pi}{3}$ 的正弦、余弦和正切值.

2.5 课堂小结

问题 4 思考下面三个问题：

（1）本节课主要学习了哪些知识？任意角的三角函数与锐角三角函数有什么联系和区别？

（2）本节课蕴含了哪些数学思想方法？

（3）本节课的学习你有什么感受和体会？

设计意图：问题（1）是小结的重点，让学生回忆所学知识，感悟新旧知识之间螺旋式上升的逻辑关系；问题（2）的设计让学生体会数形结合、化归与转化、函数、方程以及符号化思想等是数学的精髓，在学习过程中不断浸润，提高数学思维能力；问题（3）的设计体现培养学生个性以及全面发展的辩证统一关系. 不同的认知水平、学习经验，对其会有不同的感悟[9].

2.6 课后作业

（1）复习本节课所学内容.

（2）作业：第 20 页习题 A 组 1、2、3 题.

（3）思考题：设角 α 的终边过点 $P(x, y)$，且 $OP = r\,(r > 0)$（O 为坐标原点），求 $\sin \alpha$，$\cos \alpha$，$\tan \alpha$.

（4）预习：本节课余下的内容.

设计意图：及时复习有利于学生对本节课所学知识的巩固和掌握，而课前预习使学生在课堂听课环节更具有针对性. 正如《学记》中的教学原则，即藏息相辅原则，"藏焉修焉，息焉游焉""时教必有正业，退息必有居学".

3 关于教学设计的思考

问题是一切科学的灵魂，纵观整个数学史，数学的发展就是发现问题、分析问题、解决问题的过程[10]. 鉴于此，笔者将本节课设计成问题链，通过递进式问题链驱动课堂教学，使数学知识之间形成较强的逻辑性和系统性. 在问题的设置中，要把握住问题本身的意义，既要考虑到该问题在学生大脑中进行信息加工时所占的组块，又要明确该问题的作用及重要性体现在哪里，是否在知识逻辑上起着承上启下的作用.

本节课的设计由三角函数的重要性引入，激发学生的学习动机. 如何从已有的锐角三角函数的定义获得启发，即从已学过的知识寻得解决问题的灵感和思路？合理、有效、适当的引导是关键．将锐角放到直角坐标系中讨论，探索角的终边与单位圆交点的坐标与锐角三角函数之间的关系是由锐角向任意角转化的突破口．让学生通过类比，经历由特殊到一般的认知过程，使学生在数学活动中认识单位圆定义任意角的三角函数的优越性．

　　教学设计是教师对教学内容的思考与谋划，要符合教育规律，但是针对课堂，既要源于教材，又不能拘泥于教材．如本节课的设计中大胆尝试了指出并更正教材陈述中的不严谨以及错误，这为学生质疑书本和培养创新精神埋下伏笔．教学设计是一个不断探索、学习、实践的过程．唯有准确把握学情，不断学习、反思总结，才能设计出符合学生认知发展规律，诱发和激起学生的求知欲，而不是浮于表面或流于形式的教学设计．

参考文献

[1] 刘绍学，钱珮玲. 普通高中课程标准实验教科书·数学 4（必修）（A 版）[M]. 北京：人民教育出版社，2007：12.

[2] 朱德全. 论教学设计的逻辑生长点 [J]. 教育研究，2008（8）：72−76.

[3] 朱德全. 基于问题解决的处方教学设计 [J]. 高等教育研究，2006（5）：83−88.

[4] 吴立宝，赵思林. 高师初等数学研究性教学的"四点一心"模式 [J]. 教育探索，2009（3）：55−56.

[5] 张奠宙，宋乃庆. 数学教育概论 [M]. 北京：高等教育出版社，2009.

[6] 翁凯庆. 数学教育概论 [M]. 成都：四川大学出版社，2007：183−184.

[7] 赵思林. 感受的心理过程对数学教学的启示 [J]. 数学教育学报，2011（3）：7−11.

[8] 张奠宙，张荫. 新概念：用问题驱动的数学教学 [J]. 高等数学研究，2004（3）：8−10.

[9] 钮兆岭. 任意角的三角函数的教学设计与说明 [J]. 数学教学通讯（教师版），2012（9）：12−13，24.

[10] 曹广福. 数学课程标准、教材与课堂教学浅议 [J]. 课程·教材·教法，2016（4）：12−16.

[11] 陶维林. "任意角的三角函数"教学设计与反思 [J]. 中国数学教育（高中版），2009（4）：6−10.

[12] 章建跃. 为什么用单位圆上点的坐标定义任意角的三角函数 [J]. 数学通报，2007（1）：15−18.

第五章　排列与组合及教学

排列组合是高中数学的重要内容，是大学学习组合数学的重要基础，是每年高考理科数学必考内容之一，也是教师教学、学生学习的重点. 在高中阶段，排列组合与学生已掌握的旧知识联系较少，而且其解题思路广、解题方法灵活多变，因此，排列组合也是教师教学、学生学习的难点. 排列组合应用问题的求解策略是培养学生抽象思维能力、逻辑推理能力与计算能力的良好素材.

中学排列与组合的主要内容包括加法原理、乘法原理、排列与组合的定义、排列与组合的性质、排列与组合的应用.

第一节　排列组合应用问题的求解策略①

1　研究意义与现状分析

排列组合的历史可以追溯到16世纪，在当时的社会生活中，关于可能性的游戏风靡一时，为了给游戏提供理论依据，Pascal 和 Fermat 对组合问题进行了理论研究，创造了特定的计数方式和数学思想，奠定了概率论和计数组合的基础. 而在我国，关于排列组合的文献记载最早见于《周易》中与卦符问题相关的研究，即"易有太极，是生两仪，两仪生四象，四象生八卦".

葛晨娴[1]对排列组合的学情现状进行了分析. 王佩等[2]浅谈了高效破解排列应用问题的数学观及解答策略. 叶景辉[3]、王春梅[4]、徐桂云[5]、郝明泉等[6]、王娟[7]、钱美兰[8]研究了排列组合的部分解法及解题技巧. 王跃进[9]对一道高考排列组合问题进行了研究和推广. 周学祁[10]对一道全国高中联赛题进行了推广. 钟建芳[11]将不定方程的解与排列组合巧妙联系在一起. 王宏林等[12]用集合思想解排列组合问题. 张留杰等[13]对排列组合高考命题方向及解题策略进行了分析. 李明洋[14]、孙艳艳[15]对高考中的排列组合试题进行了分类解析，注意从不同角度、途径去思考问题，进而使得解决问题时逻辑清晰、思维严密. 在以上关于排列组合研究的基础上，笔者分别从排列、组合以及排列组合综合问题方面分析了解题策略与方法，并对一些问题进行了多角度思路分析和推广，对教师在复习时

---

① 作者：胡萍、赵思林.

全面、系统、有计划地归纳排列组合的题型有一定的帮助.

2 排列组合应用问题的求解策略研究

2.1 排列问题的求解策略

2.1.1 相异元素的不重复排列问题的求解策略

定义[16]　从 n 个不同的元素中不重复地任取 $m(m \leqslant n)$ 个元素，按照一定的顺序排成一列，叫作从 n 个不同元素中取出的 m 个元素的排列. 这样取出的所有排列的个数，叫作从 n 个不同元素中取出的 m 元排列数.

例 1　由 0，1，2，3，4，5 可以组成多少个没有重复数字的六位奇数？

分析：根据题目所给的限制条件可以得知，六个数字都需要排且不重复，0 不能排在首位，个位为奇数.

思路 1　由于首位和末位为特殊位置，需要优先安排. 由于是奇数，个位数字必须为 1 或 3 或 5，共有 C_3^1 种选择，首位数字还有 C_4^1 种选择，中间四位全排有 A_4^4 种选择，故有 $C_3^1 \cdot C_4^1 \cdot A_4^4 = 288$ 个.

思路 2　由于 0 和 1，3，5 为特殊元素，需要优先安排. 0 只能排在中间四位，共有 C_4^1 种选择，若 1 排在个位，则其余位置全排有 A_4^4 种选择，共有 $C_4^1 \cdot A_4^4$ 种选择. 同理，3 和 5 排在个位分别有 $C_4^1 \cdot A_4^4$ 和 $C_4^1 \cdot A_4^4$ 种选择，故共有 $3 \cdot C_4^1 \cdot A_4^4 = 288$ 个.

思路 3　末位必须为 1，3，5，其余五位全排，有 $3A_5^5$ 种，其中 0 作首位有 $3A_4^4$ 种，故共有 $3A_5^5 - 3A_4^4 = 288$ 个.

评注：若直接求解比较复杂，可以考虑该事件的对立面进行间接求解.

推广 1　0，1，2，3，4，5 可以组成多少个没有重复数字的六位偶数？

分析：根据题目所给的限制条件可以得知，六个数字都需要排且不重复，0 不能排在首位，个位为偶数.

思路 1　由于首位和末位为特殊位置，需要优先安排. 由于是偶数，个位数字必须为 0 或 2 或 4，共有三种选择. 若个位是 0，其余五位全排有 A_5^5 种；若个位是 2，则 0 排在中间四位，其余四位全排有 A_4^4 种，则有 $A_4^1 \cdot A_4^4$ 种；同理，若个位是 4，有 $A_4^1 \cdot A_4^4$ 种. 故共有 $A_5^5 + 2A_4^1 \cdot A_4^4 = 312$ 个.

评注：先考虑 0 在个位的情况，那么它就没有排在首位的可能.

思路 2　由于 0 为特殊元素，需要优先安排. 若 0 在个位，其余五位全排有 A_5^5 种；若 0 不在个位，则在 2 和 4 这两个数中任选一个在个位有 A_2^1 种，除 0 外的四位数任选一个排在首位有 A_4^1 种，其余四个位置全排有 A_4^4 种，共有 $A_5^5 + A_2^1 \cdot A_4^1 \cdot A_4^4 = 312$ 个.

推广 2　由 0，1，2，3，4，5 可以组成多少个没有重复数字的六位数，并且 2 和 3 相邻？

分析：由于 2 和 3 相邻，可以将这两个数捆绑在一起先看成一个元素，则共有 5 个元素，最后再将 2 和 3 进行内部排序.

思路 1　在除 0 以外的其余四个数中任选一个排在首位有 A_4^1 种，其余四个元素全排

有 A_4^4 种，最后将 2 和 3 进行内部排序有 A_2^2 种，故共有 $A_4^1 \cdot A_4^4 \cdot A_2^2 = 192$ 个.

评注：思路 1 运用了捆绑法和位置优先法.

思路 2　先将五个元素全排有 A_5^5 种，其中除去 0 在首位有 A_4^4 种，最后将 2 和 3 进行内部排序有 A_2^2 种，故共有 $(A_5^5 - A_4^4) \cdot A_2^2 = 192$ 个.

评注：思路 2 运用了捆绑法和间接法.

推广 3　由 0，1，2，3，4，5 可以组成多少个没有重复数字的六位数，并且 2 和 3 不相邻？

思路 1　可采用插空法直接求解，用 2 和 3 插空，分两种情况：①若将 0 放在第一个位置，由于 0 不能排在首位，则需要从 2 和 3 中选一个插入 0 的前面，有 A_2^1 种，图 1 以 2 排在首位为例，其余三位数全排有 A_3^3 种，由于 2 和 3 不相邻，则用 3 插入最后三个数的四个空有 A_4^1 种，即有 $A_2^1 \cdot A_3^3 \cdot A_4^1$ 种；②若不将 0 放在第一个位置，将 1，4，5 任选一数放在第一个位置有 A_3^1 种，图 2 以 1 排在第一位为例，其余三位数全排有 A_3^3 种，由于 2 和 3 不相邻，则用 2 和 3 插入这四个数的五个空有 A_5^2 种，即有 $A_3^1 \cdot A_3^3 \cdot A_5^2$ 种. 故共有 $A_2^1 \cdot A_3^3 \cdot A_4^1 + A_3^1 \cdot A_3^3 \cdot A_5^2 = 408$ 个.

评注：合理分类能够使解题思路更加清晰，采取插空法时要注意 0 不能排在首位的特殊性.

图 1　　　　　　图 2

思路 2　先考虑所有没有重复数字的六位数，在除 0 之外的五个数中选一个排在首位有 A_5^1 种，其余五位全排有 A_5^5 种，所有情况共 $A_5^1 \cdot A_5^5$ 种，减去 2 和 3 相邻的情况有 $A_4^1 \cdot A_4^4 \cdot A_2^2$ 种，故共有 $A_5^1 \cdot A_5^5 - A_4^1 \cdot A_4^4 \cdot A_2^2 = 408$ 个.

思路 3　同样先考虑所有没有重复数字的六位数，若不考虑 0 是否在首位有 A_6^6 种，去除 0 在首位有 A_5^5 种，再减去 2 和 3 相邻的情况有 $A_4^1 \cdot A_4^4 \cdot A_2^2$ 种，故共有 $A_6^6 - A_5^5 - A_4^1 \cdot A_4^4 \cdot A_2^2 = 408$ 个.

评注：思路 2 和思路 3 均采用间接法求解.

推广 4　由 0，1，2，3，4，5 可以组成多少个没有重复数字的六位数，并且能够被 5 整除？

思路 1　能被 5 整除的数分两种情况：若个位为 0，其余五位全排有 A_5^5 种；若个位为 5，在 1，2，3，4 中任选一个排在首位有 A_4^1 种. 故共有 $A_5^5 + A_4^1 \cdot A_4^4 = 216$ 个.

思路 2　采用间接法，能被 5 整除的数则个位为 0 或 5，有 A_2^1 种，其余五位全排有 A_5^5 种，减去 5 在个位且 0 在首位的情况有 A_4^4 种，故共有 $A_2^1 \cdot A_5^5 - A_4^4 = 216$ 个.

推广 5　由 0，1，2，3，4，5 可以组成多少个没有重复数字的三位数，并且能够被 3 整除？

分析：由 0，1，2，3，4，5 组成没有重复数字的三位数，并且能够被 3 整除，即是由(0，1，2)，(0，1，5)，(0，2，4，)，(0，4，5)，(1，2，3)，(1，3，5)，(2，3，4)，(3，4，5)组成的三位数，有 $4A_2^1 \cdot A_2^2 + 4A_3^3 = 40$ 个.

推广 6　由 0，1，2，3，4，5 可以组成多少个没有重复数字的六位数，并且大于 201345？

思路 1 先排首位，若首位选大于 2 的 3 或 4 或 5，则肯定所有的六位数都大于 201345，有 $A_3^1 \cdot A_5^5$ 种；若首位选 2，除了 201345 本身，其余六位数都比它大，有 $A_5^5 - 1$ 种．故共有 $A_3^1 \cdot A_5^5 + A_5^5 - 1 = 479$ 个．

思路 2 采用间接法，先全排有 A_6^6 种，首位为 0 或 1 的数都比 201345 小，有 $A_2^1 \cdot A_5^5$ 种，再减去 201345 本身，故共有 $A_6^6 - A_2^1 \cdot A_5^5 - 1 = 479$ 个．

推广 7 由 0，1，2，3，4，5，6，7，8，9 能组成多少个没有重复数字的十位数？

思路 1 先从 1～9 中任取一个排在首位有 A_9^1 种，其余 9 位全排有 A_9^9 种，故共有 $A_9^1 \cdot A_9^9 = 3265920$ 个．

思路 2 采用间接法，先将 10 个数字全排有 A_{10}^{10} 种，再减去 0 在首位的情况有 A_9^9 种，故共有 $A_{10}^{10} - A_9^9 = 3265920$ 个．

推广 8 由 0，1，2，3，4，5，6，7，8，9 可以组成多少个没有重复数字的四位偶数？

思路 1 先考虑个位，如果个位数是 0，则只考虑前三位的排法有 A_9^3 种．如果个位数不为 0，还有 4 个偶数，有 A_4^1 种，首位不为 0 有 A_8^1 种，中间两位从其余八个数字中任选两个有 A_8^2 种．故共有 $A_9^3 + A_4^1 \cdot A_8^1 \cdot A_8^2 = 2296$ 个．

思路 2 先考虑首位．若首位是奇数有 A_5^1 种，此时个位选任意一个偶数有 A_5^1 种，中间两位排法有 A_8^2 种．则只考虑前三位的排法有 A_9^3 种，故有 $A_5^1 \cdot A_5^1 \cdot A_8^2$ 个四位偶数．若首位为偶数，则可取 0 以外的偶数有 A_4^1 种，此时个位可填其余四位偶数，有 A_4^1 种，中间两位排法有 A_8^2 种，故有 $A_4^1 \cdot A_4^1 \cdot A_8^2$ 个四位偶数．故共有 $A_5^1 \cdot A_5^1 \cdot A_8^2 + A_4^1 \cdot A_4^1 \cdot A_8^2 = 2296$ 个．

2.1.2 相异元素的重复排列问题的求解策略

定义[16] 从 n 个不同的元素中允许重复地任取 $m(m \leqslant n)$ 个元素，按照一定的顺序排成一列，叫作从 n 个不同元素中取出的 m 元可重复排列(简称重复排列)．

例 2 由 1，2，3，4 可以组成多少个四位奇数？

分析：完成此排列共需五步：首位的排列有 4 种情况，第二位的排列也有 4 种情况，第三位的排列同样有 4 种情况，由于是奇数，故第四位可以排 1，3，有 2 种情况，则共有 $4^3 \times 2 = 128$ 个．

评注：允许重复排列组合问题的特点是元素的位置不受约束，可以逐一安排每个元素的位置，一般 n 个不同元素无限制地安排在 m 个位置上共有 m^n 种不同的排法．

推广 由 1，2，3，4 可以组成多少个大于 1234 的四位数？

思路 1 找出合题意的四位数：首位数字为 2，3，4，各有 4^3 个；前两位为 13 或 14，各有 4^2 个；前三位为 124，有 4 个．故共有 $3 \times 4^3 + 2 \times 4^2 + 4 = 228$ 个．

思路 2 由 1，2，3，4 所组成的所有的四位数一共有 4^4 个，除去其中小于或等于 1234 的四位数，则前两位为 11，有 4^2 个；前两位为 121，122，123，各有 4 个．故共有 $4^4 - (4^2 + 3 \times 4) = 228$ 个．

2.1.3 相异元素的分排与环排问题的求解策略

定义[17] 从 n 个不同的元素中不重复地任取 $m(m \leqslant n)$ 个元素，依次排成几排(或几列），叫作从 n 个不同元素中取出 m 个元素的分排排列；不分首尾地依次排成一个环状（或一条封闭曲线），叫作从 n 个不同元素中取出 m 个元素的环状排列.

例 3　有两排相同座位，第一排 6 个座位，第二排 4 个座位，若甲在第一排，乙、丙在第二排，则有多少种不同的坐法？

分析：两排座位可看成一排，甲坐前四个座位，乙、丙坐后六个座位，共有 $A_4^1 + A_6^2 = 34$ 种.

推广 1　有 10 人照相排成两排，第一排 4 个人，第二排 6 个人，若甲在前排，乙、丙在第二排，则有多少种不同的排法？

分析：10 个人排成两排等同于 10 个人去坐 10 把椅子，可以先把椅子排成一排，在前 4 个位置上排甲元素有 A_4^1 种，在后 6 个位置上排乙、丙元素有 A_6^2 种，剩下 7 个位置全排列有 A_7^7 种，则共有 $(A_4^1 + A_6^2) \cdot A_7^7 = 604800$ 种.

评注：一般地，把 n 个元素排成前后若干的排列问题，可以采取统一排成一排的方法来处理，再分段研究.

推广 2　用 5050 个元素排成 100 排，第一排有 1 个元素，第二排有 2 个元素，第三排有 3 个元素，…，第一百排有 100 个元素，则共有多少种不同的排法？

思路 1　用一般解法，顺次逐排来计算不同的排法，然后根据乘法原理得到 $A_{5050}^1 \times A_{5049}^2 \times A_{5047}^3 \times \cdots \times A_{199}^{99} \times A_{100}^{100} = 5050 \times (5049 \times 5048) \times \cdots \times (199 \times 198 \times \cdots \times 101) \times 100! = 5050!$.

思路 2　根据多排问题直排处理的方法，让每排内部顺序不变，按照第一排、第二排、第一百排的顺序将 100 排拉通排成一排. 由于 $1 + 2 + 3 + \cdots + 100 = 5050$，于是得到了 5050 个元素的全排列，故共有 5050! 种排法.

例 4　甲、乙、丙、丁、戊 5 个人坐一张圆桌，共有多少种不同的坐法？

分析：坐圆桌和坐成一排不同，由于坐成圆形没有首尾之分，所以可以先固定一人甲，再从此位置将圆展开成一条直线，剩余 4 人共有 $A_4^4 = 24$ 种坐法.

评注：n 个不同元素按圆形排列，由于没有首位之分，所以共有 A_{n-1}^{n-1}，即 $(n-1)!$ 种排法.

推广 1　甲、乙、丙、丁、戊 5 个人坐一张圆桌，且甲、乙相邻，共有多少种不同的坐法？

分析：甲、乙相邻，可先将甲、乙看成一个整体，再与其他三人看作 4 个元素，进行环状排列有 A_3^3 种，最后甲、乙内部排列，故有 $2A_3^3 = 12$ 种坐法.

推广 2　甲、乙、丙、丁、戊 5 个人坐一张圆桌，并且甲、乙不相邻，共有多少种不同的坐法？

分析：甲、乙不相邻，分两种情况，如图 3 和图 4 所示. 除甲和乙，从其余 3 人中安排 1 人坐在"1"处，有 A_3^1 种坐法. 然后把甲、"1"、乙看成一个整体，与其余两人看作 3 个元素，进行环状排列有 A_2^2 种坐法. 故有 $2 \cdot A_3^1 \cdot A_2^2 = 12$ 种坐法.

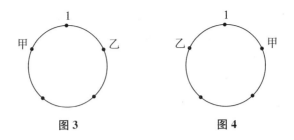

图 3   图 4

2.1.4 不尽相异元素的全排列问题的求解策略

定义[16] 把 n 个不尽相异的元素按照一定的顺序排成一列，叫作 n 个不尽相异元素的全排列.

例 5 设集合 $A = \{a, b, c, d\}$，$B = \{1, 2, 3\}$.

(1) 从 A 到 B 的映射有多少种？

(2) 从 A 到 B 的满射有多少种？

分析：(1) 因为集合 B 中的 3 个数任意一个都可以作为集合 A 中的像，因此映射的种数相当于从 3 个元素中取 4 个元素的可重复排列数. (2) 作为满射，B 中的 3 个元素必须全部是 A 中 4 个元素的像. 所以，对每个满射来说 B 中必有一个元素，例如 1，同时作为 A 中两个元素的像，另外两个元素分别作为 A 中其他两个元素的像. 例如，其中一个满射的对应规则如图 5 所示.

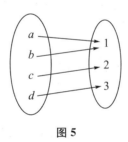

图 5

对于以 2(或 3)作为 A 中两个元素的像的情况以此类推. 因此，一共可构成 3 种不尽相异元素的全排列.

解：(1) $3^4 = 81$，从 A 到 B 的映射有 81 种.

(2) $3 \times \dfrac{4!}{2! \times 1! \times 1!} = 36$，从 A 到 B 的满射有 36 种.

推广 设集合 $A = \{a, b, c, d, e\}$，$B = \{1, 2, 3, 4\}$，从 A 到 B 的满射有多少种？

解：$4 \times \dfrac{5!}{2! \times 1! \times 1! \times 1!} = 240$，从 A 到 B 的满射有 240 种.

2.2 组合问题的求解策略

2.2.1 相异元素的不重复组合问题的求解策略

定义[16] 从 n 个不同的元素中不重复地任取 $m(m \leqslant n)$ 个元素并成一组，叫作从 n 个

不同元素中取出 m 个元素的组合(简称 m 元组合). 这样取出的所有 m 元组合的个数, 叫作从 n 个不同元素中取出的 m 元组合数.

例 6　在平面中有 5 条直线, 其中有 2 条相互平行, 此外没有任何 2 条平行, 也没有任何 3 条有公共点, 问共有多少个交点?

思路 1　分两种情况: 一是 2 条平行线中任一条和其余 3 条中任一条相交; 二是这 3 条直线两两相交. 故共有 $C_2^1 \cdot C_3^1 + C_3^2 = 9$ 个交点.

思路 2　先从 5 条中任取 2 条, 再减去从 2 条平行线中取出 2 条的无效组合. 故共有 $C_5^2 - C_2^2 = 9$ 个交点.

推广 1　在平面中有 9 条直线, 其中有 3 条相互平行, 此外没有任何 2 条平行, 也没有任何 3 条有公共点, 问共有多少个交点?

思路 1　分两种情况: 一是 3 条平行线中任一条和其余 6 条中任一条相交; 二是这 6 条直线两两相交. 故共有 $C_3^1 \cdot C_6^1 + C_6^2 = 33$ 个交点.

思路 2　先从 9 条中任取 2 条, 再减去从 3 条平行线中取 2 条的无效组合. 故共有 $C_9^2 - C_3^2 = 33$ 个交点.

推广 2　在平面中有 100 条直线, 其中有 7 条相互平行, 此外没有任何 2 条平行, 也没有任何 3 条有公共点, 问共有多少个交点?

思路 1　分两种情况: 一是 7 条平行线中任一条和其余 93 条中任一条相交; 二是这 93 条直线两两相交. 故共有 $C_7^1 \cdot C_{93}^1 + C_{93}^2 = 4929$ 个交点.

思路 2　先从 100 条中任取 2 条, 再减去从 7 条平行线中取 2 条的无效组合. 故共有 $C_{100}^2 - C_7^2 = 4929$ 个交点.

推广 3　在直角坐标系 xOy 平面上, 直线 $x = n(n = 1, 2, 3, 4, 5)$ 中任取 2 条与直线 $y = n(n = 1, 2, 3, 4, 5, 6)$ 中任取 2 条所组成的图形中, 矩形共有多少个?

分析: 可将问题简化, 由 5 条横线、6 条竖线所组成的图形中共有多少个矩形? 每个矩形由 2 条横线和 2 条竖线构成.

思路　先从 5 条横线中任取 2 条, 有 C_5^2 种取法, 再从 6 条竖线中任取 2 条, 有 C_6^2 种取法, 四条直线正好构成一个矩形, 共有 $C_5^2 \cdot C_6^2 = 150$ 种取法.

2.2.2　相异元素的重复组合问题的求解策略

定义[16]　从 n 个不同的元素中允许重复地任取 m 个元素, 不计顺序地并成一组, 叫作从 n 个不同元素中取出的 m 元可重复组合(简称重复组合).

例 7　不定方程 $a + b + c + d = 10$ 有多少组正整数解?

分析: 不定方程的任一组解可以用 4 元数组表示. 例如 $(1, 1, 1, 7)$, 表示 $a = 1$, $b = 1$, $c = 1$, $d = 7$, 它们的和为 10. 现在换一种理解, 把 a, b, c, d 看成 4 个不同的盒子, 每个盒子至少放 1 个小球, 小球总数为 10. 这样, 数组 $(1, 1, 1, 7)$ 可以理解为 a, b, c 分别放 1 个小球, d 放 7 个小球. 这样, 问题就转化为从 4 个元素中允许重复地取 10 个元素的问题.

解: 可以用隔板法, 将 a, b, c, d 看成 4 个不同的盒子, 每个盒子至少放 1 个小球, 小球总数为 10. 可用 3 块板将 10 个小球分为 4 组, 中间有 9 个空, $C_9^3 = 84$. 所以该不定方程有 84 组正整数解.

评注：分析复杂的排列组合问题时可以将其转化为常见的简要问题，从这个简要问题来寻找解决问题的突破口，进一步解决原问题.

推广1 求不定方程 $x_1+x_2+\cdots+x_n=m(m, n\in\mathbf{N}^*$，且 $m\geqslant n\geqslant1)$ 的正整数解 $(x_1, x_2, \cdots, x_n)$ 的个数.

解：正整数中最小值为 1，即至少取 1，故解的个数是 C_{m-1}^{n-1}.

推广2 求不定方程 $x_1+x_2+\cdots+x_n=m(m, n\in\mathbf{N}^*$，且 $m\geqslant n\geqslant1)$ 的非负整数解 $(x_1, x_2, \cdots, x_n)$ 的个数.

解：由 $0\leqslant x_1, x_2, \cdots, x_n\leqslant m$.

令 $x_1=y_1-1, x_2=y_2-1, \cdots, x_n=y_n-1$，则 $y_1+y_2+\cdots+y_n=m+n$，其中 $1\leqslant y_1, y_2, \cdots, y_n\leqslant m+1$，即原不定方程的非负整数解为不定方程 $y_1+y_2+\cdots+y_n=m+n$ 的正整数解的个数，即 C_{m+n-1}^{n-1} 个.

推广3 有 10 个完全相同的小球，分别放入 3 个不同的盒子里，要求每个盒子里至少有一个小球，有多少种不同的放法？

解：问题相当于是将小球分成三组，要求每组至少有一个小球. 可以将 10 个完全相同的小球排成一行，在 10 个小球之间出现 9 个空位（如图 6 所示），用两块隔板将小球分成 3 份，对应地放入 3 个盒子，则每一种插板方法将会对应一种分法，故有 C_9^2 种.

图6

评注：对于元素相同的分组分配问题，使用常规解法复杂且易错，采用隔板法则相对简便. 即将 n 个相同的元素分成 m 份（m, n 均为正整数），每份至少有一个元素，将 $m-1$ 块板插入到 n 元素排成一排的 $n-1$ 个空位中，所有分法数为 C_{n-1}^{m-1}.

推广4 有 10 个完全相同的小球，分别放入 3 个不同的盒子里，盒子里允许为空，但小球全部放完，有多少种不同的放法？

解：根据题干的描述，由于元素相同，也可用隔板法解决. 问题相当于是将小球分成三组，要求每组至少有零个元素. 不妨再借 3 个完全相同的小球，将 13 个完全相同的小球排成一行，在 13 个小球之间出现 12 个空位，用两块板将小球分成 3 份，对应地放入 3 个盒子，则每一种插板方法就对应了一种放法，最后再从每个盒子中拿出一个球，故有 C_{12}^2 种放法.

评注：元素相同时，若出现分堆时没有元素或元素个数为负，可以通过增加元素来帮助解决问题.

推广5 有 20 个相同的小球，放入编号分别为 1，2，3，4 的四个盒子里，要求每个盒子中的球数不少于它的编号数，有多少种不同的放法？

解：先在编号分别为 1，2，3，4 的四个盒子中分别放入 0，1，2，3 个球，剩下 14 个球，再将剩下的小球分成四组，14 个小球之间出现 13 个空档，用三块隔板将小球分成 4 份，故有 C_{13}^3 种放法.

评注：元素相同时，若出现分组时每组至少有多少个元素，可以通过减少元素来帮助解决问题.

2.3 排列组合综合问题的求解策略

例 8 从 7 名同学中选出 6 个人参加大扫除，分成三组，每组两人，有多少种不同的分法？

解：分三步选人有 $C_7^2 C_5^2 C_3^2$ 种方法，但这里出现了重复计数的现象. 不妨记 7 名同学为 $ABCDEFG$，写出一组来考查（见表 1）.

表 1

选 2 人	再选 2 人	又选 2 人	分组方法数
AB	CD	EF	
AB	EF	CD	
CD	AB	EF	这 A_3^3 种只能算一种
CD	EF	AB	
EF	AB	CD	
EF	CD	AB	

由分步计数原理及每 A_3^3 种只能算一种不同的分组方法，得 $\dfrac{C_7^2 C_5^2 C_3^2}{A_3^3}=105$.

评注：不论全部平均分组问题还是部分平均分组问题，平均分成的组，不论它们的顺序如何，都是同一种情况，如果有 n 个组的元素是均匀的，都有 A_n^n 种顺序不同的排法，则只能算一种分法，所以分组后一定要除以 A_n^n.

例 9 （2017 年全国卷 Ⅱ 第 6 题）安排 3 名志愿者完成 4 项工作，每人至少完成 1 项，每项工作由 1 人完成，则不同的安排方式有（　　）种.

A. 12　　　　B. 18　　　　C. 24　　　　D. 36

解：4 项工作分成 3 组，可得 C_4^2，安排 3 名志愿者完成 4 项工作，每人至少完成 1 项，每项工作由 1 人完成，则 $C_4^2 \cdot A_3^3 = 36$，故选 D.

评注：在处理排列组合综合问题时，可以先取元，后排列，充分体现 $C_n^m A_m^m = A_n^m$ 的实质，避免不必要的重复与遗漏.

例 10 （2017 年浙江卷理第 6 题）从 6 男 2 女共 8 名学生中选出队长 1 人，副队长 1 人，普通队员 2 人，组成 4 人服务队，要求服务队中至少有 1 名女生，共有_____种不同的选法.（用数字作答）

解：第一类，先选 1 女 3 男 $C_6^3 \cdot C_2^1$，这 4 人中选 2 人作为队长和副队长 A_4^2，故有 $C_6^3 \cdot C_2^1 \cdot A_4^2 = 480$ 种；第二类，先选 2 女 2 男 $C_6^2 \cdot C_2^2$，这 4 人中选 2 人作为队长和副队长 A_4^2，故有 $C_6^2 \cdot C_2^2 \cdot A_4^2 = 180$ 种. 故共有 $480+180=660$ 种.

例 11 （2017 年江苏卷理第 23 题）已知口袋中有 m 个白球，n 个黑球（m，$n \in \mathbf{N}^*$，$n \geqslant 2$），这些球除颜色外完全相同，现将口袋中的球随机地逐个取出，并放入编号为 1，2，3，…，$m+n$ 的抽屉内，其中第 k 次抽取的球放入编号为 k 的抽屉（$k=1$，2，3，…，$m+n$）.

（Ⅰ）试求编号为 2 的抽屉内放的是黑球的概率 P；

（Ⅱ）略.

解：（Ⅰ）$P = \dfrac{C_m^1 C_n^1 + C_n^2}{A_{m+n}^2} = \dfrac{n^2 - n + 2mn}{2(m+n)(m+n-1)}.$

解决排列组合问题时常有多种思维方式，相应地也会有多种不同的解法，一些排列组合问题还可以用集合或构建模型的思路来求解．在解决排列组合综合问题时，学生要灵活处理题目条件，深入思考，逐步找到解决问题的简便方法．

小结

对于排列组合这部分内容，学生脑海中的旧知识与新知识的联系少，在解题过程中有很多隐晦条件不易挖掘，对学生解决问题有一定阻碍．本节例举了 5 道排列题型、2 道组合题型和 4 道综合题型，分析了高考中排列组合的解题方法，并对一些问题进行多角度思路分析和推广，为学生总结提炼解题思想和解题技巧、培养良好的思维模式提供了一定的帮助．

参考文献

[1] 葛晨娴．注重模块分类 加强变式训练——排列组合复习策略微探 [J]．上海中学数学，2017（3）：2－5.

[2] 王佩，赵思林．浅谈高效破解排列应用问题的数学观及解答策略 [J]．数理化学习（高中版），2018（2）：6－9.

[3] 叶景辉．例谈排列组合的解题策略 [J]．中学数学教学参考，2015（15）：37－38.

[4] 王春梅．解排列组合问题的常用技巧归纳 [J]．高中数理化，2015（1）：21－22.

[5] 徐桂云．排列组合问题的类型及解题策略 [J]．高中数学教与学，2013（8）：40－42.

[6] 郝明泉，侯典峰．例谈排列组合综合问题解题策略 [J]．数学通讯，2013（Z4）：42－45.

[7] 王娟．浅谈排列组合应用题应试技巧 [J]．中学数学教学参考，2015（18）：66－68.

[8] 钱美兰．解决排列组合问题的几个基本原则 [J]．高中数学教与学，2014（12）：46－47.

[9] 王跃进．一道高考排列组合问题的研究与推广 [J]．数学教学研究，2005（12）：13－14.

[10] 周学祁．一道全国高中联赛题的推广——兼谈构造——映射解排列组合问题 [J]．中学数学，1990（7）：34－35.

[11] 钟建芳．不定方程的解与排列组合的巧妙运用 [J]．数学教学通讯，2014（9）：54.

[12] 王宏林，束云松．用集合思想解排列组合问题 [J]．高中数学教与学，2002（6）：33－35.

[13] 张留杰，周明芝，童嘉森．排列组合高考命题方向及解题策略分析 [J]．高中数理化，2013（3）：4－6.

[14] 李明洋．2016 年高考数学试题分类解析——排列组合 [J]．中学生数理化（高三），2016（Z1）：20.

[15] 孙艳艳．2012 年高考数学的知识总结——排列、组合和概率 [J]．中学数学，2012（23）：71－72.

[16] 李长明，周焕山．初等数学研究 [M]．北京：高等教育出版社，1995：314－336.

[17] 张玉聪．环形排列你注意了么 [J]．新课程学习（下），2011（6）：3－4.

第二节 多种教学理论视角下的排列概念教学设计①

教学的根本原理可以归结于一句话：教是为了学. 数学教学以学生的意义学习、认知加工和知识内化为基本目标，其归宿是为了学生的学习. 数学学习作为一种复杂的、交互的、动态的脑力活动，应遵循学习的规律和学习的理论. 排列概念作为概念教学的一个难点，适宜整合多种教学理论，并应充分运用知识逻辑、教学逻辑、学习逻辑等规律. 具体地说，运用知识逻辑要考虑排列蕴涵的两大数学观：一是数学模型观（排列的定义与排列数公式均是数学模型）；二是概念理解的相对观. 对于教学逻辑，在关照学生学情的前提下，排列概念的教学以 APOS 理论的四步程式为"教学路线"，排列数公式的发现以发现式教学法"激发创意"，教学全过程以问题串的方式"点燃思维"，教学目标以培养数学核心素养为"目标归宿"（如图 1 所示）；对于学习逻辑，既要了解学生的学习需求、能力水平、认知风格，又要考虑认知冲突的设计、学习动机的激发、深度思维的参与，还要考虑学习材料（如问题、例题、练习等）的组织以及呈现的时机和方式，此外，学习逻辑应体现主体参与、操作感知、意义建构、认知理解、知识迁移、形成图式等学习过程.

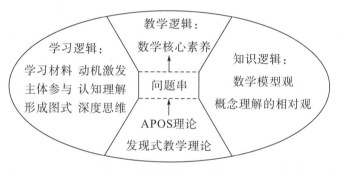

图 1 排列概念的教学理念

1 教学理论概述

1.1 APOS 教学理论

杜宾斯基（Dubinsky）提出的 APOS 理论是数学概念教学的重要理论. 该理论认为学生学习数学概念需要在已有知识、经验的基础上，经过四步程式，即操作（action）阶段、过程（process）阶段、对象（object）阶段、图式（scheme）阶段[1]，主动建构新知识的意义，形成数学知识、数学技能和数学观念的图式. "排列"对高二学生来说是一个半旧半新的概念，学生处于似懂非懂的认知状态. 似懂是指对"排列"概念的字面意义学生懂一点，非懂是指对"排列"严格定义中的"元素""顺序"等概念并非真正地懂. 因

---

① 作者：刘艺、赵思林. 本节内容刊登在《中学数学月刊》2020 年第 8 期.

此，排列概念的教学可按照问题情境、抽象概括、提炼定义、公式推导等过程展开．此过程恰好与 APOS 理论的四步程式（操作→过程→对象→图式）一一对应．排列概念的教学流程适合以 APOS 理论的四步程式为"教学路线"，这体现了"过程与方法"教学理念．

1.2　问题驱动教学理论

问题是数学知识的心脏，问题是数学教学的心脏，问题是"四能"教学的焦点，"四能"是学习目标的灵魂．数学知识需要问题来发动，数学教学需要问题来驱动，数学学习需要问题解决来行动．APOS 理论的每一步都与问题密切相关．事实上，"操作→过程→对象→图式"中每一步的实施都可用问题来串联，这更有利于激活学生的持续思维和深度思维．问题驱动教学理论的本质就是问题串的教学．问题串具有这样一些特点：指向一个目标抽丝剥茧式追问；各子问题之间符合知识间内在的逻辑联系；各子问题存在一定的思维空间，符合自主建构知识的情境[2]．问题串的活用有助于学生获得数学思维素养．

1.3　发现式教学理论

波利亚在《数学的发现》中指出："学习任何东西的最好的途径是自己去发现．"[3]发现式教学是指学生在教师的指导下成为数学知识"再创造"者的一种教学方法，即让学生通过观察、思考、讨论、归纳、猜想等方式，主动地去发现问题、提出猜想、证明猜想、获得知识、应用知识．排列数公式的发现可采用"试算→观察→归纳→猜想→证明"的方法，引导学生从问题 1 和问题 2 的特例计算中归纳并猜想出排列数公式，最后给予证明．

2　教学分析

（1）教学内容分析

排列安排在人教 A 版《数学（选修 2－3）》第 1 章第 2 节，内容相对独立，自成体系．本节紧接在两个基本计数原理之后，是学生学习概率统计的知识基础．

（2）教学目标

让学生经历问题情境、抽象概括、提炼定义、发现公式等过程，理解排列和排列数的概念，掌握排列数公式的推导，了解排列的数学观，能够解决一些实际问题，培养数学抽象、数学建模、逻辑推理、数学运算等核心素养．

（3）教学重点和难点

重点：排列的概念，排列数公式．

难点：排列的数学观，实际问题的建模．

3　教学过程

3.1　问题引入→操作阶段

此阶段让学生接触问题情境，感知、认识并抽象概括以下 4 个小题的共同特点．

问题 1　（1）北京、成都、上海之间的高铁（只考虑一个班次，且每个班次只计为 1 类车票），问任意两个城市之间需要几类不同车票？

（2）从 1，2，3 这三个数字中任取两个数字，可以组成几个没有重复数字的两位数？

（3）新学期我们班要从 3 个学生中选拔一名班长和一名学习委员（不能兼任），有几种选拔结果？

（4）现有班长、学委、体委 3 个空缺职务，2 名学生来参选（一个职务只能由一人担任，且不能兼任），有几种选拔结果？

说明：四个小组分别完成第（1）～（4）题，各小组派代表回答.

设计意图：呈现的 4 个问题情境贴近学生经验，让学生获得对问题的感性认识. 分组思考后，要求各组推选代表交流思路历程和结果，激发学习动机，刺激学生与问题对话，这符合学习逻辑.

3.2　抽象概括→过程阶段

在上一阶段引导学生用数学抽象的眼光观察问题 1 中 4 个小题的共同特点，抽象出"元素""顺序""占位"等核心概念，形成表象，在此基础上得到排列的朴素概念.

问题 1.1　问题 1 中的对象有哪些？各有几个对象？取出来的对象是怎样安排的？

预设：学生、职位、城市、数字；各有 3 个对象；"取出来的对象按照一定顺序排成一列".

追问：怎样理解"顺序"？怎样把"顺序"直观地表示出来？

由此预设引出"元素""占位"的概念.

问题 1.2　用"元素""占位"概念叙述问题 1. 问题 1 中 4 个小题的情境虽不同，但其背后的数学结构（即数学模型）是否相同？能否建立一个数学模型？

预设：数学模型，取元素，占位置. 简化得到"取元、占位"的概念.

问题 1.3　在问题 1 中，（3）（4）的"元素"和"位置"分别是什么？

设计意图：设置 4 个小题，让学生认识到虽然问题的情境不同，但其数学的本质（结构/模型）相同.

（1）通过抽象得到"元素"和"顺序"的概念，这里"顺序"的概念是从"取出来的对象按照一定顺序排成一列"里抽象出来的.

（2）怎样比较简便地对"顺序"进行"操作"，或怎样直观地表征"顺序"？结合实例让学生理解体现"顺序"就是占"位置".

（3）综上可概括出排列的数学模型，即"取元素、占位置"，简化得"取元、占位"，再简化得"取元占位"，这里经历的三次简化就是三次抽象.

（4）问题 1 的 4 个小题都可以归结为"从 3 个不同元素中取出 2 个元素，然后把这 2 个元素按照一定的顺序排成一列，叫作从 3 个不同元素中取出 2 个元素的一个排列". 这个叙述太长，可简化为"从 3 个元素取 2 个元素，然后让 2 个元素去占 2 个位置"，再简化为"从 3 个元素取 2 个去占位"，这里用了两次抽象. 从知识逻辑来看，我们得到了排列的数学模型，即"取元占位"，这个"口诀"比排列的定义简单了很多，符合把"复杂知识讲简单"的教学逻辑，也符合"口诀易学"的学习逻辑.

（5）问题 1.3 的作用在于让学生理解"元素"和"位置"的相对性，即在不同的情境下"元素"和"位置"可以互换位置.

对上述问题的分析与探究,可培养学生的数学抽象、数学模型等核心素养.

3.3 归纳推理→对象阶段

在问题 1 的基础上,对上一阶段得到的特殊情境下的概念进行一般化,就能得到形式化的定义及符号,让学生对"排列"这个"对象"有一个明确的概念.

定义 1 从 n 个不同元素中取出 m 个元素,按照一定的顺序排成一列,叫作从 n 个不同元素中取出 $m(m \leqslant n)$ 个元素的一个排列(arrangement). 当 $m < n$ 时,叫作选排列;当 $m = n$ 时,叫作全排列.

设计意图:在"抽象概括过程阶段"已经得到"从 3 个元素取 2 个去占位"的排列概念. 只要把数字 3,2 分别推广为 n,m,即得到排列的形式化定义. 此阶段主要用了归纳推理、数学抽象的思想,可以培养学生的逻辑推理、数学抽象等核心素养.

问题 2 举出几个生活中排列的例子.

定义 2 从 n 个不同元素中取出 $m(m \leqslant n)$ 个元素的所有不同排列的个数,叫作从 n 个不同元素中取出 m 个元素的一个排列数,用符号 A_n^m 表示.

在排列数 A_n^m 中,n 为元素总数,m 为位置个数,且 $m \leqslant n$. 怎样区分"元素"和"位置"呢?

设计意图:问题 2 的安排体现了"实例—理论—实际"的认识观. 区分"元素总数"和"位置个数"的原则(即"位置个数"不大于"元素总数"),对初学者是有用的. 定义 2 为后面探究 A_n^m 的算法做铺垫.

问题 3 下列问题哪些是排列问题?并说明理由.

(1) 从 2,3,4,5 中任取两个数相乘,可得到多少个不同的积?

(2) 从 2,3,4,5 中任取两个数相除,可得到多少个不同的商?

(3) 从集合 $\{x,y,z\}$ 中任取两个数形成一个有序数对,可得到多少个不同的有序数对?

设计意图:问题 3 既有巩固新知、促进知识迁移的作用,又有为计算 A_n^m 埋下伏笔之意. 此问题意在培养学生的数学抽象、逻辑推理、数学运算等核心素养.

3.4 发现排列数公式→图式阶段

在此阶段,让学生经历"特殊→一般→猜想"的发现过程,体会排列数公式的"再创造",让学生将新知识纳入原有知识结构,形成新的认知结构(图式).

问题 4 我们已经知道了排列数 $A_3^2 = 6$,$A_4^2 = 12$,那么 A_5^2 是多少? A_n^2 是多少?由此能否发现计算 A_n^m 的一般规律?能证明它吗?

让学生经历"从特殊到特殊,再到一般"的合情推理过程,得到猜想.

猜想:$A_n^m = n(n-1)(n-2)\cdots(n-m+1)(m,n \in \mathbf{N}^*,m \leqslant n)$.

当 $m = n$ 时,即从 n 个不同元素中全部取出的一个排列,叫作 n 个元素的一个全排列,即 $A_n^n = n(n-1)(n-2)\cdots \times 3 \times 2 \times 1 = n!$.

符号"!"读作"阶乘". 特别地,规定 $0! = 1$.

设计意图:对问题 4 采用发现法教学,让学生经历"特殊→一般→猜想"的发现过程，培养创新思维能力. 猜想的证明留作课后思考或作业，让学生带着问题走出教室. 从知识逻辑来看，我们得到了排列数的数学模型，即排列数公式. 排列数公式是排列数定义的进一步数学化，符合教学逻辑和学习逻辑. 问题 4 的教学可培养学生的逻辑推理、数学运算、数学建模等核心素养.

3.5　回顾总结，交流答疑

略.

3.6　布置作业，练习巩固

略.

4　教学反思

（1）数学教学目标指向培养学生的数学核心素养

数学核心素养既是个体在长期的数学理解、应用、思维、发现（创造）等活动中反复修炼、自主生成的过程，也是个体对数学经验不断积累、反省、反证的自我体验过程. 数学教学重视数学观的教学是知识逻辑之应然，有助于学生获得数学思想素养，并把数学知识上升到数学观念的水平. 运用 APOS 理论的四步程式体现了"过程与方法"教学理念，学生可获得"四能"素养；运用发现教学理论可让学生经历"再创造"排列数公式的过程，有利于培养学生的创新意识；数学思维的鲜花永远生长在问题串的土壤上，问题串揭示了问题驱动教学理论的核心机制，问题串的活用有助于学生获得数学思维素养. 因此，提炼排列的数学观、运用 APOS 理论、发现教学理论和问题驱动教学理论，都指向培养学生的数学核心素养.

（2）充分发挥数学问题的"心脏"功能

问题是知识逻辑、教学逻辑、学习逻辑的心脏. 问题在实现"情境→问题→知识"的过程中发挥着桥梁作用，基于问题与问题解决的教学是数学教学的基本理念，问题是体现学习逻辑、实现学习方式多样性的基本载体. 借助问题串教学，让学生充分暴露思考过程和各种逻辑错误，并促进深度思考和批判性思维；通过问题解决，让学生提高分析问题、探究问题和解决问题的能力，并增加学习的获得感；通过追问，让学生拓展思维的广度、深度和厚度，并促成全脑思维.

（3）提倡"从数学知识到数学观念"的深度学习

数学观对数学知识具有"高观点"作用. 提炼排列的数学观有助于学生获得数学思想素养，并有助于学生把数学知识上升到数学观念的水平. 这节课凝练了两大数学观：一是数学模型观（排列是一种数学模型——取元占位，排列数也是一种数学模型——排列数公式），分别源于对问题 1 中 4 个情境的数学化和对问题 4 中由特殊到一般的不完全归纳法；二是概念理解的相对观，正确理解"元素"和"位置"这两个核心概念，是理解排列概念的有效策略. 数学教学设计应充分运用知识逻辑、教学逻辑、学习逻辑的内在力量，在多种教学理论的指导下发掘排列概念的数学观，让学生通过典型案例进行意义建构，并对排列概念经历"从知识到观念"的深度学习过程.

参考文献

[1] 张奠宙，宋乃庆. 数学教育概论［M］. 北京：高等教育出版社，2016：119－120.

[2] 卓斌. 例谈数学教学中问题串的设计与使用［J］. 数学通报，2013，52（6）：40－43.

[3] 乔治·波利亚. 数学的发现：对解题的理解、研究和讲授［M］. 刘景麟，曹之江，邹清莲，译. 北京：科学出版社，2006：283.

[4] 赵思林. 数学核心素养的培养策略［J］. 数学通报，2019，58（5）：28－32.

[5] 王佩，赵思林. 浅谈高效破解排列应用问题的数学观及解答策略［J］. 数理化学习（高中版），2018（2）：6－9.

第三节　排列与组合教学设计研究①

1　研究意义与现状分析

排列与组合就是一种基本的计数方法，Bernoulli 称排列与组合是"计数的艺术". 从高等数学的角度来看，排列与组合属于组合数学的内容，而组合数学又属于离散数学的内容. 从我国现行中学课程来看，排列与组合作为概率论与数理统计必备的工具性知识，与之后要学习的概率和二项式定理紧密相连，对学生分析问题和解决问题的能力的要求比较高，历来是教与学的难点. 从学生数学学科核心素养视角来看，它是训练和考查学生数学抽象、逻辑推理、数学建模、数学计算等素养的重要载体；从数学思想方法来看，它可以渗透类比思想、对比思想、对称思想、集合思想等思想；从"数学现实"来看，与现实生活问题息息相关的排列与组合具有一定的实践价值，是一种解决具体问题的有效工具，还可以与其他知识领域结合.

Kaput[1]明确指出排列与组合在各个领域中得到了广泛应用，如劳力安排、物资调配、信号编组、样品检查、热力学、统计力学等. 近年来，排列与组合的知识更为广泛地运用到了生物学中基因配对、化学中不同原子组成分子种数、计算机软件编程中基于排列组合熵的高速列车走行部故障分析等. 苗春兰[2]认为排列与组合的研究对象及研究方法都和以前学习的数学知识很不相同，具有一定的挑战性，能培养学生的数学创造力，促进和发展等价、有序、函数、抽样等数学概念，还可以培养学生计数、逆向、概括、递推等思维能力.

---

① 作者：刘艺、赵思林.

2　排列与组合在高中数学中的地位与作用

（1）教学大纲或课程标准对排列与组合的教学要求

1951 年颁布的《中学数学课程标准草案》中就清楚地说明了在讲授排列组合时，应注重理解，不应使学生死记公式[3]．1963 年颁布的《全日制中学数学教学大纲》将对排列组合学习的要求修改为理解排列和组合的含义，可以由使用排列和组合的基本公式来解决一些简单的问题[4]．1998 年概率作为试验教材的重要内容进入高中数学，与之息息相关的排列组合被纳入概率的知识体系中，排列组合知识又被重视起来[5]．《普通高中数学课程标准（2017 年版）》将学习要求更改为能够结合具体实例，理解排列、组合、二项定理与两个计数原理的关系，运用两个计数原理推导相关公式，并能用公式解决简单的实际问题（特别是概率中的某些问题），逐步提升数据分析、数学建模、逻辑推理、数学运算和数学抽象素养[6]．

（2）高考对排列与组合的教学要求

对于排列与组合这部分内容，高中考试大纲[7]的要求较低：理解概念；利用计数原理推导公式；能解决简单的实际问题．但排列与组合是历年高考必考的知识点之一，出现在选择题和填空题或是与概率联系出现在解答题中[8]．这些问题情境来源于我国社会主义建设的不同领域，体现了数学的应用价值，有利于在中学数学教育中激发学生学习数学的热情，对提升数学素养有很好的导向和促进作用．从高考命题趋势可发现，这类问题有时单独考查排列或组合问题，有时考查排列与组合的综合性问题，其命题方式比较灵活，对学生的思维要求较高，具有较好的选拔功能[9]．然而，排列与组合试题在高考中的得分率常年低于选择题平均得分率．

3　5E 教学模式简介

5E 教学模式是美国生物科学课程研究会（BSCS）提出的一种基于建构主义的"学习环"模式，帮助教师将建构主义和探究式教学理念更好地融入实际教学中，能够培养学生的交流、创新、自我发展和系统思维能力[10]．5E 教学模式自 20 世纪初引入我国后，被广泛应用于生物、化学、物理、地理等课程，但鲜少应用到数学教学中．这种教学模式由五个环节构成，分别是 Engagement（引入）、Exploration（探究）、Explanation（解释）、Elaboration（迁移）、Evaluation（评价）[10]．

（1）引入环节：创设问题情境，使学生能够联系已有的知识经验，产生认知冲突，吸引学生主动参与课堂探究活动．

（2）探究环节：提供学习材料和思考空间，让学生对其产生的认知冲突进行理论探究或实验探究，记录自己的想法和结论，目的在于使学生利用已有的知识经验和技能方法来自主建构新的知识．教师要注意观察和聆听，检查学生的学习效果，适时点拨，及时肯定那些新颖的想法．

（3）解释环节：引导学生通过个体学习或小组合作，讨论、解释探究环节得到的结论，以期达成共识．在此基础上，教师明确概念，阐释新知识，学生使用新知识回答最初提出的问题.

（4）迁移环节：设置新的问题情境和活动，使学生运用所建构的新概念解释新的问题与情境，巩固、拓宽和加深对解释环节得到的新知识的理解.

（5）评价环节：评价不只是教学模式的最后环节，应将多元评价贯穿始终. 引导学生分析、反思他们各个环节的认知变化，鼓励学生对知识理解、能力提升和情感态度等方面进行自评、互评和总结；教师要积极地对学生的学习过程和效果进行点评；通过随堂练习或开放性的问题来测验学生对新知识的掌握程度，既保证教学目标的完成，又利于发现问题，改进后续教学.

4   基于 5E 教学模式的组合概念教学设计

数学教学应以知识为载体，以数学概念的内在逻辑为线索，精心构建符合学生认知规律的学习情境和系列数学活动，从而实现学生的数学核心素养发展目标[11]. 下面以"组合"为例，基于 5E 教学模式，设计问题情境、类比探究、交流讨论、多元评价等教学活动展开"组合"的概念教学，引导学生用数学的方式思考、操作和表达，在数学教学中将数学核心素养的培养融入课堂的各个环节.

4.1   教学分析

【教学内容分析】

本节课的教学内容是选修 2－3（人教 A 版）第 1 章第 2 节《组合》的第 1 课时，是两个计数原理及排列知识的延续，是学习二项式和概率的基础. 借助学生身边的例子，类比排列的知识，探究组合的定义、组合数的定义、组合数计算公式及组合数的性质，并从具体情境中体会排列与组合的区别与联系.

【学情分析】

没有学情分析的教学好似空中楼阁. 为了使教学过程符合学生的实际需求和发展要求，从以下方面进行学情分析：从学生现有知识水平看，已掌握了两个基本计数原理和排列的相关知识，能比较熟练地应用排列数公式进行计算；从能力水平的角度看，学生已经具备了一定的"四能"；从认知水平的角度看，虽然本节课的符号、概念、公式对学生来说不算全新的知识，但其认知负荷超出了米勒（Miller）提出的青少年工作记忆容量是 7 ± 2 个组块的理论[12]，学生还是容易产生焦虑心理，故在主动探究、独立思考的基础上需要合作交流和教师的引导组织.

【教学目标】

（1）知识与能力目标：正确理解组合的相关概念和性质，能推导出组合数公式，深刻体会排列与组合间的联系与区别，并应用公式、性质进行简单的运算和应用.

（2）过程与方法目标：以学生为主体，通过启发引导、自主分析、交流合作、类比探究、观察猜想，初步形成组合、组合数的概念，推导出组合数公式，归纳出组合数的性质.

（3）情感、态度与价值观目标：让学生感悟类比思想、特殊到一般等数学思想，提升逻辑推理、数学运算和数学抽象等数学核心素养与思维品质，培养良好的个性品质及团队合作意识, 让学生充分感受到数学来源于生活又服务于生活, 提高应用数学的意识.

【教学重难点】

(1) 教学重点: 组合的概念, 组合数公式和性质.

(2) 教学难点: 把握组合与排列的区别, 组合数公式的推导与性质的发现.

4.2 组合概念的教学过程

【引入 (Engagement)】——创设情境, 引发兴趣

创设问题情境, 使学生能够联系已有的知识经验, 产生认知冲突, 吸引学生主动参与课堂探究活动.

师: 鉴于同学们最近表现不错, 老师计划带领大家周末一日游, 但时间有限, 4 个景点我们只能选择 2 个游玩. 有几种不同的游玩结果?

预设: 有些同学立马回答是排列问题, 有 A_4^2 种; 有些同学反驳道不是排列问题.

设计意图: 5E 教学模式是一种探究式教学模式, 注重学生的自主建构, 而形成新旧概念的冲突是自主构建的动力. 因此, 通过容易混淆的问题引发同学们的认知冲突, 发现排列并不能满足生活中的计数需要, 激发学习兴趣, 了解学习新知识的必要性, 届时引出今天将学习一种新的计数工具——组合.

【探究 (Exploration)】——类比探索, 概念初成

提供学习材料和思考空间, 让学生对其产生的认知冲突进行理论探究或实验探究, 目的在于使学生利用已有的知识经验和技能方法来自主建构新的知识. 在此环节, 教师给每个学生准备一份学习材料, 留时间独立思考或同桌之间小声讨论, 记录自己的想法和结论; 教师要注意观察和聆听, 检查学生的学习效果, 适时点拨, 及时肯定那些新颖的想法.

探究 1: 能否适当改变条件, 使它变成排列问题呢?

探究 2: 生活中还有哪些类似的组合计数问题?

探究 3: 回忆排列的概念, 同学们准备怎么探究组合、组合数的概念?

探究 4: 在前面的课程中我们已经用从特殊到一般的方法推导出排列数的公式, 能否设计一个推导组合数公式的方案?

设计意图: 探究 1 旨在让学生回顾旧知识, 为后面的学习打下基础. 探究 2 让学生用数学的眼光观察世界. 排列与组合是两个平行概念, 探究 3 意在引导学生运用类比进行探究, 得到组合、组合数的朴素概念. 探究 4 有想象的余地, 激发学生的潜能和创新思维, 为下一环节计算组合数公式架桥铺路. 四个探究要求学生具有一定程度的独立性、判断性、能动性和创造性, 培养了学生的逻辑推理、用数学眼光看世界、数学创新意识等数学核心素养.

【解释 (Explanation)】——交流讨论, 明确知识

引导学生通过个体学习或小组合作, 讨论、解释探究环节得到的结论, 以期达成共识. 在此基础上, 教师明确概念, 阐释新知识, 学生使用新知识回答最初提出的问题.

(1) 对探究 1~3 展开讨论, 生生之间分享自己的发现和结论, 教师明确概念.

组合: 一般地, 从 n 个不同元素中取出 $m(m \leqslant n)$ 个元素合成一组, 叫作从 n 个不同元素中取出 m 个元素的一个组合 (combination).

组合数：从 n 个不同元素中取出 $m\,(m\leq n)$ 个元素的所有不同组合的个数，叫作从 n 个不同元素中取出 m 个元素的一个组合数，用符号 C_n^m 表示．

设计意图：鼓励同学们发表自己的观点，解释探究 1 和探究 2，教师和其他学生进行点评．小组讨论探究 3，公开本组得到的组合与组合数的概念，其他小组评议，最后在教师的帮助下，将概念以简捷、准确、精炼的形式呈现，澄清学生的理解．

（2）经过争辩，对探究 4 达成共识，继而展开活动．

①确定推导组合数公式的方法：令元素为 a，b，c，利用树状图，得到 C_3^2，C_4^2，C_5^3 的值，发现规律；又因为组合与排列密切相关，因此再利用排列数 A_n^m 来求出组合数公式 C_n^m．

②分小组完成以下任务（小组交流合作，请代表上台展示）：第 1 组探究 C_3^2 与 A_3^2 的关系；第 2 组探究 C_4^2 与 A_4^2 的关系；第 3 组探究 C_5^3 与 A_5^3 的关系．

预设：第 1 组如图 1 所示，并发现 $C_3^2=3=\dfrac{6}{2}=\dfrac{3\cdot 2}{2\cdot 1}=\dfrac{A_3^2}{A_2^2}$．

第 2 组图略，并发现 $C_4^2=6=\dfrac{12}{2}=\dfrac{4\cdot 3}{2\cdot 1}=\dfrac{A_4^2}{A_2^2}$．

第 3 组图略，并发现 $C_5^3=10=\dfrac{60}{6}=\dfrac{5\cdot 4\cdot 3}{3\cdot 2\cdot 1}=\dfrac{A_5^3}{A_3^3}$．

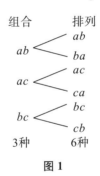

图 1

③学生经历"特殊→一般→猜想"的发现过程，猜想组合数公式：

$$C_n^m=\frac{A_n^m}{A_m^m}=\frac{n(n-1)(n-2)\cdots(n-m+1)}{m!}\ (n,\ m\in \mathbf{N}^*，且\ m\leq n)．$$

因为 $A_n^m=\dfrac{n!}{(n-m)!}$，所以组合数公式还可以写作：$C_n^m=\dfrac{n!}{m!(n-m)!}$．

另外，我们规定 $C_n^0=1$．

接着回到最初的情境，肯定其为组合问题，有 $C_4^2=\dfrac{4\cdot 3}{2!}=\dfrac{4!}{2!(4-2)!}=6$ 种游玩结果．

设计意图：引导学生不断完善方案并予以实施，给学生展示自己的机会，使其养成勤于思考的习惯，体会从特殊到一般的思想方法．通过小组合作交流、代表发言，加强学生合作精神，激发学习动机，从而培养学生的数学计算、逻辑推理、数学创新意识等核心素养．

【迁移（Elaboration）】——知识应用，发现性质

设置新的问题情境和活动，使学生运用所建构的新概念解释新的问题与情境，巩固、拓宽和加深对解释环节得到的新知识的理解.

问题 1 组合与我们以前学过的哪些知识相似？组合与排列的区别与联系是什么？

活动 1 有哪些同学想当"小先生"，出题让我们来判断是组合问题还是排列问题？

设计意图：问题 1 将组合定义与集合、排列联系起来，突出元素的无序性，找到排列与组合的相同之处是从 n 个不同元素中取出 $m(m\leqslant n)$ 个元素，不同之处是排列有顺序要求，即"取元占位"，而组合只选不排. 通过活动 1 的"小先生"角色，调动课堂气氛，体现"教为主导，生为主体"的新课程理念.

问题 2 运用公式计算下列式子的值. 有何发现？

(1) C_3^2，C_3^1；(2) C_5^2，C_5^3；(3) C_7^2，C_7^5.

预设：发现各组的两个组合数都相等，而且上标之和等于下标，于是猜想 $C_n^m=C_n^{n-m}$.

组合数的性质 1：$C_n^m=C_n^{n-m}$.

活动 2 阅读教材第 26 页推导性质 1 的方法，请同学们对题（3）创设情境，解释为什么 $C_7^2=C_7^5$.

设计意图：通过做问题 2 的计算题，让学生熟悉组合数公式，促使学生观察和思考，得到组合数的性质 1. 活动 2 可以提高学生的阅读自学和语言表达能力，请学生创设情境回答问题，旨在暴露他们的思维，使教师更好地了解学情，同时还能给学生留下深刻的印象，培养了学生的数学运算、逻辑推理等核心素养.

问题 3 假如我们班要重新选班委，现在已产生 10 名候选者，但只有 6 个职位. 请问有几种不同的选拔结果？

变式 1 如果已知 10 人中的数学科代表小张没被选上，请问有几种不同的选拔结果？

变式 2 如果已知 10 人中的数学科代表小张被选上了，请问有几种不同的选拔结果？

师：计算出这 3 个问题的结果，发现它们之间有何关系？

预设：$C_{10}^6=C_9^6+C_9^5$.

师：$C_5^3=C_4^3+C_4^2$，$C_7^2=C_6^2+C_6^1$ 是否也成立？观察这些结果，能否推广到一般形式？

组合数的性质 2：$C_n^m=C_{n-1}^m+C_{n-1}^{m-1}$.

其证明过程留作今天的家庭作业.

设计意图：再次设置学生熟悉的生活情境问题，体会数学源于生活. 通过变式，引导学生发现组合数的性质 2. 至此，学生关于组合的认知结构才趋于完善.

【评价（Evaluation）】——各个环节，多元评价

本节课设计思路清楚，内容完整，提出的具体实施设计方案具有可行性. 一是贴近学生实际创设情境，自然地引入新课. 用学生熟悉的生活实例，使学生有兴趣并急于解决，形成认知冲突，激发学生的求知欲望. 通过周末一日游遇到的问题，来体会学习计数原理的必要性，使课题的引入来得自然而贴切. 二是自主探索，体现以学生发展为本的教学观. 通过 4 个探究，层层深入，让学生分析、提炼出组合的概念，经历和感受概念的建构过程. 三是问题驱动，让学生在问题解决中加深对概念的理解. 通过 3 个问题，组成问题串，让学生分析、提炼出组合数的性质，为正确理解和灵活运用两个原理奠定了基础.

【布置作业】

（1）课后作业：教材第 27 页练习题的 1、2、4 题.

（2）证明题：证明组合数的性质 2：$C_n^m = C_{n-1}^m + C_{n-1}^{m-1}$；证明 $C_n^m = \dfrac{m+1}{n+1}C_{n+1}^{m+1}$.

设计意图：练习题巩固所学内容；思考题促进学生深化思维，为接下来灵活运用公式、性质解决应用题打下基础.

4.3　教学反思

《普通高中数学课程标准（2017 年版）》[6]指出，学生的数学学习活动不应该只限于接受、记忆、模仿和练习，应倡导主动探索、动手实践、合作交流、阅读自学等学习数学的方式，使学生的学习过程成为在教师引导下的再创造过程. 5E 教学模式下的数学课堂充分体现了以学生为中心，在其最近发展区内设计问题情境，增加主动探索、动手实践、合作交流、阅读自学的机会和空间，并注重运用多元评价机制，使评价真正耦合于教学过程中. 本节课调动了学生的兴趣与积极性，学生在教师的引导、组织下进行再创造，感悟类比和特殊到一般等数学思想方法，培养了学生的逻辑推理、数学运算、数学抽象、数学创新意识等数学核心素养与团队合作意识.

注意概念的比较，高屋建瓴地揭示了排列与组合之间的联系，把排列与组合的定义及公式平行地加以探究，发动学生寻找新旧概念、公式的联系和区别，避免和克服混淆概念、套用公式解题的缺陷. 以数学概念的内在逻辑为线索，精心建构了符合学生认知规律的学习情境和系列数学活动，培养了学生的创新精神和实践能力，使数学核心素养落实于课堂，根植于数学的土壤，扎实稳进.

赵思林[13]提出"探究＝探＋究"，"探"包括探寻解题思路、探索数学规律、探讨数学问题、发现问题结论、提出数学猜想、推广数学命题等，"究"包括追查数学问题背景、追究数学对象之间的逻辑关系、检验数学规律、验证数学问题结论、证明数学猜想和命题推广等. 因此，5E 教学模式的"探究"环节译为"探索"更为合适，与"解释"环节合而为"探究".

参考文献

[1] Kaput J N. Combinatorial Analysis and School Mathematics [J]. Educational Studies in Mathematics，1970（3）：111－127.

[2] 苗春兰. 高中数学排列组合问题中的数学思想探究 [J]. 中学数学，2019（11）：67－68.

[3] 中华人民共和国教育部. 中学数学课程标准草案 [M]. 北京：人民教育出版社，1951.

[4] 中华人民共和国教育部. 全日制中学数学教学大纲 [M]. 北京：人民教育出版社，1963.

[5] 中华人民共和国教育部. 全日制十年制中学数学教学大纲 [M]. 北京：人民教育出版社，1988.

[6] 中华人民共和国教育部. 普通高中数学课程标准（2017 年版）[M]. 北京：人民教育出版社，2017.

[7] 中华人民共和国教育部. 高中考试大纲（2019 年版）[M]. 北京：人民教育出版社，2019.

[8] 张留杰，周明芝，童嘉森. 排列组合高考命题方向及解题策略分析 [J]. 高中数理化，2013（3）：4－6.

[9] 叶景辉. 排列组合问题的解题策略分析 [J]. 基础教育课程，2015（14）：30－32.

[10] 胡久华，高冲. 5E 教学模式在我国的教学实践及其国外研究进展评析 [J]. 化学教育，2017，

38（1）：5－9.

［11］章建跃. 树立课程意识，落实核心素养［J］. 数学通报，2016，55（5）：1－4，14.

［12］George A M. The Magical Number Seven，Plus or Minus Two：Some limits on Our Capacity for Processing Information［J］. Psychological Review，1956（63）：81－87.

［13］赵思林，李正泉. 由椭圆中点弦问题引发的研究性学习［J］. 数学通报，2016，55（9）：38－41.

第六章　导数及教学

导数是微积分中的基本概念，是近代数学的基础. 导数思想最初是由法国数学家费马为研究极值问题而引入的，但与导数概念有直接联系的是已知运动规律求速度和已知曲线求切线的问题，是由牛顿和莱布尼茨分别在研究力学和几何学过程中建立起来的. 导数教学是高中数学教学的重要内容，而其中导数作为研究函数性质的通用方法，成了高中数学教学中的重点. 学好导数概念能够有效降低学习函数技巧的难度，充分理解并掌握导数概念能够令函数研究更加容易. 导数部分的知识点较杂，应用起来较为烦琐，但是在历年高考中却是非常重要的考点，通常在选择题和大题中都会考查. 导数可以用于求解函数的零点、复合函数单调性及不等式证明等，可见导数的应用十分广泛.

中学导数的主要内容包括导数的概念、导数的运算（常见函数的导数、导数的四则运算）、导数的应用（函数的单调性、函数的极值、函数的最值）.

导数法在高中数学中的应用研究[①]

1　研究背景及现状分析

近几年，导数知识在高中数学中的考查力度和难度不断加大，导数法成为解决中学数学问题必不可少的方法，它为解决高中函数问题、不等式证明问题、数列问题等提供了全新的视野，成为研究函数的变化率、切线、单调性、极值和最值的一种最常用和最有效的工具. 因此，导数法在高中数学中的解题研究尤为重要.

导数的概念源于微积分，具有丰富的内涵和应用价值，导数的相关内容在 2003 年引入我国高中数学教材后，多次被调整，以满足当代学生对终身学习所需知识的需求[1]. 导数法的应用拓宽了高中函数、不等式等问题的研究思路，为数学领域中传统的解题方法提供了新的生机，使解题方法更多样和灵活. 导数的学习以及导数法的应用既对理解整个高中数学知识起着举足轻重的作用，又对大学学习微积分等知识起到了承前启后的作用[2].

目前，国内外已有许多教育研究者和教师对学生学习导数时遇到的困难以及导数问题的解题策略进行了深入的研究. 例如，黄荣[3]对导数的考查形式进行了总结，并给出例题

---

① 作者：叶艳、赵思林.

进行了详细分析，总结了解决函数单调性问题、含参恒成立问题的策略，且提出"考题年年变，考点岿然不变"的观点. 在函数单调性问题上，王成霞[4]认为导数的应用使这类问题变得简单，但也需与学过的方法密切配合，体现出数学的整体美；吴晓英[5]对函数零点问题进行了研究. 吴俊英[6]对极值点偏移问题给出了定义，并提出构造函数、不等式放缩等策略解决该问题. 史庆华[7]认为，极值点是解决函数、不等式等问题的突破口，在走出"极值点不可求"的困境上提出了二次求导、虚设零点、整体代换、零点原理、数形结合等策略. 陆德[8]注重对条件和结论的分析，运用导数运算法则的逆运用、变形归类后构造函数、二合一构造函数法巧妙地解决了导数综合题. 孙华[9]认为，证明不等式问题最基本、最有效的方法之一就是导数法. 王峰[10]认为可将数列看作是一种函数，再用导数法求解差比数列的和，避免错位相减过程中复杂的计算带来的错误.

尽管有诸多研究者对导数法在高中数学中的应用进行了研究，且研究的理论成果为导数法的应用提供了很多行之有效的方法和策略，但对导数问题的解决方法仍纷繁杂乱，侧重导数在某一个板块中的解题策略的研究，缺乏系统性、全面性，部分例题的难度不够，无法满足高中数学教师指导学生参加竞赛、自主招生的需求，且导数在高考中的热度依然很高，而导数法始终是学生能够顺利解决考试压轴题的有效途径，因此有必要继续研究.

2　导数知识概述

2.1　导数的概念及几何意义

在没有极限相关知识铺垫的情况下，将函数在某点处的瞬时变化率定义为导数[11]. 人教版教材用"平均变化率"来描述"气球膨胀率问题"中随着气球体积的增大半径的变化快慢情况，以及"高台跳水问题"中不同时间段的平均速度，用以上两个实际问题引导学生区分平均速度和瞬时速度、平均变化率和瞬时变化率，将函数 $y=f(x)$ 在 $x=x_0$ 处的导数记作

$$f'(x_0) = \lim_{\Delta x \to 0} \frac{\Delta y}{\Delta x} = \lim_{\Delta x \to 0} \frac{f(x_0 + \Delta x) - f(x_0)}{\Delta x}.$$

通过探究，学生能够深刻体会到导数的概念是在求速度和加速度、求已知曲线的切线两类问题中直接产生的，导数可以表示任何事物的瞬时变化率.

运用极限思想探究割线斜率与曲线上某一定点的切线斜率间的关系，得到函数在某点处的切线斜率即为函数在该点处的导数[11]，这就是导数的几何意义. 学生应灵活应用该几何意义解决相关问题，区分求在某点的切线方程问题和过某点的切线方程问题；若题目中未告诉切点时，可先将切点设出来，再代入曲线方程进行计算；在实际操作中明确导数几何意义的运用十分广泛，不容忽视.

2.2　基本求导公式与求导法则

虽然高考题、竞赛题中不会直接考查导数基本求导公式和求导法则，但它们却是每年必考的重点，在导数题目中也不可避免利用导数的基本求导公式和求导法则，具体公式和法则见人教版教材选修 $1-1$ 和选修 $2-2$[11]. 除了直接用基本初等函数的求导公式进行求

导，在解题过程中往往还会遇到如连乘、根式、复合函数等更为复杂的求导式，应先对原式进行化简，再求导.

2.3 导数法的概念

导数法就是借助导数工具解决相关数学问题的方法，该方法可应用于求函数的解析式、判断函数单调性、确定函数的单调区间、求函数的极值或最值、求参数取值范围、求曲线的切线方程等函数类问题，以及证明不等式、求解数列和函数等其他经典问题[12]. 可见，导数与越来越多的知识相交汇，几乎贯穿于高中数学的六大模块，是学好高中数学的一把"利器".

3 导数法在高中数学中的应用研究

3.1 导数法在函数问题中的应用

函数在高考数学中所占分值比较大，且函数都是抽象的，表现形式复杂多变，数形转换难度较大，学生理解起来很困难[13]，而导数法的引入给中学生提供了一种好用的思想、方法，使导数法成为研究中学函数问题的有力工具. 灵活运用导数法解决函数问题是必要的，它能简化解题过程、提高解题效率，也能在很大程度上激发中学生学习数学的兴趣和积极性.

3.1.1 在函数单调性问题中的应用

对函数单调性的考查主要从正、反两个方面入手，正面的考查主要是运用导数法求解函数的单调区间、讨论函数的单调性等，而更多的是从反面考查，即应用函数的单调性解决函数中的其他问题.

例1 函数 $f(x) = \dfrac{e^{|x|}}{x}$ 的部分图像大致为(　　　　).

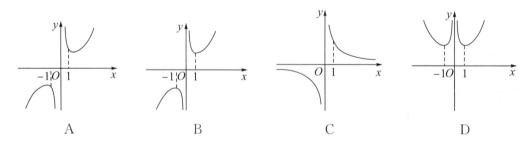

A　　　　　　　B　　　　　　　C　　　　　　　D

解：因为 $f(-x) = -f(x)$，可得 $f(x)$ 为奇函数. 而 D 选项的图像是偶函数图像，故排除 D. 又因为当 $x>0$ 时，$f'(x) = \dfrac{(x-1)e^x}{x^2}$. 令 $f'(x)>0$，得 $x>1$，所以 $f(x)$ 在区间 $(1, +\infty)$ 上单调递增，排除 A，C. 故选 B.

评注：函数中的识图类题目多次出现在高考试题中，这类题目一般比较灵活，解决这类问题的方法一般是间接法，即由函数性质排除不符合条件的选项. 本例通过导数法得到函数的单调情况，从而判别图像.

例 2　（2014 年湖南卷试题改编）若 $0<x_1<x_2<1$，则(　　).

A. $x_2\ln x_1>x_1\ln x_2$ 　　　　　　B. $x_1\ln x_2>x_2\ln x_1$

C. $\ln x_2-\ln x_1<\mathrm{e}^{x_2}-\mathrm{e}^{x_1}$ 　　　　D. $\ln x_2-\ln x_1>\mathrm{e}^{x_2}-\mathrm{e}^{x_1}$

解：对 C 选项中的不等式移项，构造函数 $f(x)=\ln x-\mathrm{e}^x$，求得 $f'(x)=\dfrac{1}{x}-\mathrm{e}^x$. 易得 $f(x)$ 在 $(0,1)$ 上有一个极值点，所以 $f(x)$ 在 $(0,1)$ 上不是单调函数，无法直接判断 $f(x_1)$ 与 $f(x_2)$ 的大小. 故排除 C，D. 构造函数 $g(x)=\dfrac{\ln x}{x}$，求得 $g'(x)=\dfrac{1-\ln x}{x^2}>0$. 故 $g(x)$ 在 $(0,1)$ 上单调递增，$g(x_1)<g(x_2)$. 故选 B.

评注：通过对不等式变形，将相同变量移到不等式的同一边，使得不等式两边结构相同，根据移项后的形式构造新函数，运用导数法得到所构造函数在定义域上的单调性，从而比较出函数值的大小.

例 3　函数 $f(x)$ 的定义域为 **R**，导函数为 $f'(x)$，若 $2f(x)-f'(x)<2$，$f(0)=2018$，则不等式 $f(x)>2017\mathrm{e}^{2x}+1$（其中 e 为自然对数的底数）的解集为_____.

解：不等式 $f(x)>2017\mathrm{e}^{2x}+1$ 两边同时乘以 e^{-2x}，得 $\mathrm{e}^{-2x}f(x)-\mathrm{e}^{-2x}>2017$.

构造函数 $g(x)=\mathrm{e}^{-2x}f(x)-\mathrm{e}^{-2x}$，上式等价于 $g(x)_{\min}>2017$.

则 $g'(x)=-2\mathrm{e}^{-2x}f(x)+\mathrm{e}^{-2x}f'(x)+2\mathrm{e}^{-2x}=-\mathrm{e}^{-2x}\big[2f(x)-f'(x)-2\big]$.

因为 $2f(x)-f'(x)<2$，所以 $g'(x)>0$，$g(x)$ 在 **R** 上单调递增.

又因为 $f(0)=2018$，所以 $g(0)=f(0)-1=2017$.

由于 $g(x)>2017$，且根据 $g(x)$ 的单调性可知 $x>0$，所以不等式的解集为 $(0,+\infty)$.

评注：对条件进行分析，不等式两边同时乘以 e^{-2x} 后，等式左边每个部分都含有 e^{-2x}，等式右边是一个定值 2017，即可将该不等式问题转化为最值问题，将等式左边构造为新函数，由所构造函数的单调性解出不等式解集. 需特别注意的是，特殊点的值往往是解题的一个突破口.

例 4　（2015 年四川卷试题改编）已知函数 $f(x)=\mathrm{e}^x$，$g(x)=x^2+2ax+1(a\in\mathbf{R})$. 任意 x_1，$x_2\in\mathbf{R}$，且 $x_1\neq x_2$，设 $b_1=\dfrac{f(x_1)-f(x_2)}{x_1-x_2}$，$b_2=\dfrac{g(x_1)-g(x_2)}{x_1-x_2}$，下列命题中，真命题的序号有_____.

①对于任意不相等的实数 x_1，x_2，都有 $b_1>0$；

②对于任意的 a 及任意不相等的实数 x_1，x_2，都有 $b_2>0$；

③对于任意的 a，存在不相等的实数 x_1，x_2，使得 $b_1=b_2$；

④对于任意的 a，存在不相等的实数 x_1，x_2，使得 $b_1=-b_2$.

解：(1) 设出 x_1，x_2 的大小关系.

根据函数 e^x 的单调性，得到 $b_1>0$. 故①正确.

(2) 设 $x_1>x_2$，$b_2=\dfrac{g(x_1)-g(x_2)}{x_1-x_2}=\dfrac{x_1^2-x_2^2+2a(x_1-x_2)}{x_1-x_2}=x_1+x_2+2a$.

令 $x_1=1$，$x_2=2$，$a=-2$，此时 $b_2=-1<0$. 故②错误.

(3) 反向思考，若 $b_1=b_2$，则 $\dfrac{f(x_1)-f(x_2)}{x_1-x_2}=x_1+x_2+2a$.

分母乘到右边，右边即为 $g(x_1)-g(x_2)$.

$b_1=b_2$ 等价于 $f(x_1)-f(x_2)=g(x_1)-g(x_2)$，等价于 $f(x_1)-g(x_1)=f(x_2)-g(x_2)$.

令 $h(x)=f(x)-g(x)$，原题转化为：对于任意的 a，存在不相等的实数 x_1 和 x_2，使得 $h(x_1)=h(x_2)$，即 $h(x)$ 不恒为单调函数.

由 $h(x)=\mathrm{e}^x-x^2-2ax-1$，求得 $h'(x)=\mathrm{e}^x-2x-2a$，$h''(x)=\mathrm{e}^x-2$.

令 $h''(x)=0$，则 $x=\ln 2$，可得 $h'(x)$ 的极小值 $h'(\ln 2)=2-2\ln 2-2a$.

当 $a\to-\infty$ 时，$h'(x_0)>0$，$h(x)$ 恒为单调增函数，不满足题意. 故③错误.

(4) $b_1=-b_2$ 等价于 $f(x_1)-f(x_2)=g(x_2)-g(x_1)$，等价于 $f(x_1)+g(x_1)=g(x_2)+f(x_2)$.

令 $u(x)=f(x)+g(x)$，原题转化为：对于任意的 a，存在不相等的实数 x_1 和 x_2，使得 $u(x_1)=u(x_2)$，即 $u(x)$ 不恒为单调函数.

由 $u(x)=\mathrm{e}^x+x^2+2ax+1$，求得 $u'(x)=\mathrm{e}^x+2x+2a$，$u''(x)=\mathrm{e}^x+2>0$.

所以 $u'(x)$ 单调递增且 $u'(-\infty)<0$，$u'(+\infty)>0$.

所以 $u(x)$ 先减后增，满足题意. 故④正确.

综上，真命题的序号有①④.

评注：解决问题时，不仅要从正向思考，还要从反向思考，灵活运用化归与转化思想；证明结论错误时，只需举出反例即可.

例 5 （2014 年山东卷试题改编）已知函数 $f(x)=a\ln x+\dfrac{2x}{x+1}$，其中 a 为常数，讨论函数 $f(x)$ 的单调性.

分析：函数单调性的判断通常可使用定义法和导数法，定义法适用于在定义域内任意 $x_1>x_2$，容易判断出 $f(x_1)$ 与 $f(x_2)$ 的大小情况，显然不适用于本例. 本例导函数中含有参数 a，$a\geqslant 0$ 时易得出函数单调性，由于该题中导函数的正负仅由分子决定，所以 $a<0$ 时可将分子设为 $g(x)$，而 $g(x)$ 是一元二次函数，易得到不同参数范围下 $g(x)$ 的正负，从而得到函数 $f(x)$ 的单调性.

解：$f(x)$ 的定义域为 $(0,+\infty)$，$f'(x)=\dfrac{ax^2+(2a+2)x+a}{x(x+1)^2}$.

(1) 当 $a\geqslant 0$ 时，$f'(x)>0$，函数 $f(x)$ 在 $(0,+\infty)$ 上单调递增.

(2) 当 $a<0$ 时，令 $g(x)=ax^2+(2a+2)x+a$，$\Delta=4(2a+1)$.

讨论：①当 $a=-\dfrac{1}{2}$ 时，$\Delta=0$，$f'(x)\leqslant 0$，函数 $f(x)$ 在 $(0,+\infty)$ 上单调递减.

②当 $a<-\dfrac{1}{2}$ 时，$\Delta<0$，$g(x)<0$，$f'(x)<0$，函数 $f(x)$ 在 $(0,+\infty)$ 上单调递减.

③当 $-\dfrac{1}{2}<a<0$ 时，$\Delta>0$，$g(x)$ 的零点为 $x=\dfrac{\sqrt{a^2+2a+1}\pm\sqrt{2a+1}}{-a}$.

设两个零点分别为 x_1，$x_2(x_1<x_2)$，此时 $x_1=\dfrac{\sqrt{a^2+2a+1}-\sqrt{2a+1}}{-a}>0$.

可得当 $x\in(0,x_1)$ 时，$g(x)<0$，即 $f'(x)<0$，函数 $f(x)$ 单调递减.

当 $x\in(x_1,x_2)$ 时，$g(x)>0$，即 $f'(x)>0$，函数 $f(x)$ 单调递增.

当 $x \in (x_2, +\infty)$ 时，$g(x)<0$，即 $f'(x)<0$，函数 $f(x)$ 单调递减.

综上可知，当 $a \geqslant 0$ 时，$f(x)$ 在 $(0, +\infty)$ 上单调递增；当 $-\dfrac{1}{2}<a<0$ 时，$f(x)$ 在 $\left(0, \dfrac{-(a+1)+\sqrt{2a+1}}{a}\right)$，$\left(\dfrac{-(a+1)-\sqrt{2a+1}}{a}, +\infty\right)$ 上单调递减，在 $\left(\dfrac{-(a+1)+\sqrt{2a+1}}{a}, \dfrac{-(a+1)-\sqrt{2a+1}}{a}\right)$ 上单调递增；当 $a \leqslant -\dfrac{1}{2}$ 时，$f(x)$ 在 $(0, +\infty)$ 上单调递减.

评注：讨论函数 $f(x)$ 的单调性时，先确定函数定义域，再求导函数 $f'(x)$，令 $f'(x)>0$ 和 $f'(x)<0$ 分别得到单调递增区间和单调递减区间. 通常情况下单调区间写为开区间，当函数式中含有参数时，需根据实际情况对参数进行分类讨论，保证不重不漏.

3.1.2　在函数零点问题中的应用

函数零点相关问题主要有求解函数零点、求零点个数、利用零点求参数范围等. 根据零点是否可求，分为"显零点"和"隐零点"两个大类. 隐零点问题往往出现在压轴题中，有一定难度.

例 6　（2017 年全国卷Ⅲ试题改编）若函数 $f(x)=x^2-2x-a(e^{x-1}+e^{-x+1})-1$ 零点唯一，则 $a=(\quad)$.

A. $-\dfrac{1}{2}$　　　　B. $\dfrac{1}{3}$　　　　C. $\dfrac{1}{2}$　　　　D. -1

解：由题可知，零点 x_0 满足 $x_0^2-2x_0-1=a(e^{x_0-1}+e^{-x_0+1})$.

设 $g(x)=x^2-2x-1$，当 $x=1$ 时，$g(x)$ 取得最小值 -2.

设 $h(x)=e^{x-1}+e^{-x+1}$，则等式右边等于 $ah(x)$.

$h'(x)=e^{x-1}-e^{-x+1}=\dfrac{e^{2(x-1)}-1}{e^{x-1}}$，令 $h'(x)=0$，$x=1$.

当 $x<1$ 时，$h'(x)<0$，函数 $h(x)$ 单调递减；

当 $x>1$ 时，$h'(x)>0$，函数 $h(x)$ 单调递增.

所以，当 $x=1$ 时，$h(x)$ 取得最小值 $h(x)_{\min}=h(1)=2$.

若 $a>0$，函数 $g(x)$ 与函数 $ah(x)$ 没有交点；

若 $a<0$，且 $g(1)=ah(1)$，此时函数 $g(x)$ 和 $ah(x)$ 有一个交点，即有 $2a=-2$，解得 $a=-1$.

故选 D.

评注：根据零点个数求参数时，若方程可解，通过解方程求解；若方程不易解或不可解，则可对方程进行变形，使等式两边均为易作函数图像的新函数，借助两个新函数图像的交点情况求解，这样会使得问题变得直观、简单，这也体现了数形结合思想.

例 7　设函数 $f(x)=a\ln x-x^2$，其中 $a>2e$（e 为自然对数的底数），则 $f(x)$ 在区间 $(1, e^a)$ 内零点个数为 _____.

解：求导，易得 $f'(x)=\dfrac{a-2x^2}{x}$.

令 $f'(x)=0$，得 $x=\pm\sqrt{\dfrac{a}{2}}$.

由 $x \in (1, \mathrm{e}^a)$ 且 $a > 2\mathrm{e}$，可得 $\sqrt{\dfrac{a}{2}} > \sqrt{\mathrm{e}} > 1$，$\mathrm{e}^a > \sqrt{\dfrac{a}{2}}$.

令 $f'(x) > 0$，得 $1 < x < \sqrt{\dfrac{a}{2}}$；令 $f'(x) < 0$，得 $\sqrt{\dfrac{a}{2}} < x < \mathrm{e}^a$.

所以函数 $f(x)$ 在 $\left(1, \sqrt{\dfrac{a}{2}}\right)$ 上单调递增，在 $\left(\sqrt{\dfrac{a}{2}}, \mathrm{e}^a\right)$ 上单调递减.

当 $x = \sqrt{\dfrac{a}{2}}$ 时，$f(x)$ 取得最大值，$f(x)_{\max} = f\left(\sqrt{\dfrac{a}{2}}\right) = \dfrac{a}{2} \ln \dfrac{a}{2} - \dfrac{a}{2}$.

因为 $a > 2\mathrm{e}$，所以 $\dfrac{a}{2} > \mathrm{e}$，$\ln \dfrac{a}{2} > \ln \mathrm{e} = 1$.

所以 $f(x)_{\max} = f\left(\sqrt{\dfrac{a}{2}}\right) > 0$.

又因为 $f(1) = -1 < 0$，$f(\mathrm{e}^a) = a \ln \mathrm{e}^a - \mathrm{e}^{2a} = a^2 - \mathrm{e}^{2a} = (a + \mathrm{e}^a)(a - \mathrm{e}^a) < 0$，所以函数 $f(x) = a \ln x - x^2$ 在区间 $(1, \mathrm{e}^a)$ 内有两个零点.

评注：求函数零点个数可以先讨论参数，再结合试根法. 由于函数的零点是函数图像与 x 轴交点的横坐标，所以本例也可借助函数的零点与对应方程的根的关系来求解，即将对应方程进行移项变形，转化为两个新函数图像的交点个数问题.

例 8 若函数 $f(x) = x \ln x - ax^2$，$f(x)$ 的导函数 $g(x)$ 存在唯一零点，则参数 a 的取值范围是 _____.

解：$g(x)$ 存在唯一零点，则 $g(x)$ 在零点两侧符号相反，且需证明是零点的唯一性.

易得 $f'(x) = g(x) = \ln x - 2ax + 1 (x > 0)$，$g'(x) = \dfrac{1}{x} - 2a$.

(1) 当 $a \leqslant 0$ 时，$g'(x) > 0$，所以 $g(x)$ 在区间 $(0, +\infty)$ 上单调递增.

因为当 $x \to 0$ 时，$g(x) < 0$，$g(1) = 1 - 2a > 0$，所以 $g(x)$ 在区间 $(0, +\infty)$ 上存在唯一零点且在零点两侧的符号相反.

(2) 当 $a > 0$ 时，令 $g'(x) = 0$，得 $x = \dfrac{1}{2a}$.

$g(x)$ 在区间 $\left(0, \dfrac{1}{2a}\right)$ 上单调递增，在区间 $\left(\dfrac{1}{2a}, +\infty\right)$ 上单调递减，则 $g(x)_{\max} = g\left(\dfrac{1}{2a}\right)$.

①若 $g\left(\dfrac{1}{2a}\right) = 0$，$g(x)$ 存在唯一零点，但函数 $g(x)$ 在零点两侧都为正，不合题意.

②若 $g\left(\dfrac{1}{2a}\right) < 0$，当 $x \to 0$ 时，且当 $x \to +\infty$ 时，$g(x) > 0$，

此时函数 $g(x)$ 有两个零点，不合题意.

③若 $g\left(\dfrac{1}{2a}\right) > 0$，则恒有 $g(x) > 0$，此时函数 $g(x)$ 无零点，不合题意.

综上所述，a 的取值范围是 $(-\infty, 0]$.

评注：在解决零点相关问题时，要善于利用函数特殊点的值，且不能忽略极限思想. 当不易找到符合条件的点时，极限思想能带来意想不到的效果.

例 9 设函数 $f(x) = \ln x + a(x-1)^2 (a > 0)$，$f(x)$ 在 $(0, 1)$ 内有唯一的零点 x_0，求证：$e^{-\frac{3}{2}} < x_0 < e^{-1}$.

分析：对 $f(x)$ 求导后，发现 $f'(x)$ 的分母是含参二次函数，常用根的判别式 $\Delta = b^2 - 4ac$ 的正负来讨论参数 a，得到不同参数范围下函数 $f(x)$ 的单调性. 根据 $f(x)$ 在 $(0, 1)$ 内有唯一的零点 x_0，确定满足条件的参数范围和零点范围. 由于零点不易求出，可直接虚设出 x_0，构造出新函数 $h(x)$，由零点存在定理找出 $h(x)$ 的两个特殊点的值，证得 $e^{-\frac{3}{2}} < x_0 < e^{-1}$.

证明：求导，得 $f'(x) = \dfrac{2ax^2 - 2ax + 1}{x}$.

设 $g(x) = 2ax^2 - 2ax + 1$.

当 $0 < a \leqslant 2$ 时，$\Delta = 4a^2 - 8a \leqslant 0$，$g(x) \geqslant 0$，$f'(x) \geqslant 0$，$f(x)$ 在 $(0, +\infty)$ 上单调递增.

当 $a > 2$ 时，设 $g(x) = 0$ 的两个根为 x_1，$x_2 \left(0 < x_1 < \dfrac{1}{2} < x_2\right)$，且 $x_1 = \dfrac{a - \sqrt{a^2 - 2a}}{2a}$，$x_2 = \dfrac{a + \sqrt{a^2 - 2a}}{2a}$.

$f(x)$ 在 $(0, x_1)$，$(x_2, +\infty)$ 上单调递增，在 (x_1, x_2) 上单调递减.

由题知 $f(1) = 0$，$f(x)$ 在区间 $(0, 1)$ 内有唯一的零点 x_0，所以 $a > 2$，且 x_0，$x_1 \in \left(0, \dfrac{1}{2}\right)$.

于是有 $\ln x_0 + a(x_0 - 1)^2 = 0$，且 $2ax_0^2 - 2ax_0 + 1 = 0$，由两式得 $\ln x_0 - \dfrac{x_0 - 1}{2x_0} = 0$.

设 $h(x) = \ln x - \dfrac{x-1}{2x} [x \in (0, 1)]$，则 $h'(x) = \dfrac{2x-1}{2x^2} < 0$，$h(x)$ 在 $\left(0, \dfrac{1}{2}\right)$ 上单调递减.

又因为 $h(e^{-\frac{3}{2}}) = \dfrac{e^{\frac{3}{2}} - 4}{2} > 0$，$h(e^{-1}) = \dfrac{e^{-1} - 3}{2} < 0$，根据零点存在定理，证得 $e^{-\frac{3}{2}} < x_0 < e^{-1}$.

评注：零点存在定理：若 $f(x)$ 在区间 $[a, b]$ 上连续，且 $f(a)f(b) < 0$，则存在 $c \in (a, b)$，使得 $f(c) = 0$. 当函数零点不可求时，可虚设出零点后考虑运用零点存在定理，这是解决"隐零点"问题的重要策略.

例 10 设函数 $f(x) = (x-1)e^x + \dfrac{k}{2}x^2$（其中 $k \in \mathbf{R}$）.

(1) 求函数 $f(x)$ 的单调区间；

(2) 当 $k < 0$ 时，讨论函数 $f(x)$ 的零点个数.

分析：(1) 通过观察导函数的形式，显然当 $k \geqslant 0$ 时，x 的正负决定函数的单调性，而 $k < 0$ 时，$k = -1$，$f'(x)$ 始终大于等于 0，考查到这两个分界点，就容易讨论出函数单调性.

(2) 讨论 $k < 0$ 时函数 $f(x)$ 的零点个数，需借助 (1)，分两种情况，根据函数单调性以及特值点的函数值正负得出. 需要注意的是，当 $k < -1$，$x \in [\ln(-k), +\infty)$ 时，

函数是单调递增的，且容易找到函数值小于零的点，而不易找到函数值大于零的点，此处找到 $x=-k+1$，函数值的正负需通过二次求导来判断，得出零点个数.

解：(1) $f(x)$ 的定义域为 **R**，$f'(x)=x(\mathrm{e}^x+k)$.

①当 $k\geqslant0$ 时，令 $f'(x)>0$，解得 $x>0$.

$f(x)$ 的单调递增区间是 $(0,+\infty)$，单调递减区间是 $(-\infty,0)$.

②当 $-1<k<0$ 时，令 $f'(x)>0$，解得 $x<\ln(-k)$ 或 $x>0$.

$f(x)$ 的单调递增区间是 $(0,+\infty)$，$(-\infty,\ln(-k))$，单调递减区间是 $(\ln(-k),0)$.

③当 $k=-1$ 时，函数 $f'(x)>0$，则 $f(x)$ 的单调递增区间是 $(-\infty,+\infty)$.

④当 $k<-1$ 时，令 $f'(x)>0$，则 $x<0$ 或 $x>\ln(-k)$.

$f(x)$ 的单调递增区间是 $(-\infty,0)$，$(\ln(-k),+\infty)$，单调递减区间是 $(0,\ln(-k))$.

（2）讨论：

①当 $-1\leqslant k<0$ 时，由（1）知，若 $x\in(-\infty,0)$，$f(x)\leqslant f(\ln(-k))=\dfrac{k}{2}\big[(\ln(-k)-1)^2+1\big]<0$，$f(x)$ 无零点.

若 $x\in[0,+\infty)$，易得 $f(0)=-1$，$f(2)=\mathrm{e}^2-2k\geqslant\mathrm{e}^2-2>0$.

又因为 $f(x)$ 在 $[0,+\infty)$ 上单调递增，所以 $f(x)$ 在 $[0,+\infty)$ 上有唯一的零点.

所以当 $-1\leqslant k<0$ 时，函数 $f(x)$ 在 **R** 上有唯一的零点.

②当 $k<-1$ 时，由（1）知，若 $x\in(-\infty,\ln(-k))$，$f(x)\leqslant f_{\max}(x)=f(0)=-1<0$，$f(x)$ 无零点.

若 $x\in[\ln(-k),+\infty)$，$f(x)$ 单调递增.

$f(\ln(-k))<f(0)=-1<0$.

$f(-k+1)=-k\,\mathrm{e}^{-k+1}+\dfrac{k(-k+1)^2}{2}=-k\Big[\mathrm{e}^{-k+1}-\dfrac{(-k+1)^2}{2}\Big]$.

下面证明 $f(k+1)>0$：

令 $g(t)=\mathrm{e}^t-\dfrac{1}{2}t^2$，$t=-k+1>2$，则 $g'(t)=\mathrm{e}^t-t$，$g''(x)=\mathrm{e}^t-1$.

当 $t>2$ 时，$g''(t)>0$，$g'(t)$ 在 $(2,+\infty)$ 上单调递增，所以 $g'(t)>g'(2)=\mathrm{e}^2-2>0$，$g(t)$ 在 $(2,+\infty)$ 上单调递增，$g(t)>g(2)=\mathrm{e}^2-2>0$，即 $f(k+1)>0$.

所以 $f(x)$ 在 $[\ln(-k),+\infty)$ 上有唯一的零点.

故当 $k<-1$ 时，函数 $f(x)$ 在 **R** 上有唯一的零点.

综合①②知，当 $k<0$ 时，函数 $f(x)$ 在定义域 **R** 上有且只有一个零点.

评注：部分函数仅进行一次求导无法直接判断导函数的正负，此时二次求导则是一个很好的选择. 根据二次求导后的函数情况讨论出导函数的单调性，再借助导函数的最值大小，间接得到原函数的单调性和最值.

3.1.3　在函数极值、最值问题中的应用

在求函数的最值时需考虑函数端点、拐点，防止取到错误的极值点、最值点，在解决相关问题时会遇到极值点存在但不可求的情况，也可利用虚设零点的方法"设而不求".

极值点偏移问题是其中一类重难点题型.

例 11 设函数 $f(x)=\ln\dfrac{x}{2}+\dfrac{1}{2}$，$g(x)=e^{x-2}$，$f(m)=g(n)$恒成立，则 $m-n$ 的最小值为（　　）.

A. $1-\ln 2$　　　　B. $\ln 2$　　　　C. $2\sqrt{e}-3$　　　　D. e^2-3

解：不妨设 $f(m)=f(n)=k$，则 $k>0$，$\ln\dfrac{m}{2}+\dfrac{1}{2}=e^{n-2}=k$.

可得 $m=2\cdot e^{k-\frac{1}{2}}$，$n=2+\ln k$，$m-n=2\cdot e^{k-\frac{1}{2}}-2-\ln k\,(k>0)$.

令 $h(k)=2\cdot e^{k-\frac{1}{2}}-2-\ln k$，易得 $h'(k)$ 在 $(0,+\infty)$ 上是增函数，且 $h'\left(\dfrac{1}{2}\right)=0$.

当 $k>\dfrac{1}{2}$ 时，$h'(k)>0$；当 $0<k<\dfrac{1}{2}$ 时，$h'(k)<0$.

即当 $k=\dfrac{1}{2}$ 时，$h(k)$ 取得极小值，也是最小值，此时 $h\left(\dfrac{1}{2}\right)=2\cdot e^{\frac{1}{2}-\frac{1}{2}}-2-\ln\dfrac{1}{2}=$ $\ln 2$.

故选 B.

评注：求最小值时应先表示出所求式子的函数表达式，根据其单调性得到最值. 对于恒等式，可用新的变量同时表示出原两个变量的方法减少变量个数，所求式变为仅含新变量的函数，则易求得最值.

例 12 已知函数 $f(x)=x\ln x+1$，当 $a\in\mathbf{Z}$ 时，不等式 $f(x)-a(x-1)>0$ 在 $x\in(1,+\infty)$ 上恒成立，求 a 的最大值.

分析：求参数的最大值，考虑将参数 a 分离到等式的一边，等式的另一边则是一个新的函数 $g(x)=\dfrac{x\ln x+1}{x-1}$. 由于 $a<g(x)$，求 a 的最大值等价于求函数 $g(x)$ 的最小值. 由于此题极值点不易求，所以采用设而不求的思想，最终化简得到极值点的值.

解：$f(x)$ 的定义域为 $(1,+\infty)$.

原不等式可变形为 $a<\dfrac{f(x)}{x-1}$，即对于任意的 $x>1$，不等式 $a<\dfrac{x\ln x+1}{x-1}$ 恒成立.

令 $g(x)=\dfrac{x\ln x+1}{x-1}$，则 $g'(x)=\dfrac{x-\ln x-2}{(x-1)^2}$.

令 $h(x)=x-\ln x-2\,(x>1)$，则 $h'(x)=1-\dfrac{1}{x}>0$，所以 $h(x)$ 在 $(1,+\infty)$ 上单调递增.

$h(3)=1-\ln 3<0$，$h(4)=2-2\ln 2>0$.

所以存在 $x_0\in(3,4)$，使得 $h(x_0)=0$，即 $g'(x_0)=0$.

当 $1<x<x_0$ 时，$h(x)<0$，$g(x)$ 在 $(1,x_0)$ 上单调递减；

当 $x>x_0$ 时，$h(x)>0$，$g(x)$ 在 $(x_0,+\infty)$ 上单调递增.

由 $h(x_0)=x_0-\ln x_0-2=0$，得 $\ln x_0=x_0-2$.

所以 $g(x)_{\min}=g(x_0)=\dfrac{x_0\ln x_0+1}{x_0-1}=\dfrac{x_0^2-2x_0+1}{x_0-1}=x_0-1$.

$a<g(x)_{\min}=x_0-1\in(2,3)$.

又因为 $a \in \mathbf{Z}$，所以 a 的最大值是 2.

评注：恒成立求参数范围问题较为综合，通常综合考查函数单调性、函数的极值、函数的最值、零点存在定理等知识以及"设而不求"的思想，灵活运用极值点导函数的值为 0 得到的等量关系也是解决相关问题的关键之处.

例 13 已知函数 $f(x) = (x^2 - x) \ln x - \dfrac{1}{2} x^2 - ax$，$a \in \mathbf{R}$.

（1）试讨论函数 $f(x)$ 极值点的个数；

（2）当 $-1 < a < 3 \ln 2 - 1$ 时，函数 $f(x)$ 在 $[1, +\infty)$ 上的最小值记为 $g(a)$，求 $g(a)$ 的取值范围.

分析：（1）由于一次求导无法直接看出导函数的正负区间，则选择二次求导. 求导前先将 a 分离，二次求导发现 $h''(x) > 0$，根据 $h'(1) = 0$ 以及 $h'(x)$ 的单调性得到 $h(x)$ 的单调性和最小值 -1，再将参数 a 与 -1 作比较，讨论出函数极值点的个数.

（2）需根据（1）的一些结论和特殊值点的函数值得到零点 t 的范围，并设出零点 t，根据零点 t 满足 $f'(t) = 0$，即 $a = (2t - 1) \ln t - 1$，将 $g(a)$ 化简为仅含 t 的函数，由于 t 与 a 的对应关系，求出 $u(t)$ 在 $t \in (1, 2)$ 的值域，即 $g(a)$ 在 $a \in (-1, 3 \ln 2 - 1)$ 上的取值范围.

解：（1）$f(x)$ 的定义域为 $x > 0$，求得 $f'(x) = (2x - 1) \ln x - 1 - a$.

记 $h(x) = (2x - 1) \ln x - 2$，则 $h'(x) = 2 \ln x + 1 - \dfrac{1}{x}$，$h''(x) = \dfrac{2}{x} + \dfrac{1}{x^2} > 0$，所以 $h'(x)$ 在 $(0, +\infty)$ 上单调递增，且 $h'(1) = 0$.

由于当 $0 < x < 1$ 时，$h'(x) < 0$；当 $x > 1$ 时，$h'(x) > 0$. 所以 $h(x)$ 在 $(0, 1)$ 上单调递减，在 $(1, +\infty)$ 上单调递增.

又因为当 $x \to 0$ 时，$h(x) \to +\infty$；当 $x \to +\infty$ 时，$h(x) \to +\infty$；$h(x)_{\min} = h(1) = -1$.

所以，当 $a \leqslant -1$ 时，$f'(x) \geqslant 0$，$f(x)$ 在 $x > 0$ 时单调递增，无极值点；当 $a > -1$ 时，$y = f'(x)$ 有两个零点，所以 $f(x)$ 有两个极值点.

（2）由（1）知，$h(x)$ 在 $[1, +\infty)$ 上单调递增，即 $f'(x)$ 在 $[1, +\infty)$ 上单调递增，此时 $a \leqslant -1$.

因为 $f'(1) = -1 - a < 0$，$f'(2) = 3 \ln 2 - 1 - a > 0$，所以存在唯一实数 $t \in (1, 2)$，使得 $f'(t) = 0$.

所以 $a = (2t - 1) \ln t - 1$，$f(x)$ 在 $(1, t]$ 上单调递减，在 $[t, +\infty)$ 上单调递增.

$f(x)_{\min} = g(a) = -t^2 \ln t - \dfrac{1}{2} t^2 - 2t$.

显然 $a = (2t - 1) \ln t - 2$ 在 $[1, +\infty)$ 上单调递增，则对任意 $a \in (-1, 3 \ln 2 - 1)$，都存在唯一 $t \in (1, 2)$ 与之对应，反之亦然.

设 $u(t) = -t^2 \ln t - \dfrac{1}{2} t^2 - 2t$，$t \in (1, 2)$，求得 $u'(t) = -t(2 \ln t + 3) < 0$.

则 $u(t)$ 在 $(1, 2)$ 上单调递减，$u(2) < u(t) < u(1)$，即 $-4 \ln 2 - 6 < u(t) < -\dfrac{5}{2}$.

所以 $g(a)$ 的取值范围为 $\left(-4 \ln 2 - 6, -\dfrac{5}{2} \right)$.

评注：在代换时不能忽略变量的取值范围，以及两个变量间的对应关系.

3.1.4　在三角函数问题中的应用

三角函数是一种重要的基本初等函数，用常规方法解决三角函数问题需要很强的技巧性以及运算能力，在三角函数的单调性、周期性、奇偶性、最值以及不等式证明、求值等问题中运用导数法往往会给解题带来意想不到的结果.

例 14　函数 $f(x)=\sin^2 x+\cos^4 x+1$ 的最小正周期是_____.

解：$f'(x)=2\sin x\cos x-4\cos^3 x\sin x=2\sin x\cos x(1-2\cos^2 x)$.

令 $f'(x)=0$，有 $\sin x=0$ 或 $\cos x=0$ 或 $\cos^2 x=\dfrac{1}{2}$.

当 $\sin x=0$ 时，$x=k\pi(k\in\mathbf{Z})$，$f(x)=2$.

当 $\cos x=0$ 时，$x=k\pi+\dfrac{\pi}{2}(k\in\mathbf{Z})$，$f(x)=2$.

当 $\cos^2 x=\dfrac{1}{2}$ 时，$x=\dfrac{\pi}{4}+\dfrac{k\pi}{2}(k\in\mathbf{Z})$.

可得 $f(x)_{\max}=2$，由于相邻两个最大值间的距离为最小正周期，故 $T=\left(k\pi+\dfrac{\pi}{2}\right)-k\pi=\dfrac{\pi}{2}$.

评注：在求最小正周期时，不仅可以用常规方法，还可以使用求导的方法. 需注意的是，周期函数的最小正周期为该函数相邻的两个极大(小)值之间的距离.

例 15　（2018 年全国卷Ⅰ理科 16 题）已知函数 $f(x)=2\sin x+\sin 2x$，则 $f(x)$ 的最小值是_____.

解：求最值很自然想到导数法，但求导得到 $f'(x)=2\cos x+2\cos 2x$，求得导函数等于 0 的点的个数不止一个，讨论起来非常复杂，不可行.

因此，应先对原函数的图像和性质进行考查，易得 $f(x)$ 为奇函数且周期 $T=2\pi$，观察 $y=2\sin x$ 和 $y=\sin 2x$ 的图像特点，可得 $f(x)$ 的最大值在 $\left[0,\dfrac{\pi}{2}\right]$ 上取得，而最大值与最小值之和始终为 0，所以可先求 $f(x)$ 的最大值，即可得到其最小值.

求得 $f'(x)=2\cos x+2\cos 2x=2(2\cos x-1)(\cos x+1)$，易得当 $x\in\left[0,\dfrac{\pi}{3}\right]$ 时，$f'(x)>0$，$f(x)$ 单调递增；当 $x\in\left[\dfrac{\pi}{3},\dfrac{\pi}{2}\right]$ 时，$f'(x)<0$，$f(x)$ 单调递减.

所以 $f(x)_{\max}=f\left(\dfrac{\pi}{3}\right)=\dfrac{3\sqrt{3}}{2}$，$f(x)_{\min}=-\dfrac{3\sqrt{3}}{2}$，即 $f(x)$ 的最小值是 $-\dfrac{3\sqrt{3}}{2}$.

评注：在运用导数法时不能生搬硬套，应结合题意，充分解读已知条件后再求导.

例 16　对于任意 $x\in\left[0,\dfrac{\pi}{2}\right)$，$\sin x\leqslant ax+b\leqslant\tan x$ 恒成立，其中 $a,b\in\mathbf{R}$，求 a，b 的所有值.

分析：由于上式恒成立，则当 x 取 0 这个特殊值时，上式仍成立，可得到 b 为固定值 0，将上式化简. 由于上式含有两个不等号，考虑将其拆成两个不等式，再移项构造出两个函数，分别求导考虑其性质，对 a 的值进行讨论，从而得到结果.

解：当 $x=0$ 时，恒有 $\sin 0 \leqslant b \leqslant \tan 0$，可得 $b=0$.

此时，对于任意 $x \in \left[0, \dfrac{\pi}{2}\right)$，$\sin x \leqslant ax \leqslant \tan x$ 恒成立.

（1）当 $a<1$ 时，令 $g(x)=ax-\sin x$，

则 $g'(x)=a-\cos x=0$ 在 $\left[0, \dfrac{\pi}{2}\right)$ 上有唯一解 x_1.

当 $x \in [0, x_1)$ 时，$g'(x) \leqslant 0$，$g(x)$ 在 $x=0$ 处取得最大值.

$g(x) \leqslant g(0)=0$，即 $ax \leqslant \sin x$，与题意矛盾，舍去.

（2）当 $a>1$ 时，令 $r(x)=\tan x-ax$，

则 $r'(x)=\dfrac{1-a\cos^2 x}{\cos^2 x}=0$ 在 $\left[0, \dfrac{\pi}{2}\right)$ 上有唯一解 x_2，且当 $x \in [0, x_2)$ 时，$r'(x) \leqslant 0$.

$r(x)$ 在 $x=0$ 处取得最大值，有 $r(x) \leqslant r(0)=0$.

$ax \geqslant \tan x$，与题意矛盾，舍去.

（3）当 $a=1$ 时，对于任意 $x \in \left[0, \dfrac{\pi}{2}\right)$，$\sin x \leqslant ax \leqslant \tan x$ 恒成立.

综上，a 与 b 的值都唯一，即 $a=1$，$b=0$.

评注：在不等式恒成立问题中，特殊值、特殊点应特殊考虑，善于对给出的不等式进行等价转化，结合三角函数的取值对参数进行讨论.

3.1.5 在含参变量问题中的应用

含参变量问题通常与函数单调性、函数极值、最值、恒成立和存在性问题相结合，分离参变量往往能够将问题转化从而得到解答，这部分题目用代数法或者数形结合的方法解决，理解等价转化的数学思想，需根据实际情况选择合适的方法.

例 17 设函数 $f(x)=(x-2)e^x-\dfrac{ax^2}{2}+ax-3$，$x=1$ 是 $f(x)$ 的极小值点，求实数 a 的取值范围.

分析：求得导函数后，显然需要分类讨论，讨论时首先要注意到 $a \leqslant 0$ 的特殊情况，此时导函数正负仅由 x 决定，再以 a 与 e 的比较分类讨论，根据不同分类下函数的单调性、极值、最值情况与题中条件是否符合，得到 a 的取值范围.

解：对 $f(x)$ 求导，可得 $f'(x)=e^x+(x-2)e^x-ax+a=(x-1)(e^x-a)$.

（1）当 $a \leqslant 0$ 时，令 $f'(x)=0$，$x=1$.

若 $x \in (-\infty, 1)$，$f'(x)<0$，$f(x)$ 单调递减；

若 $x \in (1, +\infty)$，$f'(x)>0$，$f(x)$ 单调递增.

所以 $x=1$ 为 $f(x)$ 的极小值点，满足题意.

（2）当 $0<a<e$ 时，令 $f'(x)=0$，$x=1$ 或 $x=\ln a$，且 $\ln a<1$.

由于当 $x \in (-\infty, \ln a)$ 或 $x \in (1, +\infty)$ 时，$f'(x)>0$；当 $x \in (\ln a, 1)$ 时，$f'(x)<0$.

所以 $x=1$ 为 $f(x)$ 的极小值点，满足题意.

（3）当 $a \geqslant e$ 时，令 $f'(x)=0$，$x=1$ 或 $x=\ln a$，且 $\ln a \geqslant 1$.

由于当 $x \in (-\infty, 1)$ 或 $x \in (\ln a, +\infty)$ 时，$f'(x) > 0$；当 $x \in (1, \ln a)$ 时，$f'(x) < 0$.

所以 $x = 1$ 为 $f(x)$ 的极大值点，不满足题意.

综上，实数 a 的取值范围为 $a < e$.

评注：分类讨论时，首先应考虑明显的、特殊的情况，这将使分类更加简捷，讨论时也不能重复或者漏掉某些范围.

例 18　设 $f(x) = \ln x + (e^2 - a)x + b$，其中 e 是自然对数的底数，若不等式 $f(x) \leqslant 0$ 恒成立，则 $\dfrac{b}{a}$ 的最大值为_____.

解：$f(x)$ 的定义域为 $(0, +\infty)$. 对 $f(x)$ 求导，可得 $f'(x) = \dfrac{1}{x} + (e^2 - a)$.

(1) 当 $a \leqslant e^2$ 时，$f'(x) > 0$，$f(x)$ 在 $(0, +\infty)$ 上单调递增.

由于 $f(x)$ 的定义域为 $(0, +\infty)$，所以 $f(x) \leqslant 0$ 不可能恒成立.

(2) 当 $a > e^2$ 时，令 $f'(x) = 0$，得 $x = \dfrac{1}{a - e^2}$.

当 $x \in \left(0, \dfrac{1}{a - e^2}\right)$ 时，$f'(x) > 0$，$f(x)$ 单调递增；

当 $x \in \left(\dfrac{1}{a - e^2}, +\infty\right)$ 时，$f'(x) < 0$，$f(x)$ 单调递减.

所以当 $x = \dfrac{1}{a - e^2}$ 时，$f(x)$ 取得最大值，$f(x)_{\max} = f\left(\dfrac{1}{a - e^2}\right) = -\ln(a - e^2) + b - 1$.

若不等式 $f(x) \geqslant 0$ 恒成立，则 $f(x)_{\max} \leqslant 0$ 恒成立，即 $\ln(a - e^2) - b + 1 \leqslant 0$，即有 $\dfrac{b}{a} \leqslant \dfrac{\ln(a - e^2) + 1}{a}$ $(a > e^2)$.

令 $g(x) = \dfrac{\ln(x - e^2) + 1}{x}$ $(x > e^2)$，$g'(x) = \dfrac{-(x - e^2)\ln(x - e^2) + e^2}{(x - e^2)x^2}$.

令 $h(x) = -(x - e^2)\ln(x - e^2) + e^2$，$h'(x) = -\ln(x - e^2) - 1$.

令 $h'(x) = 0$，$x = e^2 + \dfrac{1}{e}$.

当 $x \in \left(e^2, e^2 + \dfrac{1}{e}\right)$ 时，$h'(x) > 0$，$h(x)$ 单调递增；

当 $x \in \left(e^2 + \dfrac{1}{e}, +\infty\right)$ 时，$h'(x) < 0$，$h(x)$ 单调递减.

所以当 $x = e^2 + \dfrac{1}{e}$ 时，$h(x)$ 取得最大值，$h(x)_{\max} = h\left(e^2 + \dfrac{1}{e}\right) = e^2 + \dfrac{1}{e}$.

因为当 $x \to e^2$ 时，$h(x) > 0$；当 $x > 2e^2$ 时，$h(x) < 0$ 且 $h(2e^2) = 0$.

所以当 $x \in (e^2, 2e^2)$ 时，$g(x) > 0$，$g(x)$ 单调递增；当 $x \in (2e^2, +\infty)$ 时，$g(x) < 0$，$g(x)$ 单调递减.

当 $x = 2e^2$ 时，$g(x)$ 取得最大值，$\left(\dfrac{b}{a}\right)_{\max} = g(x)_{\max} = g(2e^2) = \dfrac{1}{e^2}$.

所以 $\dfrac{b}{a}$ 的最大值为 $\dfrac{1}{e^2}$.

评注：求 $\dfrac{b}{a}$ 的最大值应先将其用已知条件表示出来，再根据表示出的函数的性质求解.

例 19 （2013 年江苏卷试题改编）已知函数 $f(x)=\mathrm{e}^x+\dfrac{ax}{2}$，$g(x)=\ln x-2ax$，其中 $a\in\mathbf{R}$.

（1）若 $f(x)$ 在 $(1,+\infty)$ 上单调递增，$g(x)$ 在 $(1,+\infty)$ 上有最大值，求 a 的取值范围；

（2）若 $f(x)$ 在 $(0,+\infty)$ 上单调递增，求函数 $g(x)$ 的零点个数，并证明.

分析：（1）关键在于对条件 $g(x)$ 在 $(1,+\infty)$ 上有最大值的转化，由于 $(1,+\infty)$ 是开区间，所以 $g(x)$ 单调时无法取到最大值，此种情况应舍去.

（2）用分离参数法，将原问题等价转化为求函数 $h(x)=\dfrac{\ln x}{2x}$ 与 $y=a$ 的交点的个数.

解：（1）由题知 $f'(x)=\mathrm{e}^x+\dfrac{a}{2}\geqslant 0$ 在 $(1,+\infty)$ 上恒成立，即 $a\geqslant-2\mathrm{e}^x$ 在 $(1,+\infty)$ 上恒成立.

因为 $-2\mathrm{e}^x$ 在 $(1,+\infty)$ 上单调递减，所以 $a\geqslant-2\mathrm{e}$.

由于 $g'(x)=\dfrac{1}{x}-2a$，若 $a\leqslant 0$，则 $g'(x)>0$ 在 $(1,+\infty)$ 上恒成立，此时 $g(x)$ 在 $(1,+\infty)$ 上单调递增，所以 $g(x)$ 在 $(1,+\infty)$ 上没有最大值，所以 $a>0$.

令 $g'(x)=0$，$x=\dfrac{1}{2a}$.

当 $x<\dfrac{1}{2a}$ 时，$g'(x)>0$，$g(x)$ 单调递增；

当 $x>\dfrac{1}{2a}$ 时，$g'(x)<0$，$g(x)$ 单调递减.

所以 $x=\dfrac{1}{2a}$ 为 $g(x)$ 的可疑极大值点，由题知 $\dfrac{1}{2a}>1$，所以 $a<\dfrac{1}{2}$.

综上，a 的取值范围为 $-2\mathrm{e}<a<\dfrac{1}{2}$.

（2）由题知 $g'(x)=\mathrm{e}^x+\dfrac{ax}{2}\geqslant 0$ 在 $(0,+\infty)$ 上恒成立，所以 $\mathrm{e}^x\geqslant-2\mathrm{e}^x$ 在 $(0,+\infty)$ 上恒成立.

因为 $-2\mathrm{e}^x$ 在 $(0,+\infty)$ 上单调递减，所以 $a\geqslant-2$.

由 $g(x)=\ln x-2ax=0(x>0)$，得 $a=\dfrac{\ln x}{2x}(x>0)$.

令 $h(x)=\dfrac{\ln x}{2x}$，下面求函数 $h(x)=\dfrac{\ln x}{2x}$ 与 $y=a$ 的交点的个数.

易得 $h'(x)=\dfrac{1-\ln x}{2x^2}$，令 $h'(x)=0$，$x=\mathrm{e}$.

当 $0<x<\mathrm{e}$ 时，$h'(x)>0$，$h(x)$ 单调递增；

当 $x>\mathrm{e}$ 时，$h'(x)<0$，$h(x)$ 单调递减.

所以 $x=\mathrm{e}$ 时，$h(x)$ 取得最大值，$h(x)_{\max}=h(\mathrm{e})=\dfrac{1}{2\mathrm{e}}$.

又当 $0<x<1$ 时，$h(x)<0$；当 $x>1$ 时，$h(x)=\dfrac{\ln x}{x}>0$.

根据 $h(x)=\dfrac{\ln x}{2x}$ 的大致图像，易得：

当 $a\leqslant0$ 或 $a=\dfrac{1}{2\mathrm{e}}$ 时，$f(x)$ 的零点有 1 个；

当 $0<a<\dfrac{1}{2\mathrm{e}}$ 时，$f(x)$ 的零点有 2 个.

评注：函数在某区间上单调递增等价于在该区间上 $f'(x)\geqslant0$，函数在某区间上单调递减等价于在该区间上 $f'(x)\leqslant0$.

例 20　函数 $f(x)=\dfrac{x^2+1}{x}$，$g(x)=\dfrac{x}{\mathrm{e}^x}$，若对于任意的 x_1，$x_2\in(0，+\infty)$，不等式 $\dfrac{g(x_1)}{k}\leqslant\dfrac{f(x_2)}{k+1}$（$k$ 为正数）恒成立，则 k 的取值范围是_____.

解：对于任意的 x_1，$x_2\in(0，+\infty)$，不等式 $\dfrac{g(x_1)}{k}\leqslant\dfrac{f(x_2)}{k+1}$（$k$ 为正数）恒成立，等价于对于任意的 x_1，$x_2\in(0，+\infty)$，不等式 $\dfrac{g(x_1)}{f(x_2)}\leqslant\dfrac{k}{k+1}$（$k$ 为正数）恒成立.

$f(x)=\dfrac{x^2+1}{x}=x+\dfrac{1}{x}\geqslant2$（当且仅当 $x=\dfrac{1}{x}$，即 $x=1$ 时取等号），即 $f(x)$ 的最小值是 2.

求得 $g'(x)=\dfrac{\mathrm{e}^x-x\mathrm{e}^x}{(\mathrm{e}^x)^2}=\dfrac{1-x}{\mathrm{e}^x}$.

令 $g'(x)>0$，得 $0<x<1$，此时函数 $g(x)$ 为增函数；

令 $g'(x)<0$，得 $x>1$，此时函数 $g(x)$ 为减函数.

即当 $x=1$ 时，函数 $g(x)$ 取得极大值即最大值 $g(1)=\dfrac{1}{\mathrm{e}}$.

所以 $\dfrac{g(x_1)}{f(x_2)}$ 的最大值为 $\dfrac{1}{2\mathrm{e}}$，由 $\dfrac{k}{k+1}\geqslant\dfrac{1}{2\mathrm{e}}$，得 $2\mathrm{e}k\geqslant k+1$，即 $k\geqslant\dfrac{1}{2\mathrm{e}-1}$.

故 k 的取值范围为 $k\geqslant\dfrac{1}{2\mathrm{e}-1}$.

评注：恒成立问题和存在性问题常转化为函数最值问题，而瞄准函数的最大值和最小值是解题关键，等价转化、换元法、整体代换思想是解决这类题目的重要突破口．当遇到两个变量的函数时，若无法直接分离参数，就先将两个变量放在一起考虑，减少变量个数以便求得满足条件的函数值.

例 21　已知函数 $f(x)=\ln x-ax+a$（$a\in\mathbf{R}$），不等式 $f(x)\leqslant x$ 恒成立，求 a 的最大整数值.

分析：原不等式 $f(x)\leqslant x$ 恒成立等价于 $f(x)-g(x)\leqslant0$ 恒成立，即等价于 $(f(x)-g(x))_{\max}\leqslant0$ 恒成立，为简便计算，可使用换元法化简原函数，从而简化求解过程.

解：不等式 $f(x)\leqslant x$ 恒成立，即 $\ln x-(a+1)x+a\leqslant0$ 恒成立，$x\in(0，+\infty)$.

令 $g(x) = \ln x - (a+1)x + a$，则 $g'(x) = \dfrac{1}{x} - (a+1)$.

(1) 当 $a \leqslant -1$ 时，$g'(x) > 0$，此时函数 $g(x)$ 单调递增.

此时 $g(\mathrm{e}) = 1 - (a+1)\mathrm{e} + a = (1-\mathrm{e})(1+a) \geqslant 0$，可得 $x > \mathrm{e}$ 时，$g(x) > 0$，不满足题意，舍去.

(2) 当 $a > -1$ 时，$g'(x) = \dfrac{-(a+1)\left(x - \dfrac{1}{a+1}\right)}{x}$.

当 $x = \dfrac{1}{a+1}$ 时，函数 $g(x)$ 取得极大值即最大值 $g\left(\dfrac{1}{a+1}\right) = -\ln(a+1) + a - 1$.

令 $a + 1 = t > 0$，$h(t) = -\ln t + t - 2$，$h'(t) = -\dfrac{1}{t} + 1 = \dfrac{t-1}{t}$.

$h(t)$ 在 $(0，1)$ 上单调递减，在 $(1，+\infty)$ 上单调递增.

因为 $h(3) = -\ln 3 + 1 < 0$，$h(4) = -\ln 4 + 2 > 0$，所 $a + 1 \in (3，4)$，即 $a \in (2，3)$.

所以 a 的最大整数值为 2.

评注：恒成立求参问题通常可直接用导数法，根据单调性、极值、最值得到参数范围，也可使用分离参数法、借助不等式工具等.

例 22 设 $f(x) = \mathrm{e}^x + ax - \dfrac{a}{x} - 2\ln x$，$g(x) = \mathrm{e}^x + \dfrac{2\mathrm{e}}{x}$，若在 $[1，\mathrm{e}]$ 上至少存在一点 x_0，使 $f(x_0) > g(x_0)$ 成立，求参数 a 的取值范围.

分析：应明确在定义域上至少存在一点 x_0 使得 $f(x_0) > g(x_0)$ 成立等价于至少存在一点 x_0 使得 $f(x)_{\max} > g(x)_{\min}$，也等价于至少存在一点 x_0 使得 $(f(x) - g(x))_{\max} > 0$.

解：设 $h(x) = f(x) - g(x) = ax - \dfrac{a+2\mathrm{e}}{x} - 2\ln x$，$x \in [1，\mathrm{e}]$.

在 $[1，\mathrm{e}]$ 上至少存在一点 x_0 使得 $f(x_0) > g(x_0)$ 成立等价于在 $[1，\mathrm{e}]$ 上至少存在一点 x_0 使得 $h(x) > 0$，即至少存在一点 x_0 使得 $h(x)_{\max} > 0$.

求得 $h'(x) = a + \dfrac{a+2\mathrm{e}}{x^2} - \dfrac{2}{x} = \dfrac{ax^2 - 2x + (a+2\mathrm{e})}{x^2}$.

(1) 当 $a = 0$ 时，$h'(x) = \dfrac{-2x+2\mathrm{e}}{x^2} \geqslant 0$，$h(x)$ 在 $[1，\mathrm{e}]$ 上单调递增，$h(x)_{\max} = h(\mathrm{e}) = -4 < 0$，舍去.

(2) 当 $a < 0$ 时，$h(x) = a\left(x - \dfrac{1}{x}\right) - \dfrac{2\mathrm{e}}{x} - 2\ln x$. 当 $x \in [1，\mathrm{e}]$ 时，$x - \dfrac{1}{x} \geqslant 0$，$\dfrac{2\mathrm{e}}{x} > 0$，$\ln x > 0$，则 $h(x) < 0$，舍去.

(3) 当 $a > 0$ 时，$h'(x) > 0$，$h(x)$ 在 $[1，\mathrm{e}]$ 上单调递增，$h(x)_{\max} = h(\mathrm{e}) = a\mathrm{e} - \dfrac{a}{\mathrm{e}} - 4 > 0$，得 $a > \dfrac{4\mathrm{e}}{\mathrm{e}^2 - 1}$.

综上，$a \in \left(\dfrac{4\mathrm{e}}{\mathrm{e}^2 - 1}，+\infty\right)$.

评注：存在性问题和恒成立问题处理方法相似，但它们在瞄准最值时却是不同的，应准确理解、区分两种问题的等价转化过程.

3.1.6　在切线问题中的应用

导数法解决函数切线相关问题即是对导数几何意义的考查，理解切线斜率与导数的关系是解题关键，通常包括求在某点的切线方程、过某点的切线方程、切点坐标、参数值、证明等题型.

例 23　曲线 $y = \dfrac{x}{2x+1}$ 在 $\left(1, \dfrac{1}{3}\right)$ 处的切线方程为 _____ .

解：导数在已知点的值即是曲线在该点的切线斜率，求得 $y' = \dfrac{1}{(2x+1)^2}$，切线斜率 $k = y' \big|_{x_0=1} = \dfrac{1}{9}$，切线方程为 $y - \dfrac{1}{3} = \dfrac{1}{9}(x-1)$，整理得 $x - 9y + 2 = 0$.

评注：在某点的切线方程，该点即为切点，且切线斜率等于函数在已知点的导数值.

例 24　若 $f(x) = \dfrac{1}{3}x^3 + \dfrac{4}{3}$，过 $A(2, 4)$ 作 $y = f(x)$ 的切线，则切线方程为 _____ .

解：设切点 $P\left(x_0, \dfrac{1}{3}x_0^3 + \dfrac{4}{3}x_0\right)$，切线斜率为 k.

则 $k = f'(x_0) = x_0^2$，过切点 P 的切线方程为 $y - \left(\dfrac{1}{3}x_0^3 + \dfrac{4}{3}x_0\right) = f'(x_0)(x - x_0)$.

因为点 $A(2, 4)$ 在切线上，即有 $4 - \dfrac{x_0^3}{3} - \dfrac{4}{3} = x_0^2(2 - x_0)$，则 $x_0^3 - 3x_0^2 + 4 = 0$.

解得 $x_0 = 2$ 或 $x_0 = -1$，$k = 4$ 或 $k = 1$.

所以满足条件的有 $4x - y - 4 = 0$ 和 $x - y + 2 = 0$ 两条切线.

评注：函数过某点的切线方程问题中所给点不一定是切点，一般情况下需先设切点，求斜率，表示出切线方程，将已知点代入方程，得到切点坐标和斜率，从而得到切线方程.

例 25　设曲线 $y = \ln x$ 在点 $(1, 0)$ 处的切线与曲线 $y = \dfrac{1}{x}(x > 0)$ 上点 P 处的切线垂直，则点 P 的坐标为 _____ .

解：因为 $y = \ln x$，所以 $y' = \dfrac{1}{x}$.

所以曲线 $y = \ln x$ 在点 $(1, 0)$ 处的切线的斜率 $k_1 = y' \big|_{x=1} = \dfrac{1}{1} = 1$.

设点 P 的坐标为 (x_0, y_0)，其中 $x_0 > 0$，则 $y_0 = \dfrac{1}{x_0}$.

由 $y = \dfrac{1}{x}$，求得 $y' = -\dfrac{1}{x^2}$，$y = \dfrac{1}{x}$ 在点 P 处的切线的斜率 $k_2 = y' \big|_{x=x_0} = -\dfrac{1}{x_0^2}$.

因为切线垂直，即 $k_1 \cdot k_2 = -1$，所以 $-\dfrac{1}{x_0^2} = -1$，即 $x_0^2 = 1$，解得 $x_0 = \pm 1$.

因为 $x_0 > 0$，所以 $x_0 = 1$，所以 $y_0 = 1$.

即点 P 的坐标是 $(1, 1)$.

评注：此类题目应根据已知条件分别表示出不同切线的斜率，再根据两切线的关系得到等式，求出切点坐标. 当两条直线平行时，两斜率相等；当两条直线垂直时，两斜率乘

积为 -1.

例 26 （2016 年全国卷 II 试题改编）若直线 $y=kx+b$ 是曲线 $y=\ln x-2$ 的切线，也是曲线 $y=\ln(x-2)$ 的切线，则 $b=$ _____ .

解：设 $y=kx+b$ 与两曲线的切点分别为 $(x_1,\ln x_1-2)$ 和 $(x_2,\ln(x_2-2))$，则切线分别为 $y-\ln x_1+2=\dfrac{1}{x_1}(x-x_1)$，$y-\ln(x_2-2)=\dfrac{1}{x_2-2}(x-x_2)$.

化简得 $y=\dfrac{1}{x_1}\cdot x+\ln x_1-3$，$y=\dfrac{1}{x_2-2}x+\ln(x_2-2)-\dfrac{x_2}{x_2-2}$.

因为直线 $y=kx+b$ 是公共切线，所以有 $\begin{cases}\dfrac{1}{x_1}=\dfrac{1}{x_2-2},\\[2mm]\ln x_1-3=\ln(x_2-2)-\dfrac{x_2}{x_2-2}.\end{cases}$

解得 $x_1=1$，从而 $b=\ln x_1-3=-3$.

评注：两曲线有公共的切线，可分别根据两个切点以及切点处导函数的值写出切线方程，由于切线方程相同，方程各部分对应相同，可得出两个等式，计算出 k 和 b 的值.

3.2 导数法在不等式证明中的应用

不等式的证明是高考数学中的热点问题，可使用单调性、求最值、构造函数、两边分别求最值、单变量合并处理、双变量减少元的个数等方法解决.

例 27 设函数 $f(x)=x\ln x+1$，$g(x)=-2x^3+3x^2-\dfrac{1}{2}x+\dfrac{1}{4}$，求证：$f(x)>g(x)$.

分析：证明 $f(x)>g(x)$ 等价于证明 $f(x)_{\min}>g(x)_{\max}$. 本例首先将 $f(x)$ 和 $g(x)$ 分别与函数 $y=x$ 作比较，得到 $x\in\left[\dfrac{1}{2},+\infty\right)$ 时不等式成立，再证明 $x\in\left[0,\dfrac{1}{2}\right)$ 时 $f(x)_{\min}>g(x)_{\max}$，且在极值点不易求时可虚设极值点，便于证明不等式.

证明：要证明 $x\ln x+1\geqslant g(x)$，先证 $x\ln x+1\geqslant x$.
构造函数 $F(x)=x\ln x+1-x$，求得 $F'(x)=1+\ln x-1=\ln x$.
令 $F'(x)=0$，$x=1$.
当 $0<x<1$ 时，$F'(x)<0$，故 $F(x)$ 在 $[0,1]$ 上单调递减；
当 $x>1$ 时，$F'(x)>0$，$F(x)$ 在 $[1,+\infty)$ 上单调递增.
$F(x)>F(x)_{\min}=F(1)=0$，即 $x\ln x+1\geqslant x$（当且仅当 $x=1$ 时等号成立）.

再证明当 $x\in\left[\dfrac{1}{2},+\infty\right)$ 时，$x\geqslant g(x)$.

构造函数 $G(x)=x-g(x)=2\left(x-\dfrac{1}{2}\right)^3$.

由于 $G'(x)=6\left(x-\dfrac{1}{2}\right)^2\geqslant0$，所以 $G(x)$ 在 $\left[\dfrac{1}{2},+\infty\right)$ 上单调递增，$G(x)>G(x)_{\min}=G\left(\dfrac{1}{2}\right)=0$.

即证得 $x\geqslant g(x)$（当且仅当 $x=\dfrac{1}{2}$ 时等号成立）.

150

当 $x \in \left[0, \dfrac{1}{2}\right)$ 时，$f(x) = x \ln x + 1$，$f'(x) = \ln x + 1$.

令 $f'(x) = 0$，$x = \dfrac{1}{e}$.

当 $0 < x < \dfrac{1}{e}$ 时，$f'(x) < 0$，$f(x)$ 在 $\left(0, \dfrac{1}{e}\right)$ 上单调递减；

当 $\dfrac{1}{e} < x < \dfrac{1}{2}$ 时，$f'(x) > 0$，$f(x)$ 在 $\left(\dfrac{1}{e}, \dfrac{1}{2}\right)$ 上单调递增.

此时，$f(x) \geqslant f(x)_{\min} = f\left(\dfrac{1}{e}\right) = 1 - \dfrac{1}{e}$.

对 $g(x)$ 求导，得 $g'(x) = -6\left(x - \dfrac{1}{2}\right)^2 + 1$.

当 $x \in \left(0, \dfrac{1}{2}\right)$ 时，$-\dfrac{1}{2} < g'(x) < 1$.

因为 $g'(0) = -\dfrac{1}{2} < 0$，$g'\left(\dfrac{1}{2}\right) = 1 > 0$.

所以存在 $x_0 \in \left(0, \dfrac{1}{2}\right)$，使得 $g'(x_0) = 0$，$g(x)$ 在 $(0, x_0)$ 上单调递减，在 $\left(x_0, \dfrac{1}{2}\right)$ 上单调递增.

所以当 $x \in \left(0, \dfrac{1}{2}\right)$ 时，$g(x) < \max\left\{g(0), g\left(\dfrac{1}{2}\right)\right\} = \dfrac{1}{2}$，$g(x) < \dfrac{1}{2} < 1 - \dfrac{1}{e} \leqslant f(x)$.

综上，对任意 $x > 0$，$f(x) > g(x)$.

评注：在一元不等式证明中，通常根据已知函数的特点或者要证明的不等式构造新函数，转化为利用函数单调性求最值问题.

例 28　设函数 $f(x) = (x+1)e^{-3x} + 2x + 3x \ln x$，求证：对任意的 x_1，$x_2 \in (0, 1)$，都有 $|f(x_1) - f(x_2)| < \dfrac{2}{e^3} + \dfrac{3}{e} + 1$.

分析：由于函数 $f(x)$ 中既含有 e^x 结构又含有 $x \ln x$ 结构，非常复杂，考虑将其拆分为函数 $g_1(x) = (x+1)e^{-3x} + 2x$ 与 $g_2(x) = 3x \ln x$ 之和，并分别根据两函数的单调性，求得 $g_1(x)$ 和 $g_2(x)$ 的值域，从而得到 $f(x)$ 在 $(0, 1)$ 的值域. 将不等式 $|f(x_1) - f(x_2)| < a$ 等价转化为 $|f(x)_{\max} - f(x)_{\min}| < a$，即可证得原不等式.

证明：设 $g_1(x) = (x+1)e^{-3x} + 2x$，$g_2(x) = 3x \ln x$.

则 $f(x) = g_1(x) + g_2(x)$，$x \in (0, 1)$.

求得 $g_1'(x) = (-3x - 2)e^{-3x} + 2$.

设 $h(x) = g_1'(x)$，$h'(x) = (9x + 3)e^{-3x} > 0$，可得 $g_1'(x)$ 在 $(0, 1)$ 上是增函数.

所以 $g_1'(x) > g_1'(0) = 0$，则 $g_1(x)$ 在 $(0, 1)$ 上也是增函数，$1 < g_1(x) < 2 + \dfrac{2}{e^3}$.

求得 $g_2'(x) = 3(1 + \ln x)$. 令 $g_2'(x) = 0$，$x = \dfrac{1}{e}$.

当 $0 < x < \dfrac{1}{e}$ 时，$g_2'(x) < 0$，$g_2(x)$ 在 $\left(0, \dfrac{1}{e}\right)$ 上单调递减；

当 $x > \dfrac{1}{e}$ 时，$g_2'(x) > 0$，$g_2(x)$ 在 $\left(\dfrac{1}{e}, \ 1\right)$ 上单调递增.

所以 $-\dfrac{3}{e} < g_2(x) < 0$.

从而 $1 - \dfrac{3}{e} < g_1(x) + g_2(x) < 2 + \dfrac{2}{e^3}$，$1 - \dfrac{3}{e} < f(x) < 2 + \dfrac{2}{e^3}$.

所以对任意 x_1，$x_2 \in (0, 1)$，都有 $|f(x_1) - f(x_2)| < \left(2 + \dfrac{2}{e^3}\right) - \left(1 - \dfrac{3}{e}\right) = \dfrac{2}{e^3} + \dfrac{3}{e} + 1$.

评注：当原函数形式复杂时，考虑先将其拆分为两个函数再求导，而不是直接求导，将不等式 $|f(x_1) - f(x_2)| < a$ 等价转化为 $|f(x)_{\max} - f(x)_{\min}| < a$ 是本例的突破口.

例 29 （2018 年全国卷 Ⅰ 理科 21 题）已知函数 $f(x) = \dfrac{1}{x} - x + a\ln x$，若 $f(x)$ 存在两个极值点 x_1，x_2，求证：$\dfrac{f(x_1) - f(x_2)}{x_1 - x_2} < a - 2$.

分析：根据 $f(x)$ 的单调性以及存在两个极值点 x_1，x_2 的条件先求得参数 a 的取值范围，再得到 $x_1 x_2 = 1$，在原不等式中消去 x_1，得到关于 x_2 的不等式，再转化为最值的求解即可.

证明：$f(x)$ 的定义域为 $(0, \ +\infty)$，$f'(x) = -\dfrac{1}{x^2} - 1 + \dfrac{a}{x} = -\dfrac{x^2 - ax + 1}{x^2}$.

若 $a \leqslant 2$，则 $f'(x) \leqslant 0$，当且仅当 $a = 2$，$x = 1$ 时 $f'(x) = 0$.

所以 $f(x)$ 在 $(0, \ +\infty)$ 上单调递减，$f(x)$ 不存在两个极值点.

若 $a > 2$，令 $f'(x) = 0$，得 $x = \dfrac{a - \sqrt{a^2 - 4}}{2}$ 或 $x = \dfrac{a + \sqrt{a^2 - 4}}{2}$.

当 $x \in \left(0, \ \dfrac{a - \sqrt{a^2 - 4}}{2}\right) \cup \left(\dfrac{a + \sqrt{a^2 - 4}}{2}, \ +\infty\right)$ 时，$f'(x) < 0$；

当 $x \in \left(\dfrac{a - \sqrt{a^2 - 4}}{2}, \ \dfrac{a + \sqrt{a^2 - 4}}{2}\right)$ 时，$f'(x) > 0$.

此时 $f(x)$ 存在两个极值点.

当 $a > 2$ 时，由于 $f(x)$ 的两个极值点 x_1，x_2 满足 $x^2 - ax + 1 = 0$，所以 $x_1 x_2 = 1$.

不妨设 $x_1 < x_2$，则 $x_2 > 1$.

由于 $\dfrac{f(x_1) - f(x_2)}{x_1 - x_2} = -\dfrac{1}{x_1 x_2} - 1 + a\,\dfrac{\ln x_1 - \ln x_2}{x_1 - x_2} = -2 + a\,\dfrac{-2\ln x_2}{\dfrac{1}{x_2} - x_2}$，

所以 $\dfrac{f(x_1) - f(x_2)}{x_1 - x_2} < a - 2$ 等价于 $\dfrac{1}{x_2} - x_2 + 2\ln x_2 < 0$.

设函数 $g(x) = \dfrac{1}{x} - x + 2\ln x$，$g(x)$ 在 $(0, \ +\infty)$ 上单调递减.

又 $g(1) = 0$，从而当 $x \in (1, \ +\infty)$ 时，$g(x) < 0$.

所以 $\dfrac{1}{x_2} - x_2 + 2\ln x_2 < 0$，即 $\dfrac{f(x_1) - f(x_2)}{x_1 - x_2} < a - 2$.

评注：在多元不等式的证明中，可据两元的关系消去一元，使二元不等式变为一元不等式，或者使用换元法将多元转化为一元.

3.3 导数法在数列求和问题中的应用

在一些特殊的数列求和问题中使用导数法解答，不仅方法新颖，而且能提高解题效率和准确度，达到较好的效果.

例 30 对于三次函数 $f(x)=ax^3+bx^2+cx+d(a\neq 0)$，定义：设 $f''(x)$ 是函数 $y=f(x)$ 的导函数 $y=f'(x)$ 的导函数，若 $f''(x)=0$ 有实数解 x_0，则称点 $(x_0,f(x_0))$ 为函数 $y=f(x)$ 的"拐点". 探究发现，任何一个三次函数都有"拐点"，且"拐点"与对称中心重合. 若 $f(x)=x^3-3x^2+x-1$，且数列 $a_1=f\left(\dfrac{1}{2019}\right)$，$a_2=f\left(\dfrac{2}{2019}\right)$，$\cdots$，则 $S_{2018}=$ _____.

分析：用导数法求得对称中心（"拐点"），该函数上两个对称点之和 $f(x_0)+f(1-x_0)$ 为定值，且通过观察 S_{2018} 发现，其首末两项是该函数两个对称的点，第二项和倒数第二项也是函数两个对称的点……以此类推，将对称点合并，可求得 S_{2018} 的值.

解：由于 $f(x)=x^3-3x^2+x-1$，可得 $f'(x)=3x^2-6x+1$，$f''(x)=6x-6$.

令 $f''(x)=0$，得 $x=1$，$f(1)=1-3+1-1=-2$.

所以该函数的对称中心为 $(1,-2)$.

设 $P(x_0,y_0)$ 为曲线上任意一点.

由于曲线的对称中心为 $(1,-2)$，所以点 P 关于 $(1,-2)$ 的对称点 $P'(1-x_0,-2-y_0)$ 也在曲线上，且 $f(1-x_0)=-2-y_0$，$f(x_0)+f(1-x_0)=y_0-2-y_0=-2$.

所以

$$S_{2018}=f\left(\frac{1}{2019}\right)+f\left(\frac{2}{2019}\right)+\cdots+f\left(\frac{2018}{2019}\right)$$

$$=\left[f\left(\frac{1}{2019}\right)+f\left(\frac{2018}{2019}\right)\right]+\left[f\left(\frac{2}{2019}\right)+f\left(\frac{2017}{2019}\right)\right]+\cdots+\left[f\left(\frac{1009}{2019}\right)+f\left(\frac{1010}{2019}\right)\right]$$

$$=(-2)\times\frac{2018}{2}=-2018.$$

评注：此类题目是借助数列以外的知识求数列的和，比如导数、对称性等来求数列的和，需充分解读已知条件，抓住突破点.

例 31 已知数列 $a_k=kC_n^k$，$k=1,2,\cdots,n$，求 $a_1+a_2+\cdots+a_n$.

解：设 $S_n=a_1+a_2+\cdots+a_n$，则 $S_n=C_n^1+2C_n^2+\cdots+nC_n^n$.

由于形式的特殊性，联想到二项式定理，又考虑到不含 C_n^0 项，且每一项都带有系数，猜测是某个二项式展开式的导数.

熟知 $(1+x)^n=1+C_n^1x+C_n^2x^2+\cdots+C_n^nx^n$.

求导可得 $n(1+x)^{n-1}=C_n^1+2C_n^2x+\cdots+nC_n^nx^{n-1}$.

当 $x=1$ 时，即为所求 S_n，求得 $S_n=n\cdot 2^{n-1}$.

评注：观察此类数列和函数的形式，发现该题与二项式定理的形式有一定联系，要解答此类数列求和问题，则不能直接考虑常用的裂项求和等方法，应联系二项式定理导数形式，用导数法解决.

例 32 设数列 $\{a_n\}$ 的前 n 项和为 $S_n=3n^2$，$\{b_n\}$ 为等比数列，且 $a_1=b_1$，$b_2(a_2-$

$a_1)=b_1$，设 $c_n=\dfrac{a_n}{b_n}$，求数列 $\{c_n\}$ 的前 n 项和 T_n．

分析：先求 a_n 和 b_n 的通项公式，再将 T_n 表示出来，发现 T_n 表达式中的 $1+2\times 6+3\times 6^2+\cdots+n\times 6^n$ 可运用公式 $1+2x+\cdots+n\cdot x^{n-1}=(x+x^2+\cdots+x^n)'$ 求导得到，为方便计算，令 $x=6$ 即可得到 T_n．

解：由题知 $\{a_n\}$ 是等差数列，首项为 3，公差为 6，其通项公式为 $a_n=6n-3$．

$\{b_n\}$ 是等比数列，首项为 3，公比为 $\dfrac{1}{6}$，其通项公式为 $b_n=\dfrac{3}{6^{n-1}}$．

所以 $c_n=2n\times 6^{n-1}-6^{n-1}$．

$T_n=2\times(1+2\times 6+3\times 6^2+\cdots+n\times 6^n)-(1+6+6^2+\cdots+6^{n-1})$．

令 $x=6$，则

$$T_n=2\times(1+2x+\cdots+n\cdot x^{n-1})+\frac{1-6^n}{5}$$

$$=2(x+x^2+\cdots+x^n)'+\frac{1-6^n}{5}$$

$$=2\left(\frac{x-x^{n+1}}{1-x}\right)'+\frac{1-6^n}{5}$$

$$=\frac{2(1-x)[1-(n+1)x^n]+x-x^{n+1}}{(1-x)^2}+\frac{1-6^n}{5}.$$

将 $x=6$ 代入上式，化简得 $T_n=\dfrac{(10n-1)\cdot 6^n+1}{25}$．

评注：在数列求和时常遇到由等差数列 $\{a_n\}$ 和等比数列 $\{b_n\}$ 共同构成的数列 $\{a_nb_n\}$，称该数列为差比型数列．为避免求和过程中计算错误，不使用常用的错位相减法或者列项相消法，而考虑导数法，使用公式：$1+2x+\cdots+n\cdot x^{n-1}=(x+x^2+\cdots+x^n)'=\left(\dfrac{x-x^{n+1}}{1-x}\right)'=\dfrac{(1-x)[1-(n+1)x^n]+x-x^{n+1}}{(1-x)^2}$（其中 $x\neq 0$ 且 $x\neq 1$，$n\in \mathbf{N}^*$）．

参考文献

[1] 郑柳蓉. 导数在高中数学中的应用 [J]. 数理化解题研究，2018 (22)：17－18.

[2] 郝保国. 多视角破解高考数学压轴题——函数与导数 [M]. 杭州：浙江大学出版社，2018：10－11.

[3] 黄荣. 导数考点"广而告之"[J]. 中学数学，2018 (23)：57－58.

[4] 王成霞. 导数法与函数的单调性 [J]. 高中数学教与学，2003 (4)：8－9.

[5] 吴晓英. 例谈突破导数零点问题的几种策略 [J]. 中学数学（高中版），2017 (1)：55－57.

[6] 吴俊英. 探析导数题中常见的含参与极值点偏移问题 [J]. 福建中学数学，2017 (3)：1－4.

[7] 史庆华. 导数的极值点不可求时的几种处理策略 [J]. 高中数学教与学，2017 (15)：16－18.

[8] 陆德. 用构造函数法巧解导数综合题 [J]. 高中数学教与学，2018 (3)：16－18.

[9] 孙华. 导数法证明不等式问题中的几个技巧 [J]. 中学数学，2016 (9)：60－62.

[10] 王峰. 差比型数列前 n 项和求解的另一通法——导数法 [J]. 福建中学数学，2011 (1)：42－43.

[11] 普通高中课程标准实验教科书数学 A 版选修 1－1 [M]. 北京：人民教育出版社，2012：33－35.

[12] 沈建成. 例析导数法在函数问题中的应用 [J]. 高中数理化，2017 (3)：8－9.

[13] 卢云辉. 基于题根研究下的函数与导数问题 [J]. 数理化解题研究（高中版），2017 (3)：47.

第七章　本科生发表的论文

第一节　函数单调性定义的"八步"教学设计[①]

1　引　言

函数单调性定义是高中数学的核心概念之一，该概念涉及函数、任意、自变量的值、定义域、增函数、减函数、单调递增区间、单调递减区间、单调区间等多个子概念. 高中函数单调性的本质属性和特征具有较高的抽象性，这使得新学的函数单调性在原有的数学认知结构中没有适当的观念与之相联系[1]，即学生原有的认知结构不能适应新的认知需要，从而其学习过程是以顺应为主、同化为辅[2]. 顺应是对原有的数学认知结构进行改组（或部分改组）[3]. 因此，函数单调性定义是教学的难点.

直观性教学是数学教学的基本原则. 从几何直观引出数学问题，探究并解决数学问题是数学教学的基本策略. 因此，化抽象为直观，化复杂为简单，无疑是突破函数单调性定义教学难点的有效策略.

2　函数单调性定义的"八步"教学设计的含义

函数单调性定义教学设计中的"八步"是指"画"—"看"—"说"—"描"—"定"—"懂"—"用"—"悟"，流程如图 1 所示.

"画"是指画出函数图像，意在通过直观的函数图像感知其变化趋势，即借助几何直观启迪形象思维，培养学生的操作技能.

"看"是指观察函数图像. 此处的"看"（即观察）需要思考四个问题：一是"看"什么? 二是怎样"看"? 三是为什么这样"看"? 四是"看"的结果是什么? 对应以上四个问题，有以下说明：首先，观察函数图像的变化趋势. 其次，从左至右观察函数图像. 再次，对于某个确定的函数图像，从左至右，或从右至左，或从上至下，或从下至上地观察，必然会得到不同的变化趋势，由于两个变量 x，y 都在变化，同时研究这两个变量不

① 作者：李秀萍、赵思林. 本节内容刊登在《内江师范学院学报》2017 年第 10 期.

易把握其变化的规律，因此假定一个变量的变化规律是知道的，再去考察另一个变量的变化情况，就能简化问题．由于 x 是自变量，自然而然是假定 x 的变化规律是知道的，因此假定 x 增大，故观察的方向应该是从左往右地看．最后，通过观察，可以得到以下四种关于函数图像变化趋势的结果：上升、下降、不变、不确定．需要说明的是，以上四种图像的变化趋势只有上升和下降具有普遍研究价值．在该步中提出"看"函数图像的标准：从左至右地"看"．

"说"是指语言描述，意在培养学生的语言表达能力．通过前面的"画"和"看"，引导学生将头脑中初步感知到的经验通过"说"的方式即口头表达输出后，既便于人际交流，又有利于促进学生对知识的理解．

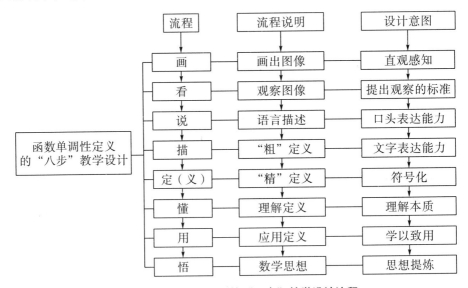

图 1　函数单调性定义的"八步"教学设计流程

"描"是指函数单调性的描述性定义，这个描述性定义可简称为函数单调性的"粗"定义．这里所说的"粗"定义属于定性认识．以前面三步为基础，学生可在教师的引导下粗略描述出增函数（减函数）的"粗"定义，即当 x 增大时，$f(x)$ 也增大（或减小）[4].

"定"（即定义）是指函数单调性的形式化定义，即"精"定义．这里所说的"精"定义属于定量认识．该步需要重点理解为何可以通过自变量的任意两个取值来说明自变量的无穷多个取值的问题，即任意性问题．该步充分体现了数学化、符号化、精确化等过程，注重培养学生的理性思维和科学精神．

"懂"是指对定义的理解．理解是记忆的基础，理解是应用知识的前提，只有通过对概念的深刻理解，才能使所学知识意义化、系统化、条理化[5]．此步分别用图形语言、文字语言、符号语言将函数单调性定义表达出来，意在展示这三种语言在数学学习中的关联性，使学生真正"懂"得函数单调性定义．

"用"是指应用．用数学知识解决新的数学问题时应当考虑怎样用、何时用等问题．函数单调性应用非常广泛，可从以下几个层面考虑：直接用（简单用，如例 1）、间接用（如方程同解定理）、顺用（如例 2）、逆用、模仿用（如例 3）、变用、反复用、创造性地用等．

"悟"是指感悟数学思想. 数学思想方法是数学知识在更高层次上的抽象和概括, 蕴含在数学知识发生、发展和应用的过程中, 具有一定的隐蔽性. 函数单调性定义蕴涵丰富的数学思想, 如数形结合思想、分类讨论思想、不等式同解思想、函数思想、最优化思想等.

3　函数单调性定义的"八步"教学的实施建议

依据函数单调性定义的"八步"教学设计, 提出了如下实施建议, 并对每一步都说明设计意图.

第一步:"画"

函数是描述事物运动变化规律的数学模型. 如果了解了函数的变化规律, 那么也就基本把握了相应事物的变化规律[4]. 而在事物变化过程中, 保持不变的东西（特征）往往就是这个事物的性质. 因此, 研究函数的性质, 如函数在什么时候递增或递减的变化规律, 是非常重要的.

问题 1　请回忆并画出初中已经学习过的一次函数 $f(x)=x$ 和二次函数 $f(x)=x^2$ 的图像, 如图 2 和图 3 所示.

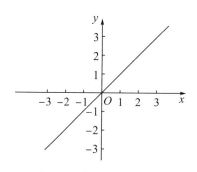
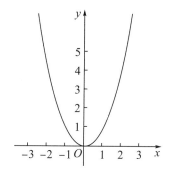

图 2　一次函数 $f(x)=x$　　　　图 3　二次函数 $f(x)=x^2$

设计意图：让学生亲自动手实践操作, 即画出两个已学过的函数图像, 该过程不仅使学生直观感知函数图像有变化趋势, 而且能让学生积极主动地参与课堂, 进而激发学习动机, 培养学习兴趣.

第二步:"看"

问题 2　观察两个函数的图像.

问题 3　从左往右看, 观察图 2 和图 3 中函数值的变化趋势.

问题 4　为什么要从左往右看（观察）图 2 和图 3?

问题 5　从左往右看, 对于图 2 和图 3, 分别指出函数图像是上升还是下降.

设计意图：问题 2 解决观察的对象是什么; 问题 3 解决怎样观察, 涉及两点：一是要求从左往右看, 二是观察函数图像中函数值的变化趋势; 问题 4 是让学生理解为什么从左往右看（观察）; 问题 5 是观察函数图像的结果有两种情况：上升, 下降.

第三步："说"

问题 6 用口头语言表达（即"口述"）从左往右观察图 2、图 3 所得到的结果.

观察图 2、图 3，可以看到函数 $f(x)=x$ 的图像从左往右是上升的；函数 $f(x)=x^2$ 的图像在 y 轴左侧是下降的，在 y 轴右侧是上升的. 由此，教师可以点明本节课的主题：函数图像的"上升"或"下降"反映了函数的一个基本性质——单调性[4].

设计意图：让学生用口头交流语言表达观察图像的结果，就可以将直观的图形语言转化为口头交流语言，培养学生口头交流语言的表达能力，即"说数学"的能力.

第四步："描"

问题 7 如何描述函数图像的"上升"或"下降"呢？（只重点研究"上升"）

以二次函数 $f(x)=x^2$ 为例，列出 x，$f(x)$ 的对应值，见表 1.

表 1 函数 $f(x)=x^2$ 的对应值

x	…	-4	-3	-2	-1	0	1	2	3	4	…
$f(x)$	…										…

对比图 3 和表 1，可以发现：图像在 y 轴左侧"下降"，也就是在区间 $(-\infty，0)$ 上，$f(x)$ 随着 x 的增大而减少；图像在 y 轴右侧"上升"，也就是在区间 $(0，+\infty)$ 上，$f(x)$ 随着 x 的增大而增大[4].

教师指出上升称为单调递增，下降称为单调递减.

当函数在某区间上升时，则称函数在该区间上单调递增；当函数在某区间下降时，则称函数在该区间上单调递减. 在此基础上，引导学生得到增函数的"描述性定义"，本节简称"粗定义".

"描述性定义"：设函数的定义域为 D，区间 $I \subset D$，在区间 I 上，如果函数的图像从左往右看总是上升的，则该函数在区间 I 上是增函数，区间 I 称为函数的单调增区间[6].

学生可仿照类比给出减函数及单调减区间的概念.

设计意图：通过教师引导，师生共同形成函数单调性的"描述性定义"（即"粗定义"）. 该过程注重引导学生将口头语言向书面语言转化，培养了学生的书面表达能力. 而符号化语言（严格定义）是在口头语言和书面语言的基础上建立起来的.

第五步："定"（即定义）

问题 8 如何用数学符号表达函数 $f(x)=x^2$"在区间 $(0，+\infty)$ 上，$f(x)$ 随着 x 的增大而增大"？

问题 9 先思考，"x 增大"如何用数学符号来表达？

"x 增大"可以归纳为两个数比较大小，故假定 $x_1 < x_2$，当然也可以假定 $x_1 > x_2$，前者更符合人们的习惯. "$f(x)$ 增大"可用 x_1，x_2 对应的函数值进行刻画，即 $f(x_1) < f(x_2)$. 其中 x_1，x_2 取自区间 $(0，+\infty)$. 继而通过区间 $(0，+\infty)$ 上取定两个确定的值，当 $x_1 < x_2$ 时，有 $f(x_1) < f(x_2)$，能否判断函数在该区间上一定单调递增？取三个确定的值呢？取无数个确定的值呢？教师可以适时给出反例指导. 综合前三步，只有把区间上的所有自变量取出并考察才能得出结论，此时教师指出具有不可操作性，需要选择代表，用自变量的 2 个取值即可表示. 似乎用自变量的任意 2 个取值，刻画"当 $x_1 < x_2$ 时，都

有 $f(x_1) < f(x_2)$"这个关系有点不可思议．于是我们再进行验证，引导学生思考自变量的任意 3 个取值，从局部观察，仍是通过两两比较来刻画增大．同理，自变量的任意 4个、5 个、…、n 个取值，全部都可以转化为自变量的任意 2 个取值．自变量取值的思维过程如图 4 所示．

图 4　自变量取值的思维过程

这时，就称函数 $f(x) = x^2$ 在区间 $(0, +\infty)$ 上是增函数[4]．

师生共同概括出增函数的"形式化定义"．

人教 A 版：设函数 $f(x)$ 的定义域为 D，如果对于定义域 D 内某个区间 I 上的自变量的任意两个取值 x_1，x_2，当 $x_1 < x_2$ 时，都有 $f(x_1) < f(x_2)$，那么就称函数 $f(x)$ 在区间 I 上是增函数[4]．

请同学们仿照上述增函数的定义，尝试给出减函数的定义．

如果对于定义域 D 内某个区间 I 上的自变量的任意两个取值 x_1，x_2，当 $x_1 < x_2$ 时，都有 $f(x_1) > f(x_2)$，那么就称函数 $f(x)$ 在区间 I 上是减函数[4]．

设计意图：本环节是实现从"描述性定义"到严格的符号化定义的关键环节．

第六步："懂"

为了使学生真正达到理性认识并形成科学概念，教学中还需在新知的基础上准确、深刻地引导学生理解概念．通过正确表示概念的本质属性，准确理解概念的定义．"懂"即为要理解定义，可通过用图形语言、文字语言、符号语言之间的相互转化来呈现，促进对函数单调性本质的认识．函数单调性定义涉及的三种数学语言转换如图 5 所示．

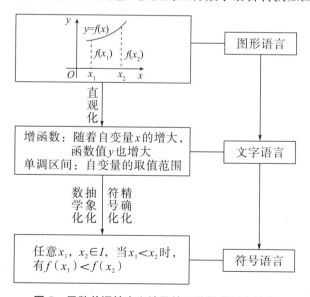

图 5　函数单调性定义涉及的三种数学语言转换

设计意图：图形语言意在突出几何直观；文字语言主要用于口头表达，即信息的输出，便于编码记忆，人际交流，同时有效促进良好认知结构的形成；符号语言是人们进行数学的表达、运算、推理以及分析问题和解决问题的工具，具有思维高效、简约的特点，也便于人与文本对话与交流. 因此，通过对函数单调性的文字语言描述的数学化、抽象化、符号化、精确化等过程，可使其表达准确、简捷、通用，并使其组块占据记忆空间少且易于提取.

第七步：“用”

运用是加深对函数单调性概念理解的重要方法. 因此，教师不仅要及时布置一些联系所学概念的练习，而且要精选一些运用概念指导的作图、运算、推理和证明题，让学生在分析和解决问题的过程中学会灵活运用概念，有利于培养学生的综合思维能力.

（1）直接用（简单用）

例 1 如图 6 是定义在区间 $[-5,5]$ 上的函数 $y=f(x)$，根据图像说出函数 $y=f(x)$ 的单调区间，以及在每一个单调区间上，函数 $y=f(x)$ 是增函数还是减函数[4].

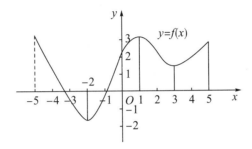

图 6　定义在区间 $[-5,5]$ 上的函数 $y=f(x)$

设计意图：在运用中巩固所学概念，精心设计能巩固函数单调性的难易适度的题目，加深学生对新概念的认识、理解、思考. 在运用中强化概念解题的意识，数学概念是进行数学运算、推理、证明的基础和依据，在教学中应充分重视概念在解题中的指导作用，不断强化学生运用概念解题的意识.

（2）顺用

例 2 判断 $f(x)=x+\dfrac{1}{x}$ 在 $[1,+\infty)$ 上的单调性.

解 设任意 $x_1,x_2\in[1,+\infty)$，且 $x_1<x_2$，则 $f(x_1)-f(x_2)=\left(x_1+\dfrac{1}{x_1}\right)-\left(x_2+\dfrac{1}{x_2}\right)=(x_1-x_2)+\left(\dfrac{1}{x_2}-\dfrac{1}{x_1}\right)=(x_1-x_2)\cdot\left(1-\dfrac{1}{x_1x_2}\right)=(x_1-x_2)\cdot\left(\dfrac{x_1x_2-1}{x_1x_2}\right)$.

由 $1<x_1<x_2<+\infty$，得 $x_1-x_2<0$，$x_1x_2>0$，$x_1x_2-1>0$，故 $f(x_1)-f(x_2)<0$，即 $f(x_1)<f(x_2)$，所以 $f(x)=x+\dfrac{1}{x}$ 在 $[1,+\infty)$ 上是增函数.

设计意图：学以致用，单调性证明是学生在高中阶段首次接触的代数论证，判断符号需要变形等代数知识. 在解决这个问题的过程中，一般先让学生自己动手操作，教师可在作差、变形等关键步骤时给予指导. 在学生判断出函数的单调性后，可询问学生：“你是如何做的? 给大家讲一讲.”“你为什么会想到这样做?”“同学们同意她（他）的看法吗? 请同学们大胆地说出自己的想法.”“其他同学还有什么看法等?”师生共同归纳出用定义证明函数单调性的一般步骤是“设值（$x_1<x_2$）→ 作差（$f(x_1)-f(x_2)$）→ 变形 → 定号

$f(x_1)-f(x_2)>0$(或 $f(x_1)-f(x_2)<0$)→ 定论(增函数或减函数)".

（3）模仿用

例3　物理学中的玻意尔定律 $P=\dfrac{k}{V}$（k 为正常数）告诉我们，对于一定量的气体，当其体积减小时，压强 P 将增大．试用函数的单调性证明之[4]．

设计意图：本例的完成虽有模仿成分，但模仿也是内部认知结构相互作用将知识内化的步骤．学生首次接触这类代数证明，少量的模仿也是必要的．

第八步："悟"

"悟"是数学思想的感悟和提炼，教师可引导学生分析函数单调性定义中主要有以下几种思想：

（1）数形结合思想．通过图像的运用，得到增（或减）函数、单调增（或减）区间以及形式化定义．

（2）分类讨论思想．定义中的某个区间 D 要进行分类，分成闭区间、开区间、左开右闭区间、左闭右开区间及无穷区间等．对如何"看"，"看"的结果需要进行分类．

（3）方程同解思想．以增函数为例，设函数 $f(x)$ 在 I 上单调递增，且任意的两数 a，$b\in I$，则方程 $f(a)=f(b)$ 与方程 $a=b$ 同解．

（4）不等式同解思想．以增函数为例，设函数 $f(x)$ 在 I 上单调递增，且任意的两数 a，$b\in I$，则不等式 $f(a)<f(b)$ 与不等式 $a<b$ 同解．

（5）最优化思想．单调性与最大（小）值为同一节内容，所以求函数最值中体现的是最优化思想．

设计意图：《普通高中数学课程标准》提出："概念教学应该返璞归真，努力揭示数学概念、法则、结论的发展过程和本质．通过典型例子使学生体会蕴涵在其中的思想方法."[7]在数学教学中，教师应让学生体会数学知识所蕴涵的数学思想方法，感受数学家概括数学概念的心路历程．

4　教学反思与安排

限于教学时间，第八步的"悟"在新课学习时可以不讲，安排在新课后的复习课中去讲更为有利．根据上面的"八步"教学设计，我们在实际教学中安排了 2 课时，其中第 1 课时讲授第一至第五（或六）步，第 2 课时先复习第四至五（或六）步的重要内容，然后讲授第五至七步．第七步是用定义解决一些比较简单的问题，意在让学生认识函数单调性定义的应用价值，体现了"学习的目的在于应用"．第八步作为课后思考，让学生通过长期思考，感悟数学思想方法，体会数学精神实质．这样安排，学生必须经历从图像感知到概念初步形成，即得到"描述性"定义，再从概念的"描述性"定义通过抽象化和符号化得到严格定义的过程．这样的教学安排，学生可以用动作思维（画图）、形象思维（看图）、抽象思维（符号化）、逻辑思维（推理）等完成对函数单调性定义的意义建构．本节课的教学设计体现了数学教学是"慢"的艺术．

从笔者的教学实践来看，教学效果是比较好的，学生在函数单调性定义的意义建构过程中实现了思维到位、知识到手、能力提升等目标，并丰富了数学概念学习的活动经验．

参考文献

[1] 何小亚. 建构良好的数学认知结构的教学策略 [J]. 数学教育学报，2002 (1)：24－27，85.

[2] 赵思林. "对数"定义难学的心理分析 [J]. 数学教育学报，2012 (5)：77－81.

[3] 皮亚杰. 儿童智力的起源 [M]. 北京：教育科学出版社，1990.

[4] 刘绍学，钱珮玲. 普通高中课程标准实验教科书・数学1必修A版 [M]. 北京：人民教育出版社，2007.

[5] 闫振荣，刘越英. 高效复习数学知识策略 [J]. 平原大学学报，2006 (1)：105－108.

[6] 李渺. 优秀教师课堂 MPCK 的特点：基于两则教学案例的比较研究 [J]. 数学通报，2013 (4)：12－16.

[7] 中华人民共和国教育部. 普通高中数学课程标准 [M]. 北京：人民教育出版社，2003.

第二节　求解多元函数最值的策略①

　　中学数学多元函数最值问题一般蕴含深刻的函数与方程、分类与整合、化归与转化、数形结合等数学思想. 多元函数最值问题的求解往往会用到一些数学基本方法，如换元法（或代换法）、配方法（或配凑法）、待定系数法、函数单调性法、不等式法、三角法、向量法、解析法、导数法、线性规划法、几何法等. 它是联系中学数学和高等数学的桥梁. 从近几年的高考和自主招生数学试题可以看出，多元函数最值问题的求解具有知识综合性强、思维难度大、能力素养要求高等特点，是数学竞赛、自主招生、高考等考试的热门题型之一. 诸多研究者对多元函数最值问题进行了研究，并获得了很多研究成果. 洪恩峰[1]认为多元函数最值问题可以浓缩为五种解题意识. 张小臣[2]、钱佶忠[3]讲述了以消元、换元、确定主元为目的六种多元函数最值问题的处理策略. 郑凤渊等[4]针对含参二次根式型，王凤春[5]针对方幂型的多元函数最值问题，进行了探索与求解. 熊福州[6]从多个角度对一道多元函数最值问题进行了分析与探究. 蔡远林[7]将一道多元函数最值问题进行了变式和推广，其方法富有新意，有助于拓展学生的思维，培养学生的实践创新能力. 赵思林[8]给出了两个新不等式及其推论，它们可以作为一些多元函数最值问题求解的工具. 蔡莹[9]对学生解决多元函数最值问题时的困惑进行了深入思考，专门设置了多元函数最值问题微专题，引导学生揭示这类问题的本质，通过师生互动探索解题策略，并挖掘其中蕴含的数学思想方法. 尽管有诸多研究者对多元函数最值问题进行了研究，但其解决方法纷繁杂乱，缺乏系统性，且例题的难度达不到数学竞赛、自主招生等考试的要求，这显然不利于高中数学教师指导学生参加数学竞赛或自主招生考试的学习. 根据多元函数最值问题的特点，本节对多元函数最值的求解策略与方法进行了总结和归纳，具体包括消元、换元、主元、引元、不等式、构造、数形结合、轮换对称等策略与方法，其目的在于帮助学生系统全面地学习多元函数最值的求解策略与方法，培养学生数学的应用素养，提高学生解决多元函数最值问题的能力，对数学竞赛、自主招生考试以及数学教学等都有一定参考价值.

---

　　① 作者：王先义、赵思林. 本节内容刊登在《内江师范学院学报》2018 年第 8 期.

1　消元策略

所谓消元，就是利用已知条件消去一些未知量，化多为少，化难为易. 消元策略有代入消元、增量消元、凑配消元、放缩消元等方法.

1.1　代入消元

例 1　在 $\triangle ABC$ 中，角 A，B，C 所对应的边分别为 a，b，c，$\angle ABC = 120°$，$\angle ABC$ 的平分线交 AC 于点 D，且 $BD = 1$，则 $4a + c$ 的最小值为_____.

分析：由于 $\angle ABC = \angle 120°$，$\angle ABC$ 的平分线交 AC 于点 D，且 $BD = 1$，很容易联想到用等积法求得 $a + c = ac$，结合问题采用代入消元将 $4a + c$ 转化为一元问题求解.

解：因为 $S_{\triangle ABC} = \frac{1}{2}ac\sin120° = \frac{1}{2}a\sin60° + \frac{1}{2}c\sin60° = \frac{a}{a-1}(a>1)$，所以 $a + c = ac$，即 $c = \frac{a}{a-1}(a>1)$，将 $c = \frac{a}{a-1}$ 代入得 $4a + c = 4a + \frac{a}{a-1} + 1 = 4(a-1) + \frac{1}{a-1} + 5 \geqslant 2\sqrt{4(a-1) \cdot \frac{1}{a-1}} + 5 = 9$，当且仅当 $4(a-1) = \frac{1}{a-1}$，即 $a = \frac{3}{2}$，$c = 3$ 时等号成立，故 $4a + c$ 的最小值为 9.

评注：本例不仅可以采用等积法获得 a，c 的等量关系，也可以利用向量基本定理和建系的思想得到.

1.2　增量消元

增量源于微分和导数里的 Δx，是数的变化值，即数值的变化方式和程度，而非增加变量之意. 增量消元就是利用增量的思想进行消元.

例 2　已知 a，b，$c \in \mathbf{R}^+$，且 $a + b + c = 1$，求 $a^2 + b^2 + c^2$ 的最小值.

分析：由于 a，b，$c \in \mathbf{R}^+$，且 $a + b + c = 1$，则 $0 < a$，b，$c < 1$，所以 a，b，c 的均值在 $\frac{1}{3}$ 左右，联想增量思想，采用增量进行消元.

解：由题可设 $a = \frac{1}{3} + t_1$，$b = \frac{1}{3} + t_2$，$c = \frac{1}{3} - (t_1 + t_2)$，其中 $-\frac{2}{3} < t_1 + t_2 < \frac{1}{3}$，$-\frac{1}{3} < t_1$，$t_2 < \frac{2}{3}$，即 $a^2 + b^2 + c^2 = \left(\frac{1}{3} + t_1\right)^2 + \left(\frac{1}{3} + t_2\right)^2 + \left[\frac{1}{3} - (t_1 + t_2)\right]^2 = 2\left(t_1 + \frac{t_2}{2}\right)^2 + \frac{3}{2}t_2^2 + \frac{1}{3} \geqslant \frac{1}{3}$，当且仅当 $t_1 = t_2 = 0$ 时等号成立，故 $a^2 + b^2 + c^2$ 的最小值为 $\frac{1}{3}$，此时 $a = b = c = \frac{1}{3}$.

评注：本例可进行推广，对于 n 维形式 $x_i \in \mathbf{R}(i = 1, 2, \cdots, n)$，且 $\sum_{i=1}^{n} x_i = 1$，求 $\sum_{i=1}^{n} x_i^2$ 的最小值，可利用此方法求得最小值是 $\frac{1}{n}$.

1.3 凑配消元

例3 已知 $c>0$，当非零实数 a，b 满足 $4a^2-2ab+4b^2-c=0$，且使 $|2a+b|$ 为最大值时，求 $\dfrac{3}{a}-\dfrac{1}{b}+\dfrac{5}{c}$ 的最小值.

分析：根据题意 a，b 对满足的式子配方得 $c=\dfrac{5}{8}(2a+b)^2+\dfrac{3}{8}(2a-3b)^2$，即 $|2a+b|$ 取最大值的条件是 $a=\dfrac{3}{2}b$，代入原式得 $c=10b^2$，所以 $\dfrac{3}{a}-\dfrac{1}{b}+\dfrac{5}{c}$ 三元最值问题即可转化为一元问题.

解：由 $4a^2-2ab+4b^2-c=0$ 且 $c>0$，可得 $c=\dfrac{5}{8}(2a+b)^2+\dfrac{3}{8}(2a-3b)^2$，即有 $(2a+b)^2=\dfrac{8}{5}\left[c-\dfrac{3}{8}(2a-3b)^2\right]\leqslant\dfrac{8}{5}c$，所以 $|2a+b|_{\max}=\sqrt{\dfrac{8}{5}c}$，当且仅当 $2a=3b$ 时等号成立.

将 $2a=3b$ 代入 $4a^2-2ab+4b^2-c=0$，得 $c=10b^2$，于是 $\dfrac{3}{a}-\dfrac{1}{b}+\dfrac{5}{c}=\dfrac{1}{2}\left(\dfrac{1}{b}-2\right)^2-2\geqslant-2$，当且仅当 $b=\dfrac{1}{2}$ 时等号成立.

故 $\left(\dfrac{3}{a}-\dfrac{1}{b}+\dfrac{5}{c}\right)_{\min}=-2$，此时 $a=\dfrac{3}{4}$，$b=\dfrac{5}{2}$.

1.4 放缩消元

例4 设二次函数 $f(x)=ax^2+bx+c(a$，b，c 为实常数)的导函数为 $f'(x)$，若任意的 $x\in\mathbf{R}$，不等式 $f(x)\leqslant f'(x)$ 恒成立，则 $\dfrac{b^2}{a^2+c^2}$ 的最大值为 _____.

分析：由任意的 $x\in\mathbf{R}$，不等式 $f(x)\leqslant f'(x)$ 恒成立可得 $b^2\leqslant4ac-4a^2$，所以对式子经过放缩消元得 $\dfrac{b^2}{a^2+c^2}\leqslant\dfrac{4ac-4a^2}{a^2+c^2}=\dfrac{4\left(\dfrac{c}{a}-1\right)}{\left(\dfrac{c}{a}\right)^2+1}$，换元后即为一元最值问题.

解：由题意，得 $f'(x)=2ax+b$. 由于任意的 $x\in\mathbf{R}$，$f(x)\leqslant f'(x)$ 恒成立 $\Leftrightarrow$ 任意的 $x\in\mathbf{R}$，$ax^2+(b-2a)x+c-b\leqslant0$ 恒成立，所以 $\begin{cases}a<0,\\ \Delta=b^2-4ac+4a^2\leqslant0.\end{cases}$

因此 $\dfrac{b^2}{a^2+c^2}\leqslant\dfrac{4ac-4a^2}{a^2+c^2}=\dfrac{4\left(\dfrac{c}{a}-1\right)}{\left(\dfrac{c}{a}\right)^2+1}$.

设 $\dfrac{c}{a}=t$，因为 $\begin{cases}a<0,\\ 4a(c-a)\geqslant0,\end{cases}$ 所以 $t\geqslant1$.

当 $t=1$ 时，$\dfrac{b^2}{a^2+c^2}\leqslant0$；当 $t>1$ 时，$\dfrac{b^2}{a^2+c^2}\leqslant\dfrac{4(t-1)}{t^2+1}=\dfrac{4}{(t-1)+\dfrac{2}{t-1}+2}\leqslant2\sqrt{2}-2$.

当且仅当 $t=\sqrt{2}+1$，即 $c=(\sqrt{2}+1)a$，$b^2=4\sqrt{2}a^2$ 时等号成立.

故 $\dfrac{b^2}{a^2+c^2}$ 的最大值为 $2\sqrt{2}-2$.

2　换元策略

换元法又称辅助元素法，即用新变量去代替原来的部分(或整体)变量，从而使问题简化. 换元实质是转化，关键是设元，理论依据是等量代换. 换元可以将问题移至新对象的知识背景中去研究，从而使非标准型问题标准化、复杂问题简单化. 换元策略有三角换元、整体换元等方法.

2.1　三角换元

例 5　已知 $xy\neq 0$ 且满足 $x^2+y^2\leqslant 1$，求 $u=\dfrac{4}{x^2+y^2}+\dfrac{2}{x^2y^2}+4x^2y^2$ 的最小值.

分析：若设 $x^2+y^2=t^2$，结合三角函数的恒等式 $\sin^2\theta+\cos^2\theta=1$，再根据式子结构进行换元即可.

解：设 $x^2+y^2=t^2$，则可令 $x=t\cos\theta$，$y=t\sin\theta$，其中 $0<t\leqslant 1$，$0<\theta\leqslant\dfrac{\pi}{2}$，对目标函数整理可得 $\dfrac{4}{t^2}+\dfrac{8}{t^4\sin^2 2\theta}+t^4\sin^2 2\theta$.

再令 $s=t^4\sin^2 2\theta\in(0,1]$，函数 $f(s)=\dfrac{8}{s}+s\geqslant f(1)=9$，当且仅当 $s=1$ 时等号成立.

所以 $\dfrac{4}{t^2}+\dfrac{8}{t^4\sin^2 2\theta}+t^4\sin^2 2\theta\geqslant\dfrac{4}{t^2}+9\geqslant 13$，当且仅当 $x=y=\dfrac{1}{2}$ 时等号成立，故 $u_{\min}=13$.

2.2　整体换元

例 6　已知 $a>1$，$b>2$，求 $u=\dfrac{(a-b)^2}{\sqrt{a^2-1}+\sqrt{b^2-4}}$ 的最小值.

分析：通过整体换元如 $\sqrt{a^2-1}=x$，$\sqrt{b^2-4}=y$，可将分母的根式处理掉，同时也将变量 a，b 代换为与新的变量有关的函数，代入原式化简，并利用重要不等式求解即可.

解：若令 $\sqrt{a^2-1}=x$，$\sqrt{b^2-4}=y$，可得 $a=\sqrt{x^2+1}$，$b=\sqrt{y^2+4}$.

则 $\dfrac{(a-b)^2}{\sqrt{a^2-1}+\sqrt{b^2-4}}=\dfrac{(\sqrt{x^2+1}+\sqrt{y^2+4})^2}{x+y}=\dfrac{x^2+y^2+2\sqrt{(x^2+1)(y^2+4)}+5}{x+y}=$

$\dfrac{x^2+y^2+2\sqrt{x^2y^2+4x^2+y^2+4}+5}{x+y}\geqslant\dfrac{x^2+y^2+2\sqrt{x^2y^2+4xy+4}+5}{x+y}=\dfrac{x^2+y^2+2xy+9}{x+y}=$

$\dfrac{(x+y)^2+9}{x+y}\geqslant 6$.

当且仅当 $2x=y$，$x+y=3$，即 $a=\sqrt{2}$，$b=2\sqrt{2}$ 时等号成立，故 $u_{\min}=6$.

3 主元策略

主元策略是指根据具体问题选择合适的变量作为主元，将多元函数问题转化为一元函数问题进行求解的一种策略. 此策略的关键在于主元的选择.

3.1 参量作主元

例7 已知 a，b，$c \in \mathbf{R}^+$ 满足 $5c - 3a \leqslant b \leqslant 4c - a$，$c \ln b \geqslant a + c \ln c$，求 $\dfrac{b}{a}$ 的最大值和最小值.

分析：由题分析知变量 a，b 为主元，c 为参数. 如果从正面出发，直接以变量 a，b 为主元求解，难度较大. 若反客为主，将 c 看作主元，a，b 看作参数，将柳暗花明.

解：令 $c = x$，则 $5x - 3a \leqslant b \leqslant 4x - a$，解得 $\dfrac{a+b}{4} \leqslant x \leqslant \dfrac{3a+b}{5}$，即有 $\dfrac{a+b}{4} \leqslant \dfrac{3a+b}{5}$，解得 $\dfrac{b}{a} \leqslant 7$.

又 $x \ln b \geqslant a + x \ln x$，即存在 $x_0 \in \mathbf{R}^+$，满足 $x_0 \ln x_0 - x_0 \ln b + a \leqslant 0$.

令 $f(x) = x \ln x - x \ln b + a$，则只需 $f(x)_{\min} \leqslant 0$，因 $f'(x) = \ln x - \ln b$，令 $f'(x) = 0$，解得 $x = \dfrac{b}{e}$.

当 $x \in \left(0, \dfrac{b}{e}\right)$ 时，$f'(x) < 0$，故 $f(x)$ 在 $\left(0, \dfrac{b}{e}\right)$ 上单调递减；

当 $x \in \left(\dfrac{b}{e}, +\infty\right)$ 时，$f'(x) > 0$，故 $f(x)$ 在 $\left(\dfrac{b}{e}, +\infty\right)$ 上单调递增.

所以 $f(x)_{\min} = f\left(\dfrac{b}{e}\right) = a - \dfrac{b}{e}$，因此 $a - \dfrac{b}{e} \leqslant 0$，即 $\dfrac{b}{a} \geqslant e$.

综上可得，$\dfrac{b}{a}$ 的最大值为 7，最小值为 e.

3.2 逐元作主元

例8 已知 $a > b > c > 0$，则 $2a^2 + \dfrac{1}{ab} + \dfrac{1}{a(a-b)} - 10ac + 25c^2$ 的最小值是(　　).

A. 2　　　　　　B. 4　　　　　　C. $2\sqrt{5}$　　　　　D. 5

分析：多元问题可以分几步变为几个一元问题，每一步都只确定一个自变量，其余字母均看成参量，这样就可以用逐次求导策略程式化地解决多元问题.

解：先将 c 看作主元，设 $f(c) = 2a^2 + \dfrac{1}{ab} + \dfrac{1}{a(a-b)} - 10ac + 25c^2$，则 $f'(c) = -10a + 50c$.

令 $f'(c) = 0$，解得 $c = \dfrac{a}{5}$. 容易判定 $c = \dfrac{a}{5}$ 是 $f(c)$ 的最小值点，从而有 $f(c) \geqslant f\left(\dfrac{a}{5}\right) = a^2 + \dfrac{1}{ab} + \dfrac{1}{a(a-b)}$.

再将 b 看作主元，设 $g(b)=a^2+\dfrac{1}{ab}+\dfrac{1}{a(a-b)}$，则 $g'(b)=-\dfrac{1}{ab^2}+\dfrac{1}{a(a-b)^2}$.

令 $g'(b)=0$，解得 $b=\dfrac{a}{2}$. 容易判定 $b=\dfrac{a}{2}$ 是 $g(b)$ 的最小值点，因此 $g(b)\geqslant g\left(\dfrac{a}{2}\right)=a^2+\dfrac{4}{a^2}$.

最后设 $h(a)=a^2+\dfrac{4}{a^2}$，$h(a)$ 为一元函数. $h'(a)=2a-\dfrac{8}{a^3}$，令 $h'(a)=0$，解得 $a=\sqrt{2}$. 容易判定 $a=\sqrt{2}$ 是 $h(a)$ 的最小值点，因此 $h(a)\geqslant h(\sqrt{2})=4$.

综上可得，$f(c)\geqslant g(b)\geqslant h(a)\geqslant 4$. 故选 B.

4　引元策略

所谓引元，就是根据条件适当地引入参数，使复杂问题简单化，从而求解.

4.1　引入一个参数

如前面例 3.

分析：对于多元函数中的任意两个变量都存在比例关系，假设变量 $\dfrac{a}{b}=t$，则可对已知条件进行化简，得 $b^2=\dfrac{c}{4t^2-2t+4}$，$|2a+b|=\sqrt{(4t^2+4t+1)b^2}$，从而得到 $|2a+b|$ 取最值的条件 $\dfrac{a}{b}=\dfrac{3}{2}$，再代入原式可得 $c=10b^2$，即 $\dfrac{3}{a}-\dfrac{1}{b}+\dfrac{5}{c}$ 三元问题可转化为一元问题.

解：若引入参数 t，则可令 $a=bt$，把 $a=bt$ 代入已知条件并整理，可得 $b^2=\dfrac{c}{4t^2-2t+4}$.

$$|2a+b|=|2(t+1)b|=\sqrt{(4t^2+4t+1)b^2}=\sqrt{\left(\dfrac{6t-3}{4t^2-2t+4}+1\right)c}\leqslant\sqrt{\dfrac{8}{5}c}.$$

当且仅当 $t=\dfrac{3}{2}$ 时等号成立，此时 $2a=3b$.

把 $2a=3b$ 代入 $4a^2-2ab+4b^2-c=0$，得 $c=10b^2$. 于是 $\dfrac{3}{a}-\dfrac{1}{b}+\dfrac{5}{c}=\dfrac{1}{2}\left(\dfrac{1}{b}-2\right)^2-2\geqslant -2$.

当且仅当 $b=\dfrac{1}{2}$，$a=\dfrac{3}{4}$，$c=\dfrac{5}{2}$ 时等号成立，故 $\dfrac{3}{a}-\dfrac{4}{b}+\dfrac{5}{c}$ 的最小值为 -2.

4.2　引入两个参数

例 9　已知 a，b，c 为非负实数，求 $f(a,b,c)=\dfrac{c}{a}+\dfrac{a}{b+c}+\dfrac{b}{c}$ 的最小值.

分析：对于多元函数最值问题，选定一个元为主元，其他的元都与主元有比例关系. 此题设 c 为主元，引入参数 k_1，k_2，令 $a=k_1c$，$b=k_2$，则 $f(a,b,c)$ 三元问题可转化为二元问题.

解：由题意得 $a \geqslant 0$，$c \geqslant 0$，若引入参数 k_1，k_2，则可令 $a = k_1 c$，$b = k_2$，其中 $k_1 \geqslant 0$，$k_2 \geqslant 0$，则 $f(a, b, c) = \dfrac{c}{k_1 c} + \dfrac{k_1 c}{k_2 c + c} + \dfrac{k_2 c}{c} = \dfrac{1}{k_1} + \dfrac{k_1}{k_2 + 1} + (k_2 + 1) - 1 \geqslant$

$3 \sqrt[3]{\dfrac{1}{k_1} \cdot \dfrac{k_1}{k_2 + 1} \cdot (k_2 + 1)} - 1 = 2$.

当且仅当 $\dfrac{1}{k_1} = \dfrac{k_1}{k_2 + 1} = k_2 + 1$，即 $k_1 = 1$，$k_2 = 0$，也即 $a = c$，$b = 0$ 时等号成立，故 $f(a, b, c)_{\min} = 2$.

例 10 设 x，y，z 是不全为零的实数，求 $U = \dfrac{xy + 2yz + 2zx}{x^2 + y^2 + z^2}$ 的最大值.

分析：由题意可知变量 x，y 是对称的，引入参数 λ，$\mu \in \mathbf{R}^+$，由含参均值不等式可将 xy，yz，xz 放缩为含有 x^2，y^2，z^2 的形式，结合问题的分子、分母的结构可求解.

解：引入参数 λ，$\mu \in \mathbf{R}^+$，由含参均值不等式可得如下三式：

$(\lambda x) \cdot (\lambda y) \leqslant \dfrac{\lambda^2 (x^2 + y^2)}{2} \Rightarrow xy \leqslant \dfrac{x^2 + y^2}{2}$，

$2(\lambda y) \cdot (\mu z) \leqslant \lambda^2 y^2 + \mu^2 z^2 \Rightarrow 2yz \leqslant \dfrac{\lambda}{\mu} y^2 + \dfrac{\mu}{\lambda} z^2$，

$2(\mu z) \cdot (\lambda x) \leqslant \mu^2 z^2 + \lambda^2 x^2 \Rightarrow 2zx \leqslant \dfrac{\mu}{\lambda} z^2 + \dfrac{\lambda}{\mu} x^2$.

将以上三式相加，得 $xy + 2yz + 2zx \leqslant \left(\dfrac{\lambda}{\mu} + \dfrac{1}{2}\right) x^2 + \left(\dfrac{\lambda}{\mu} + \dfrac{1}{2}\right) y^2 + \dfrac{2\mu}{\lambda} z^2$，

即 $U \leqslant \dfrac{\left(\dfrac{\lambda}{\mu} + \dfrac{1}{2}\right) x^2 + \left(\dfrac{\lambda}{\mu} + \dfrac{1}{2}\right) y^2 + \dfrac{2\mu}{\lambda} z^2}{x^2 + y^2 + z^2}$. （＊）

当且仅当 $\lambda x = \lambda y = \mu z$ 时等号成立.

观察（＊）式，为了约去分母，只需 $\dfrac{\lambda}{\mu} + \dfrac{1}{2} = \dfrac{2\mu}{\lambda}$. 设 $\dfrac{\mu}{\lambda} = t (t > 0)$，则有 $2t = \dfrac{1}{t} + \dfrac{1}{2}$，解得 $t = \dfrac{1 + \sqrt{33}}{8}$. 将 $\dfrac{\mu}{\lambda} = \dfrac{1 + \sqrt{33}}{8}$ 代入（＊）式，有 $U \leqslant \dfrac{1 + \sqrt{33}}{4}$.

当且仅当 $x : y : z = 4 : 4 : (\sqrt{33} - 1)$ 时等号成立，故 U 的最大值为 $\dfrac{1 + \sqrt{33}}{4}$.

4.3 引入多个参数

例 11 已知 $\sqrt{x + 1} + \sqrt{y - 2} \geqslant 5$，求 $z = x + y$ 的最小值.

解：令 $\sqrt{x + 1} = m \geqslant 0$，$\sqrt{y - 2} = n \geqslant 0$，则 $m + n - 5 = t \geqslant 0$，解得 $m = 5 + t - n$.

$z = x + y = m^2 + n^2 + 1 = n^2 + (5 + t - n)^2 + 1 = 2n^2 - 2(t + 5)n + (t + 5)^2 + 1$

$= 2\left(n - \dfrac{t + 5}{2}\right)^2 + \dfrac{(t + 5)^2 + 2}{2} \geqslant \dfrac{(t + 5)^2 + 2}{2} \geqslant \dfrac{27}{2}$，

当且仅当 $n = \dfrac{t + 5}{2}$，$t = 0$，即 $x = \dfrac{21}{4}$，$y = \dfrac{33}{4}$ 时等号成立，故 $z_{\min} = \dfrac{27}{2}$.

5　不等式策略

5.1　均值不等式

$\sqrt{ab}\leqslant\dfrac{a+b}{2}$（$a\geqslant0$，$b\geqslant0$），当且仅当 $a=b$ 时等号成立.

例 12　若 $a>0$，$b>0$，且 $\dfrac{1}{a}+\dfrac{1}{b}=\sqrt{ab}$，求 a^3+b^3 的最小值.

解：因为 $\sqrt{ab}=\dfrac{1}{a}+\dfrac{1}{b}\geqslant2\sqrt{\dfrac{1}{ab}}$，所以 $ab\geqslant2$，当且仅当 $a=b=\sqrt{2}$ 时等号成立. 又 $a^3+b^3\geqslant2\sqrt{a^3b^3}\geqslant4\sqrt{2}$，当且仅当 $a=b=\sqrt{2}$ 时等号成立. 故 a^3+b^3 的最小值为 $4\sqrt{2}$.

5.2　柯西不等式

$(a_1b_1+a_2b_2)^2\leqslant(a_1^2+a_2^2)(b_1^2+b_2^2)$，当且仅当 $a_1b_2=a_2b_1$ 时等号成立.

例 13　已知实数 x，y 满足 $4x^2+y^2+xy=1$，求 $2x+y$ 的最大值.

解：将原式 $4x^2+y^2+xy=1$ 配方，可得 $\left(\dfrac{1}{2}x+y\right)^2+\left(\dfrac{\sqrt{15}}{2}x\right)^2=1$.

由柯西不等式可得 $2x+y\leqslant\sqrt{1^2+\left(\dfrac{3}{\sqrt{15}}\right)^2}\cdot\sqrt{\left(\dfrac{1}{2}x+y\right)^2+\left(\dfrac{\sqrt{15}}{2}x\right)^2}=\dfrac{2\sqrt{10}}{5}$，当且仅当 $\left(\dfrac{1}{2}x+y\right)\cdot\dfrac{3}{\sqrt{15}}=\dfrac{\sqrt{15}}{2}x$，即 $y=2x=\dfrac{\sqrt{10}}{5}$ 时等号成立.

故 $2x+y$ 的最大值为 $\dfrac{2\sqrt{10}}{5}$.

5.3　椭圆不等式

若实数 a，b，x，y 满足 $\dfrac{1}{a^2}+\dfrac{1}{b^2}=1$，则 $a^2+b^2\geqslant(x+y)^2$，当且仅当 $\dfrac{x}{y}=\dfrac{a^2}{b^2}$ 时等号成立.

评注：以上不等式可以利用均值不等式便捷证明.

例 14　若实数 x，y 满足方程 $x^2+y^2-2x+4y+1=0$，求代数式 $\dfrac{y}{x+2}$ 的取值范围.

分析：将问题条件进行变形，构造出椭圆不等式的条件，利用椭圆不等式计算即可.

解：令 $\dfrac{y}{x+2}=k$，则 $kx-y+2k=0$.

将方程 $x^2+y^2-2x+4y+1=0$ 变形，可得 $\dfrac{(kx-k)^2}{4k^2}+\dfrac{(y-2)^2}{4}=1$.

由椭圆不等式，得 $4k^2+4\geqslant(kx-y+2-k)^2=(2-3k)^2$，解得 $0\leqslant k\leqslant\dfrac{12}{5}$.

故代数式 $\dfrac{y}{x+2}$ 的取值范围是 $\left[0,\dfrac{12}{5}\right]$.

评注：前面的例 11 也可用此方法.

5.4 降幂不等式

已知 x，$t \in \mathbf{R}^+$，$n \in \mathbf{N}_*$，则 $x^n \geqslant \dfrac{n}{n-i} t^i x^{n-i} - \dfrac{i}{n-i} t^n$（$i = 1$，$2$，$\cdots$，$n-1$），当且仅当 $x = t$ 时等号成立.

特别地，当 $i = n-1$ 时，$x^n \geqslant n t^{n-1} x - (n-1) t^n$[5].

例 15 已知 x，y，$z \in \mathbf{R}^+$，且 $x^3 + \dfrac{3}{\sqrt{5}} y + z = 1$，求 $S = 3x^5 + 3y^2 + \dfrac{5}{3} z^3$ 的最小值.

解：由降幂不等式，得 $3x^5 \geqslant 5a^2 x^3 - 2a^5$，$3y^2 \geqslant 6by - 3b^2 = 2\sqrt{5} b \dfrac{3}{\sqrt{5}} y - 3b^2$，$\dfrac{5}{3} z^3 \geqslant 5c^2 z - \dfrac{10}{3} c^3$，则 $S = 3x^5 + 3y^2 + \dfrac{5}{3} z^3 \geqslant 5a^2 - \left(2a^5 + 3b^2 + \dfrac{10}{3} c^3 \right)$，当且仅当 $x = a$，$y = b$，$z = c$ 且 $5a^2 = 2\sqrt{5} b = 5c^2$ 时等号成立，即 $x = \sqrt{\dfrac{2b}{\sqrt{5}}}$，$y = b$，$z = \sqrt{\dfrac{2b}{\sqrt{5}}}$.

又 $x^3 + \dfrac{3}{\sqrt{5}} y + z = 1$，所以 $\left(\sqrt{\dfrac{2b}{\sqrt{5}}} \right)^3 + \dfrac{3}{2} \left(\sqrt{\dfrac{2b}{\sqrt{5}}} \right)^2 + \sqrt{\dfrac{2b}{\sqrt{5}}} = 1$，解得 $\sqrt{\dfrac{2b}{\sqrt{5}}} = \dfrac{1}{2}$，即 $b = \dfrac{\sqrt{5}}{8}$.

故 $S_{\min} = \dfrac{103}{192}$，此时 $x = z = \dfrac{1}{2}$，$y = \dfrac{\sqrt{5}}{8}$.

5.5 权方和不等式

当 $0 < \alpha < 1$，a_i，$b_i > 0$（$i = 1$，2，$\cdots$，n）时，$\dfrac{a_1^{\alpha+1}}{b_1^{\alpha}} + \dfrac{a_2^{\alpha+1}}{b_2^{\alpha}} + \cdots + \dfrac{a_n^{\alpha+1}}{b_n^{\alpha}} \leqslant \dfrac{(a_1 + a_2 + \cdots + a_n)^{\alpha+1}}{(b_1 + b_2 + \cdots + b_n)^{\alpha}}$.

当 $\alpha < 0$ 或 $\alpha > 1$，a_i，$b_i > 0$（$i = 1$，2，$\cdots$，n）时，$\dfrac{a_1^{\alpha+1}}{b_1^{\alpha}} + \dfrac{a_2^{\alpha+1}}{b_2^{\alpha}} + \cdots + \dfrac{a_n^{\alpha+1}}{b_n^{\alpha}} \geqslant \dfrac{(a_1 + a_2 + \cdots + a_n)^{\alpha+1}}{(b_1 + b_2 + \cdots + b_n)^{\alpha}}$.

当且仅当 $\dfrac{a_1}{b_1} = \dfrac{a_2}{b_2} = \cdots = \dfrac{a_n}{b_n}$ 时等号成立.

如前面例 11.

解：因 $z = x + y = \dfrac{x+1}{1} + \dfrac{y-2}{1} + 1$，由权方和不等式，得 $z = x + y \geqslant \dfrac{(\sqrt{x+1} + \sqrt{y-2})^2}{1+1} + 1$.

又 $\sqrt{x+1} + \sqrt{y-2} \geqslant 5$，所以 $z = x + y \geqslant \dfrac{27}{2}$.

当且仅当 $\dfrac{\sqrt{x+1}}{1} = \dfrac{\sqrt{y-2}}{1}$，$\sqrt{x+1} + \sqrt{y-2} = 5$，即 $x = \dfrac{21}{4}$，$y = \dfrac{33}{4}$ 时等号成立.

故 $z_{\min}=\dfrac{27}{2}$.

评注：对前面例 14 也可采用此方法解决，由于篇幅有限，在此不赘述.（提示：将题干条件转化为圆的标准方程，令 $k=\dfrac{y}{x+2}$，则 $y=kx+2k$，并代入圆的方程，再利用权方和不等式即可）

6　构造策略

构造策略是指根据题干条件，巧妙地构造出与已知条件联系紧密的新的条件和问题，即对已知条件和问题进行等价转化，再利用新诞生的数学问题的相关知识点和性质进行解决.

6.1　构造函数

如前面例 7.

分析：在求最值的过程中，可以根据已知不等式考虑将参量 c 进行放缩处理. 由已知条件 $5c-3a\leqslant b\leqslant 4c-a$，可得 $c\leqslant 2a$，再结合式子 $b\leqslant 4c-a$，可得 $\dfrac{b}{a}$ 的最大值. 在求最小值时，紧抓放缩条件 $c\leqslant 2a$ 和所求问题 $\dfrac{b}{a}$，由 $c\ln b\geqslant a+c\ln c$，可得 $c\ln b-c\ln a\geqslant a+c\ln c-c\ln a$，即 $\ln \dfrac{b}{a}\geqslant\dfrac{a}{c}+\ln \dfrac{c}{a}$，即可构造函数求解 $\dfrac{b}{a}$ 的最小值.

解：由已知条件 $5c-3a\leqslant b\leqslant 4c-a$，可得 $5c-3a-4c+a=c-2a\leqslant 0$，即 $c\leqslant 2a$，所以有 $b\leqslant 4c-a\leqslant 4\cdot 2a-a=7a$，又 $a>0$，故有 $\dfrac{b}{a}\leqslant 7$.

由 $c\ln b\geqslant a+c\ln c$，可得 $c\ln b-c\ln a\geqslant a+c\ln c-c\ln a$，即 $c\ln \dfrac{b}{a}\geqslant a+c\ln \dfrac{c}{a}$，又 $c>0$，故 $\ln \dfrac{b}{a}\geqslant\dfrac{a}{c}+\ln \dfrac{c}{a}$.

构造函数 $f(x)=\dfrac{1}{x}+\ln x$，由 $f'(x)=\dfrac{x-1}{x^2}$，得当 $x=1$ 时，有 $f(x)_{\min}=f(1)=1$，即有 $\ln \dfrac{b}{a}\geqslant 1$，所以 $\dfrac{b}{a}\geqslant\mathrm{e}$.

例 16　已知 x，y，$z>0$，$x+y+z=1$，求 $\dfrac{\sqrt{x}}{1+x}+\dfrac{\sqrt{y}}{1+y}+\dfrac{\sqrt{z}}{1+z}$ 的最大值.

分析：问题的结构就蕴含函数模型 $f(t)=\dfrac{\sqrt{t}}{1+t}(0<t<1)$，通过分析函数 $f(t)$ 的性态可间接求出自变量满足条件 x，y，$z>0$，$x+y+z=1$ 的三点的函数最值，$f(t)$ 在 $(0,1)$ 上为上凸函数，由琴生不等式即可获解.

解：设 $f(t)=\dfrac{\sqrt{t}}{1+t}(0<t<1)$，则 $f'(t)=\dfrac{1-t}{2\sqrt{t}(1+t)^2}<0$，$f''(t)=\dfrac{3t^2-6t-1}{4t^{\frac{3}{2}}(1+t)^3}<0$，则函

数 $f(t)$ 在 $(0，1)$ 上为上凸函数.

由琴生不等式，可得 $\dfrac{\sqrt{x}}{1+x}+\dfrac{\sqrt{y}}{1+y}+\dfrac{\sqrt{z}}{1+z}=f(x)+f(y)+f(z)\leqslant 3f\left(\dfrac{x+y+z}{3}\right)=$

$\dfrac{3\sqrt{3}}{4}$，当且仅当 $x=y=z=\dfrac{1}{3}$ 时等号成立.

故原式的最大值为 $\dfrac{3\sqrt{3}}{4}$.

6.2 构造复数

例 17 在锐角 $\triangle ABC$ 中，求 $\sqrt{\tan^2 A+\tan^2 B}+\sqrt{\tan^2 B+\tan^2 C}+\sqrt{\tan^2 C+\tan^2 A}$ 的最小值.

分析：根据问题的结构，发现式子对称优美，每一个式子都是锐角 $\triangle ABC$ 两个不同角的正切值的平方和的算术平方根，结合复数模的定义，即可对问题进行转化，再利用复数的相关知识即可获解.

解：构造复数 $z_1=\tan A+\mathrm{i}\tan B$，$z_2=\tan B+\mathrm{i}\tan C$，$z_3=\tan C+\mathrm{i}\tan A$.

则 $z_1+z_2+z_3=(\tan A+\tan B+\tan C)(1+\mathrm{i})$.

由推广的三角不等式 $|z_1+z_2+z_3|\leqslant|z_1|+|z_2|+|z_3|$，可得

$\sqrt{\tan^2 A+\tan^2 B}+\sqrt{\tan^2 B+\tan^2 C}+\sqrt{\tan^2 C+\tan^2 A}\geqslant\sqrt{2}(\tan A+\tan B+\tan C)$，

又由三角函数的重要不等式 $\tan A+\tan B+\tan C\geqslant 3\sqrt{3}$，

则 $\sqrt{\tan^2 A+\tan^2 B}+\sqrt{\tan^2 B+\tan^2 C}+\sqrt{\tan^2 C+\tan^2 A}\geqslant 3\sqrt{6}$.

故 $\sqrt{\tan^2 A+\tan^2 B}+\sqrt{\tan^2 B+\tan^2 C}+\sqrt{\tan^2 C+\tan^2 A}$ 的最小值为 $3\sqrt{6}$.

例 18 若 $x，y，z\in(0，1)$，求 $\dfrac{1}{1-x+y}+\dfrac{1}{1-y+z}+\dfrac{1}{1-z+x}$ 的最小值.

分析：问题结果对称优美，且变量都在分母，构造对偶式可对分母进行处理.

解：设 $M=\dfrac{1}{1-x+y}+\dfrac{1}{1-y+z}+\dfrac{1}{1-z+x}$，构造互为倒数对偶式 $N=(1-x+y)+(1-y+z)+(1-z+x)$，则 $M+N=\dfrac{1}{1-x+y}+(1-x+y)+\dfrac{1}{1-y+z}+(1-y+z)+\dfrac{1}{1-z+x}+(1-z+x)\geqslant 2+2+2=6$. 而 $N=3$，即 $M\geqslant 3$，故 $\dfrac{1}{1-x+y}+\dfrac{1}{1-y+z}+\dfrac{1}{1-z+x}$ 的最小值为 3.

6.3 构造向量

命题 若 $\boldsymbol{a}=(x_1，y_1)$，$\boldsymbol{b}=(x_2，y_2)$，由向量不等式 $|\boldsymbol{a}-\boldsymbol{b}|\geqslant|\boldsymbol{a}|-|\boldsymbol{b}|$，可得 $(x_1-x_2)^2+(y_1-y_2)^2\geqslant(\sqrt{x_1^2+y_1^2}-\sqrt{x_2^2+y_2^2})^2$，当且仅当 $\boldsymbol{a}$ 与 $\boldsymbol{b}$ 是同向向量时等号成立.

推论 若 $\boldsymbol{a}=(x，y)$，$\boldsymbol{b}=\sum_{i=1}^{n}\boldsymbol{c}_i$，$\boldsymbol{c}_i=(x_i,y_i)(i=1，2，\cdots，n)$，由不等式 $|\boldsymbol{a}-\boldsymbol{b}|\geqslant$

$|a|-|b|$，可得 $\left(x-\sum\limits_{i=1}^{n}x_i\right)^2+\left(y-\sum\limits_{i=1}^{n}y_i\right)^2\geqslant\left(\sqrt{x^2+y^2}-\sum\limits_{i=1}^{n}\sqrt{x_i+y_i}\right)^2$，当且仅当 a 与 b 是同向向量时等号成立.

例 19　求 $f(x,y,z)=(x-y-z)^2+\left(\dfrac{4}{x}-\sqrt{1-y^2}-\sqrt{2-z^2}\right)^2$ 的最小值.

解：由题设 $a=\left(x,\dfrac{4}{x}\right),c_1=(y,\sqrt{1-y^2})$，$c_2=(z,\sqrt{2-z^2})$，则由推论可得

$$(x-y-z)^2+\left(\dfrac{4}{x}-\sqrt{1-y^2}-\sqrt{2-z^2}\right)^2$$

$$\geqslant\left\{\sqrt{x^2+\dfrac{16}{x^2}}-\left[\sqrt{y^2+(\sqrt{1-y^2})^2}+\sqrt{z^2+(\sqrt{2-z^2})^2}\right]\right\}^2$$

$$\geqslant\left[\sqrt{32}-(1+\sqrt{2})^2\right]^2=(3-2\sqrt{2})^2.$$

当且仅当 $\dfrac{x}{\dfrac{4}{x}}=\dfrac{y}{\sqrt{1-y^2}}=\dfrac{z}{\sqrt{2-z^2}}$ 且 $x=\dfrac{4}{x}$，即 $(x,y,z)=\left(2,\dfrac{\sqrt{2}}{2},1\right)$ 时等号成立.

故 $f(x,y,z)_{\min}=(3-2\sqrt{2})^2$.

评注：本例也可以利用数形结合策略求解，有兴趣的读者可尝试解决.

7　数形结合策略

著名数学家华罗庚曾说："数形结合百般好，隔裂分家万事休."[11] 数形结合就是将抽象数学语言与直观图形结合起来，使抽象思维与形象思维结合起来，通过"数"与"形"之间的等价转换来解决数学问题.

例 20　设实数 x,y 满足 $3x^2+4y^2=48$，求 $\sqrt{x^2+y^2-4x+4}+\sqrt{x^2+y^2-2x+4y+5}$ 的最大值.

分析：设 $P(x,y)$，则点 P 在椭圆 $\Gamma:\dfrac{x^2}{16}+\dfrac{y^2}{12}=1$ 上. 对问题式子进行配方整理可发现，其几何意义为椭圆上的点 P 到定点与椭圆右焦点 $F_2(2,0)$ 的距离和的最大值. 由椭圆定义可得 $|PF_2|=2a-|PF_1|$，即原式转化为求 $|PA|-|PF_1|+8$ 的最大值，结合图 1 可知，当且仅当点 P 在射线 AF_1 上时，原式取得最大值.

解：在平面直角坐标系 xOy 中，点 $P(x,y)$ 在椭圆 $\Gamma:\dfrac{x^2}{16}+\dfrac{y^2}{12}=1$ 上，如图 1 所示，椭圆 Γ 的左、右焦点分别为 $F_1(-2,0)$，$F_2(2,0)$，设点 $A(1,-2)$，射线 AF_1 与椭圆 Γ 的交点是点 P，得 $\sqrt{x^2+y^2-4x+4}+\sqrt{x^2+y^2-2x+4y+5}=|PF_2|+|PA|=|PA|-|PF_1|+8\leqslant|AF_1|+8=8+\sqrt{13}$，当且仅当点 P，P' 重合时，$\left(\sqrt{x^2+y^2-4x+4}+\sqrt{x^2+y^2-2x+4y+5}\right)_{\max}=8+\sqrt{13}$.

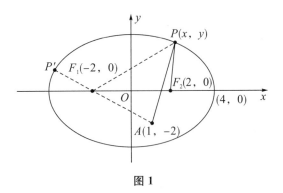

图 1

如前面例 7.

分析：由于条件 $5c-3a \le b \le 4c-a$，$c\ln b \ge a+c\ln c \Leftrightarrow 3 \cdot \dfrac{a}{c}+\dfrac{b}{c} \ge 5$，$\dfrac{a}{c}+\dfrac{b}{c} \le 4$，$\dfrac{b}{c} \ge \mathrm{e}^{\frac{a}{c}}$，若令 $x=\dfrac{a}{c}$，$y=\dfrac{b}{c}$，则问题转化为已知 x，y 满足 $3x+y \ge 5$，$x+y \le 4$，$y \ge \mathrm{e}^x$，求 $\dfrac{y}{x}$ 的最大值和最小值，即为常见的线性规划的问题.

解：作出 $(x，y)$ 的平面区域图（如图 2 所示），设 $P(x_0，y_0)$ 为 $y=\mathrm{e}^x$ 上一点，过该点的切线方程为 $y=\mathrm{e}^{x_0}x+\mathrm{e}^{x_0}(1-x_0)$，则 $y=\mathrm{e}^x$ 过原点的切线方程为 $y=\mathrm{e}x$，所以 $\dfrac{y}{x}$ 的最小值为 e. 由图 2 可得 k_{OA} 为 $\dfrac{y}{x}$ 的最大值，$\left(\dfrac{y}{x}\right)_{\max}=7$. 故 $\dfrac{b}{a}$ 的最大值为 7，最小值为 e.

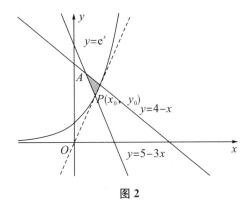

图 2

8 对称策略

例 21 在锐角 $\triangle ABC$ 中，求 $f(A，B，C)=9\tan A\tan B+\tan B\tan C+\tan A\tan C$ 的最小值.

分析：因 $f(A，B，C)=f(B，A，C)$，则 A，B 轮换对称，利用对称性可知，当且仅当 $A=B$ 时，$f(A，B，C)$ 取最小值，也即求 $A=B$ 时，函数的最小值，从而使问题简化.

解：令 $A=B$，则原式可化简整理得 $9\tan^2 A+2\tan A\tan C$.

又 $A+B+C=\pi$，所以 $9\tan^2 A+2\tan A\tan C=9\tan^2 A+\dfrac{4\tan A}{\tan^2 A-1}+4=9(\tan^2 A-1)+\dfrac{4\tan A}{\tan^2 A-1}+13\geqslant 12+13=25$，当且仅当 $\tan^2 A-1=\dfrac{2}{3}$，即 $\tan^2 A=\dfrac{5}{3}$ 时等号成立.

故原式的最小值为 25.

评注：无条件的循环对称代数式的最值用对称策略求解是可以的，有条件的循环对称代数式的最值用对称原理求解一般是不可以的[12].

综上，虽然求解多元函数最值问题的方法有很多，但大多数方法并不是通性通法，具有一定的局限性. 本节通过对诸多研究者的研究成果进行分析思考，对解决多元函数最值问题的解决策略与方法进行了总结归纳，并归结为消元、换元、主元、引元、不等式、构造、数形结合、轮换对称等策略与方法. 以数学问题解决策略来统领解决方法，不仅有助于教师进行高效教学，而且能帮助学生开拓解题思路，激活数学思维，突破多元函数最值问题求解的难点，培养求解多元函数最值的数学问题的素养. 教育理论与实践都表明，解决问题策略的学习与应用有利于促进和开发学生的元认知. 数学解题的目的绝不仅仅是授人以策略和方法，而多元函数最值问题的教学正是实现"授人以渔"的良好路径.

参考文献

[1] 洪恩峰. 例谈多元数最值问题的五种解题意识 [J]. 河北理科教学研究，2016 (3)：25−27，33.

[2] 张小臣. 多元函数最值问题求解策略 [J]. 中学数学杂志，2008 (3)：41−44.

[3] 钱佶忠. 例谈解决多元函数问题的几种策略 [J]. 中学数学（高中版），2016 (8)：64−67.

[4] 郑凤渊，赵思林. 一个含参数的二次根式不等式及其应用 [J]. 中学数学研究，2017 (3)：22−24.

[5] 王凤春. 降幂不等式求多元函数的极值 [J]. 高等数学研究，2015 (4)：80−82.

[6] 熊福州. 由 2010 年高考四川理（12）看多元函数最值问题的解法 [J]. 中学数学研究，2010 (10)：35−37.

[7] 蔡远林. 用求多元函数最值的一般方法解一道竞赛题 [J]. 中学数学研究，2016 (5)：46−47.

[8] 赵思林. 两个新不等式的证明与推论 [J]. 内江师范学院学报，2006，21 (4)：19−21.

[9] 蔡莹. 多元函数的最值问题 [J]. 上海中学数学，2015 (4)：62−65.

[10] 赵思林. 一个含组合数的不等式的证明与应用 [J]. 内江师范学院学报，2005，20 (6)：91−93.

[11] 邱海泉. 浅谈数形结合思想在高中数学中的几点应用 [J]. 河北理科教学研究，2005 (3)：40−43.

[12] 熊福州. 用多元函数最值问题解法探讨"巧用对称求最值" [J]. 河北理科教学研究，2013 (4)：22−23.

第三节　2018 年高考数学上海卷 12 题的探究及点评①

2018 年高考数学上海卷第 12 题：

已知实数 x_1，x_2，y_1，y_2 满足 $x_1^2 + y_1^2 = 1$，$x_2^2 + y_2^2 = 1$，$x_1 x_2 + y_1 y_2 = \dfrac{1}{2}$，则 $\dfrac{|x_1 + y_1 - 1|}{\sqrt{2}} + \dfrac{|x_2 + y_2 - 1|}{\sqrt{2}}$ 的最大值为_____．

评注：式子 $\dfrac{|x_1 + y_1 - 1|}{\sqrt{2}} + \dfrac{|x_2 + y_2 - 1|}{\sqrt{2}}$ 中含有 2 个绝对值及 4 个参数，这样的结构考生在平时的学习中一般是很难见到的．因此，考生解答此题需要考虑如何认识和处理这两个绝对值，以及如何才能消去 4 个参数 x_1，y_1，x_2，y_2．这当然需要考生具有良好的分析问题和解决问题的能力素养．该题的解答涉及直观想象、逻辑推理、数学运算等数学核心素养．因此，该题是一道以数学核心素养立意的好题目．

1　试题的分析与探究

为了书写简便，以下均记 $f = \dfrac{|x_1 + y_1 - 1|}{\sqrt{2}} + \dfrac{|x_2 + y_2 - 1|}{\sqrt{2}}$．

假定 $A(x_1，y_1)$，$B(x_2，y_2)$，则点 A，B 都在圆 $x^2 + y^2 = 1$ 上．

分析与探究 1：从几何直观的角度进行分析与探究．

易见，$\dfrac{|x_1 + y_1 - 1|}{\sqrt{2}}$，$\dfrac{|x_2 + y_2 - 1|}{\sqrt{2}}$ 的几何意义分别为点 $A(x_1，y_1)$，$B(x_2，y_2)$ 到直线 $x + y - 1 = 0$ 的距离．从而，$f = $（点 A，B 到直线 $x + y = 0$ 的距离之和）$+$（直线 $x + y = 0$ 和直线 $x + y - 1 = 0$ 距离的 2 倍）．设点 B 关于坐标原点的对称点为点 B'，则 $B'(-x_2，-y_2)$．显然，点 B 与点 B' 到直线 $x + y = 0$ 的距离相等，所以 $f = $（点 A 到直线 $x + y = 0$ 的距离）$+$（点 B' 到直线 $x + y = 0$ 的距离）$+$（直线 $x + y = 0$ 与直线 $x + y - 1 = 0$ 的距离的 2 倍）．

由 $x_1^2 + y_1^2 = 1$，$x_2^2 + y_2^2 = 1$，$x_1 x_2 + y_1 y_2 = \dfrac{1}{2}$，可得 $(x_1 + x_2)^2 + (y_1 + y_2)^2 = 3$．因此，$|AB'| = \sqrt{3}$．由图 1 可知，当且仅当点 A，B' 到直线 $x + y = 0$ 的距离等于 $|AB'| = \sqrt{3}$ 时，f 最大．

易知，直线 $x + y = 0$ 与直线 $x + y - 1 = 0$ 的距离为 $\dfrac{\sqrt{2}}{2}$，故 $f_{\max} = \sqrt{3} + 2 \cdot \dfrac{\sqrt{2}}{2} = \sqrt{3} + \sqrt{2}$．

---

① 作者：黄成世、赵思林．本节内容刊登在《理科考试研究（高中版）》2018 年第 12 期．

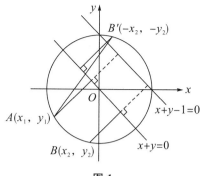

图 1

评注：本题以直观想象等核心素养立意．题目 $\dfrac{|x_1+y_1-1|}{\sqrt{2}}+\dfrac{|x_2+y_2-1|}{\sqrt{2}}$ 中两个分母的 $\sqrt{2}$ 对建构 $\dfrac{|x_1+y_1-1|}{\sqrt{2}}$，$\dfrac{|x_2+y_2-1|}{\sqrt{2}}$ 的几何意义有极大帮助．若把本题改为求 $|x_1+y_1-1|+|x_2+y_2-1|$ 的最大值，则考生就不容易想到或发现式子 $|x_1+y_1-1|+|x_2+y_2-1|$ 的几何意义．这既可能使考查直观想象等核心素养的目标落空，又可能会增加本题的难度．

分析与探究 2：根据圆具有的对称性，由于原点 O 到直线 $x+y-1=0$ 的距离等于 $\dfrac{\sqrt{2}}{2}$，因此可以将图形进行旋转（图 2），从而只需要求点 A，B 到 x 轴的距离之和即 y_1+y_2 的最大值．

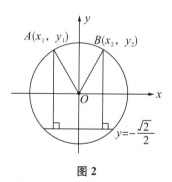

图 2

令 $\begin{cases}x_1=\cos\alpha,\\ y_1=\sin\alpha,\end{cases}\begin{cases}x_2=\cos\beta,\\ y_2=\sin\beta.\end{cases}$ 由 $x_1x_2+y_1y_2=\dfrac{1}{2}$，可得 $\cos(\alpha-\beta)=\dfrac{1}{2}$．从而 $|\alpha-\beta|=60°$，不妨取 $\alpha-\beta=60°$．

由于 $y_1+y_2=\sin\beta+\sin\left(\beta+\dfrac{\pi}{3}\right)=\dfrac{3}{2}\sin\beta+\dfrac{\sqrt{3}}{2}\cos\beta=\sqrt{3}\sin\left(\beta+\dfrac{\pi}{6}\right)\leqslant\sqrt{3}$，所以 $f_{\max}=\sqrt{3}+2\cdot\dfrac{\sqrt{2}}{2}=\sqrt{3}+\sqrt{2}$．

评注：本解法运用了旋转变换和三角方法．作为填空题，可通过探究特殊情形，减少运算量，快速获得结论．

分析与探究 3：设 $A(x_1,y_1)$，$B(x_2,y_2)$，则 $\overrightarrow{OA}=(x_1,y_1)$，$\overrightarrow{OB}=(x_2,y_2)$．

由题设知，点 A，B 都在圆 $x^2+y^2=1$ 上，且 $\overrightarrow{OA} \cdot \overrightarrow{OB}=1\times1\times\cos\angle AOB=\dfrac{1}{2}$，从而有 $\angle AOB=60°$，因此，$\triangle AOB$ 为边长为 1 的等边三角形，如图 3 所示. 容易发现，当 AB 与直线 $x+y-1=0$ 平行时，f 取得最大值. 由此可得 $f_{\max}=\sqrt{3}+\sqrt{2}$.

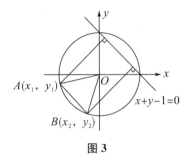

图 3

评注：此解法充分发挥了向量的工具性作用.

分析与探究 4：欲求 f 的最大值，则点 A，B 与直线 $x+y-1=0$ 的距离都必须足够远. 从而可知点 A，B 应该在直线 $x+y-1=0$ 的左下方，且有 AB 与直线 $x+y-1=0$ 平行或不平行两种情况.

设 $A(x_1，y_1)$，$B(x_2，y_2)$ 的中点为 $C(x_0，y_0)$，则 $x_0=\dfrac{x_1+x_2}{2}$，$y_0=\dfrac{y_1+y_2}{2}$.

当 AB 与直线 $x+y-1=0$ 平行时，会出现一个长方形或正方形，如图 4 所示，可得

$$f=2\cdot\dfrac{|x_0+y_0-1|}{\sqrt{2}}=\sqrt{2}\,|x_0+y_0-1|.$$

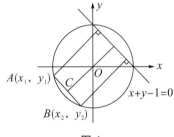

图 4

当 AB 与直线 $x+y-1=0$ 不平行时，会出现一个梯形，如图 5 所示，根据梯形中位线定理，可得 $f=2\cdot\dfrac{|x_0+y_0-1|}{\sqrt{2}}=\sqrt{2}\,|x_0+y_0-1|.$

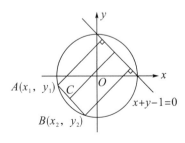

图 5

因此，问题就转化为求点 $C(x_0, y_0)$ 到直线 $x+y-1=0$ 的距离的最大值. 很明显，当且仅当 CO 与直线 $x+y-1=0$ 垂直时，f 取得最大值. 又由分析与探究 3 知，$\triangle AOB$ 为边长为 1 的等边三角形，所以由 $\begin{cases} y=x, \\ x+y=-\dfrac{\sqrt{6}}{2} \end{cases}$ 可解得 $x_0=y_0=-\dfrac{\sqrt{6}}{4}$.

故 $f_{\max}=\sqrt{2} \cdot \left| -\dfrac{\sqrt{6}}{4}-\dfrac{\sqrt{6}}{4}-1 \right|=\sqrt{3}+\sqrt{2}$.

评注：此解法把两个动点 A，B 的问题变成一个动点 C 的问题，使问题大大简化.

分析与探究 5：从代数的角度进行分析与探究.

由题可知 x_1，x_2，y_1，$y_2 \in [-1, 1]$. 要使 f 最大，$|x_1+y_1-1|$ 和 $|x_2+y_2-1|$ 都必须足够大. 要使 $|x_1+y_1-1|$ 足够大，则需 $x_1+y_1 \leqslant 0$；同理，可得 $x_2+y_2 \leqslant 0$. 顺便指出，$x_1+y_1 \leqslant 0$，$x_2+y_2 \leqslant 0$ 也可以从图 1 中看出来.

方法 1：令 $\begin{cases} x_1=\cos\alpha, \\ y_1=\sin\alpha, \end{cases} \begin{cases} x_2=\cos\beta, \\ y_2=\sin\beta. \end{cases}$ 由 $x_1 x_2+y_1 y_2=\dfrac{1}{2}$，可得 $\cos(\alpha-\beta)=\dfrac{1}{2}$. 从而 $|\alpha-\beta|=\dfrac{\pi}{3}$，不妨取 $\alpha-\beta=\dfrac{\pi}{3}$.

$$
\begin{aligned}
f &= \frac{1-x_1-y_1+1-x_2-y_2}{\sqrt{2}} \\
&= \frac{2-\cos\alpha-\sin\beta-\cos\left(\alpha-\dfrac{\pi}{3}\right)-\sin\left(\alpha-\dfrac{\pi}{3}\right)}{\sqrt{2}} \\
&= \frac{2+\left(\dfrac{\sqrt{3}}{2}-\dfrac{3}{2}\right)\cos\alpha-\left(\dfrac{\sqrt{3}}{2}+\dfrac{3}{2}\right)\sin\alpha}{\sqrt{2}} \\
&= \frac{2+\sqrt{\left(\dfrac{\sqrt{3}}{2}-\dfrac{3}{2}\right)^2+\left(\dfrac{\sqrt{3}}{2}+\dfrac{3}{2}\right)^2}\sin(\varphi-\alpha)}{\sqrt{2}} \\
&\leqslant \frac{2+\sqrt{\left(\dfrac{\sqrt{3}}{2}-\dfrac{3}{2}\right)^2+\left(\dfrac{\sqrt{3}}{2}+\dfrac{3}{2}\right)^2}}{\sqrt{2}}=\sqrt{2}+\sqrt{3}.
\end{aligned}
$$

故 $f_{\max}=\sqrt{2}+\sqrt{3}$.

评注：要使 f 最大，则必有 $x_1+y_1 \leqslant 0$，$x_2+y_2 \leqslant 0$. 得到这个结论有两个重要作用：一是体现了对绝对值最大的本质认识；二是为运用代数方法创造了条件. 方法 1 运用三角变换，思路自然，但遇到将 $\left(\dfrac{\sqrt{3}}{2}-\dfrac{3}{2}\right)\cos\alpha-\left(\dfrac{\sqrt{3}}{2}+\dfrac{3}{2}\right)\sin\alpha$ 化为一个角的三角函数时，需要用辅助角公式 $a\cos\alpha-b\sin\alpha=\sqrt{a^2+b^2}\sin(\varphi-\alpha)$，但由于其辅助角 φ 不是熟悉的特殊角，加之现行教材不要求这个公式，因此用这种方法来解答需要考生能够自行推导出这个公式，这就需要考生具备相当坚实的数学功底，即数学素养.

此外，函数 $\left(\dfrac{\sqrt{3}}{2}-\dfrac{3}{2}\right)\cos\alpha-\left(\dfrac{\sqrt{3}}{2}+\dfrac{3}{2}\right)\sin\alpha$ 的最大值也可用柯西不等式的变形形式

$a_1 b_1 + a_2 b_2 \leqslant \sqrt{(a_1^2 + a_2^2)(b_1^2 + b_2^2)}$ 直接求得, 即有 $\left(\dfrac{\sqrt{3}}{2} - \dfrac{3}{2}\right) \cos \alpha - \left(\dfrac{\sqrt{3}}{2} + \dfrac{3}{2}\right) \sin \alpha \leqslant$

$\sqrt{\left[\left(\dfrac{\sqrt{3}}{2} - \dfrac{3}{2}\right)^2 + \left(\dfrac{\sqrt{3}}{2} + \dfrac{3}{2}\right)^2\right](\cos^2 \alpha + \sin^2 \alpha)} = \sqrt{6}$.

方法 2: 由已知可得 $(x_1 + x_2)^2 + (y_1 + y_2)^2 = 3$, 并由 $\left(\dfrac{a+b}{2}\right)^2 \leqslant \dfrac{a^2 + b^2}{2} \Rightarrow \dfrac{|a+b|}{2} \leqslant$

$\sqrt{\dfrac{a^2 + b^2}{2}} \Rightarrow \dfrac{-a-b}{\sqrt{2}} \leqslant \sqrt{a^2 + b^2}$, 得

$$\dfrac{|x_1 + y_1 - 1|}{\sqrt{2}} + \dfrac{|x_2 + y_2 - 1|}{\sqrt{2}}$$

$$= \dfrac{1 - x_1 - y_1 + 1 - x_2 - y_2}{\sqrt{2}}$$

$$= \sqrt{2} + \dfrac{(-x_1 - x_2) + (-y_1 - y_2)}{\sqrt{2}}$$

$$\leqslant \sqrt{2} + \sqrt{(-x_1 - x_2)^2 + (-y_1 - y_2)^2}$$

$$= \sqrt{2} + \sqrt{3}.$$

故 $f_{\max} = \sqrt{2} + \sqrt{3}$.

评注: 方法 2 从纯代数的角度考虑问题, 显得简捷明快. 易知, 在条件 $x_1^2 + y_1^2 = 1$ 和 $x_2^2 + y_2^2 = 1$ 的前提下, $x_1 x_2 + y_1 y_2 = \dfrac{1}{2}$ 与 $(x_1 + x_2)^2 + (y_1 + y_2)^2 = 3$ 等价. 在本解法中, 并不是直接使用熟悉的不等式 $\left(\dfrac{a+b}{2}\right)^2 \leqslant \dfrac{a^2 + b^2}{2}$ 进行放缩, 而是先用它推出一个推论(或变形形式), 然后用这个不熟悉的推论(或变形形式) $\dfrac{-a-b}{\sqrt{2}} \leqslant \sqrt{a^2 + b^2}$ (此形式看上去是不美的, 平常也很少使用)进行放缩. 此解法中的不等式 $\dfrac{-a-b}{\sqrt{2}} \leqslant \sqrt{a^2 + b^2}$ 相当于在高等数学里经常讲的引理, 考生需要自己发现或推出这个引理, 然后应用这个引理求出其最大值, 这无疑对逻辑推理和创新意识都有比较高的要求.

2 试题的推广

这个试题具有一定的推广价值.

推广 1 已知实数 x_1, x_2, y_1, y_2 满足 $x_1^2 + y_1^2 = 1$, $x_2^2 + y_2^2 = 1$, $x_1 x_2 + y_1 y_2 = n$, $n \in [-1, 1]$, 则 $f = \dfrac{|x_1 + y_1 - 1|}{\sqrt{2}} + \dfrac{|x_2 + y_2 - 1|}{\sqrt{2}}$ 的最大值为 $\sqrt{2} + \sqrt{2}\sqrt{1+n}$.

证明: 由已知可得, $\cos \angle AOB = n$, 且 $n \in [-1, 1]$, 所以 $\angle AOB \in [0, 2\pi]$, 又因为当 $\angle AOB > \pi$ 时, 根据旋转变换, 可以转化为 $\angle AOB \in [0, \pi]$, 所以只需研究 $\angle AOB \in [0, \pi]$.

当 $\angle AOB \in (0, \pi)$ 时, 如图 4、图 5 所示, 在 $\triangle AOB$ 中, $|AB| =$

$$\sqrt{(x_1-x_2)^2+(y_1-y_2)^2}=\sqrt{2-2n}.$$

由 $S_{\triangle AOB}=\dfrac{1}{2}|AB|\cdot|CO|=\dfrac{1}{2}|OA|\cdot|OB|\sin\angle AOB$，知 $|CO|=\dfrac{\sin\angle AOB}{|AB|}=$

$\dfrac{\sqrt{1-n^2}}{\sqrt{2-2n}}=\sqrt{\dfrac{1+n}{2}}$，并由分析与探究 4、5，可得 $f_{\max}=\sqrt2+\sqrt2\sqrt{1+n}$.

当 $\angle AOB=0$ 时，点 A，B 重合，得 $\cos\angle AOB=n=1$，则点 A，B 到直线 $x+y-1=0$ 的距离之和为 $2+\sqrt2$，也满足 $f_{\max}=\sqrt2+\sqrt2\sqrt{1+n}$.

当 $\angle AOB=\pi$ 时，如图 6 所示，$\cos\angle AOB=n=-1$，由分析与探究 4、5，可得点 A，B 到直线 $x+y-1=0$ 的距离之和为 $\sqrt2$，仍满足 $f_{\max}=\sqrt2+\sqrt2\sqrt{1+n}$.

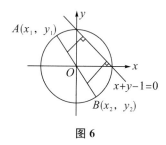

图 6

综上所述，$f_{\max}=\sqrt2+\sqrt2\sqrt{1+n}$.

推广 2　已知实数 x_1，x_2，y_1，y_2 满足 $x_1^2+y_1^2=1$，$x_2^2+y_2^2=1$，$x_1x_2+y_1y_2=\dfrac{1}{2}$，直线 $Ax+By-C=0\,(C>0)$ 与圆 $x^2+y^2=1$ 相交，则 $f=|Ax_1+By_1-C|+|Ax_2+By_2-C|$ 的最大值为 $f_{\max}=2C+\sqrt3\sqrt{A^2+B^2}$.

推广 3　已知实数 x_1，x_2，y_1，y_2 满足 $x_1^2+y_1^2=1$，$x_2^2+y_2^2=1$，$x_1x_2+y_1y_2=n$，$n\in[-1,1]$，直线 $Ax+By-C=0\,(C>0)$ 与圆 $x^2+y^2=1$ 相交，则 $f=|Ax_1+By_1-C|+|Ax_2+By_2-C|$ 的最大值为 $f_{\max}=2C+\sqrt2\sqrt{2(1+n)(A^2+B^2)}$.

推广 2、3 的证明留给读者.

第四节　一个条件最值问题的思路发现[①]

数学解题是数学教学的重要内容. 数学解题教学承担着培养学生分析问题和解决问题能力的重任，甚至可以说是培养学生"四能"的重要途径. 对于数学解题教学来说，培养学生分析问题能力的关键是学生学会如何去发现解题思路. 因此，解题思路的多角度发现是学生学会解题的重要标志.

① 作者：蒋双、赵思林. 本节内容刊登在《中学数学（高中版）》2020 年第 11 期.

1 问题

已知 $(x-3)^2+(y-3)^2=6$，求 $\dfrac{y}{x}$ 的最大值.

此题是一道典型的条件最值问题. 从数学解题思路发现的角度看，该题具有研究价值. 研究该题的思路发现，需要"双基"的灵活运用和数学思想的指引，可以激发学生的发散思维、形象思维、逻辑思维和创造性思维.

2 解题思路的多角度发现

研究数学解题的思路发现，从宏观层面来说，包括"数""形""数形结合""高等数学"等角度.

2.1 从"数"的角度发现

从"数"的角度发现解题思路有不少方法，如判别式法、配方法、三角代换法、万能代换法、柯西不等式法等.

方法 1：判别式法

着眼于已知条件是二次方程，可构造关于 x 的一元二次方程，利用判别式建立不等关系.

设 $k=\dfrac{y}{x}$，则 $y=kx$. 将 $y=kx$ 代入方程并整理，得 $(k^2+1)x^2-6(k+1)x+12=0$.

因为 x 为实数，所以 $\Delta=36(k+1)^2-48(k^2+1)\geqslant0$，即 $k^2-6k+1\leqslant0$.

解得 $3-2\sqrt{2}\leqslant k\leqslant3+2\sqrt{2}$，所以 $k_{\max}=3+2\sqrt{2}$.

故 $\dfrac{y}{x}$ 的最大值为 $3+2\sqrt{2}$.

评注：初中生能够理解判别式法，高中生对判别式法比较熟悉.

方法 2：配方法

着眼于求 $\dfrac{y}{x}$ 的最大值，可着手于先构造出以"$\dfrac{y}{x}$"为"元"的关系式.

方程两边同除以 x^2，得 $\left(1-\dfrac{3}{x}\right)^2+\left(\dfrac{y}{x}-\dfrac{3}{x}\right)^2=\dfrac{6}{x^2}$.

即 $12\left[\left(\dfrac{1}{x}\right)^2-\dfrac{1}{2}\left(\dfrac{y}{x}+1\right)\left(\dfrac{1}{x}\right)\right]+1+\left(\dfrac{y}{x}\right)^2=0$.

配方，得 $12\left[\dfrac{1}{x}-\dfrac{1}{4}\left(\dfrac{y}{x}+1\right)\right]^2=\dfrac{3}{4}\left(\dfrac{y}{x}+1\right)^2-\left(\dfrac{y}{x}\right)^2-1\geqslant0$.

从而 $\left(\dfrac{y}{x}\right)^2-6\left(\dfrac{y}{x}\right)+1\leqslant0$，解得 $3-2\sqrt{2}\leqslant\dfrac{y}{x}\leqslant3+2\sqrt{2}$.

所以 $\dfrac{y}{x}$ 的最大值是 $3+2\sqrt{2}$.

评注：配方法对多数学生来说是一个难点，学生往往不知道何时配方、如何配方、配方的目的是什么.

方法 3：三角代换法

令 $\begin{cases} x-3=\sqrt{6}\cos\theta, \\ y-3=\sqrt{6}\sin\theta \end{cases}$（$0\leqslant\theta<2\pi$），$m=\dfrac{y}{x}$，则 $m=\dfrac{3+\sqrt{6}\sin\theta}{3+\sqrt{6}\cos\theta}$（$0\leqslant\theta<2\pi$）.

整理得 $\sqrt{6}\sin\theta-\sqrt{6}\,m\cos\theta=3m-3$，$\sqrt{6+6m^2}\sin(\theta+\varphi)=3m-3$，$\sin(\theta+\varphi)=\dfrac{3m-3}{\sqrt{6+6m^2}}$（$0\leqslant\theta<2\pi$）.

因为 $|\sin(\theta+\varphi)|\leqslant1$，所以 $\dfrac{|3m-3|}{\sqrt{6+6m^2}}\leqslant1$，解得 $3-2\sqrt{2}\leqslant m\leqslant3+2\sqrt{2}$.

所以 $m_{\max}=3+2\sqrt{2}$，即 $\left(\dfrac{y}{x}\right)_{\max}=3+2\sqrt{2}$.

评注：运用三角代换法实现了"代数"向"三角"的转换. 本解答的实质是用到了圆 $(x-a)^2+(y-b)^2=r^2$ 的参数方程 $\begin{cases} x=a+r\cos\theta, \\ y=b+r\sin\theta. \end{cases}$

方法 4：万能代换法

令 $\tan\dfrac{\theta}{2}=t$，则有 $\sin\theta=\dfrac{2t}{1+t^2}$，$\cos\theta=\dfrac{1-t^2}{1+t^2}$. 由方法 3 可得

$$m=\dfrac{3+\sqrt{6}\cdot\dfrac{2t}{1+t^2}}{3+\sqrt{6}\cdot\dfrac{1-t^2}{1+t^2}}=\dfrac{3t^2+2\sqrt{6}\,t+3}{(3-\sqrt{6})t^2+3+\sqrt{6}}$$

$$=(3+\sqrt{6})\left(1+\dfrac{2}{3}\sqrt{6}\cdot\dfrac{t-3-\sqrt{6}}{t^2+5+2\sqrt{6}}\right).$$

令 $u=t-3-\sqrt{6}$，则 $t=u+3+\sqrt{6}$. 欲使 m 最大，必须使 $u=t-3-\sqrt{6}>0$.

当 $u>0$ 时，由基本不等式得

$$m=(3+\sqrt{6})\left[1+\dfrac{2}{3}\sqrt{6}\cdot\dfrac{u}{u^2+(6+2\sqrt{6})u+20+8\sqrt{6}}\right]$$

$$=(3+\sqrt{6})\left(1+\dfrac{2}{3}\sqrt{6}\cdot\dfrac{1}{u+\dfrac{20+8\sqrt{6}}{u}+6+2\sqrt{6}}\right)$$

$$\leqslant(3+\sqrt{6})\left(1+\dfrac{2}{3}\sqrt{6}\cdot\dfrac{1}{2\sqrt{u\cdot\dfrac{20+8\sqrt{6}}{u}}+6+2\sqrt{6}}\right)$$

$$=\sqrt{3}(\sqrt{3}+\sqrt{2})\left[1+\dfrac{1}{3}\sqrt{6}\cdot\dfrac{1}{2(\sqrt{3}+\sqrt{2})+\sqrt{3}(\sqrt{3}+\sqrt{2})}\right]$$

$$=\sqrt{3}(\sqrt{3}+\sqrt{2})+\sqrt{2}\cdot\dfrac{1}{2+\sqrt{3}}=3+2\sqrt{2},$$

当且仅当 $u=\sqrt{20+8\sqrt{6}}=2(\sqrt{3}+\sqrt{2})$ 时等号成立.

所以 $m_{\max}=3+2\sqrt{2}$，即 $\left(\dfrac{y}{x}\right)_{\max}=3+2\sqrt{2}$.

评注：万能代换公式$\left(\text{令 } \tan\dfrac{\theta}{2}=t\text{，则 }\sin\theta=\dfrac{2t}{1+t^2}\text{，}\cos\theta=\dfrac{1-t^2}{1+t^2}\text{，}\tan\theta=\dfrac{2t}{1-t^2}\right)$
在高中虽已不作要求,但它是解决三角函数积分问题的通性通法,大学数学教师一般会补充万能代换. 本解法用了三次代换(三角代换—万能代换—线性代换),并伴有运算技巧较高的根式运算,因此该解法对绝大多数高中学生来说并不适合,学有余力的学生了解即可.

方法 5：柯西不等式法

运用柯西不等式：$(a^2+b^2)(m^2+n^2)\geqslant(am+bn)^2$.

令 $k=\dfrac{y}{x}$，得 $kx-y=0$，即 $kx+(-1)y=0$.

$[(x-3)^2+(y-3)^2][k^2+(-1)^2]\geqslant[k(x-3)+(y-3)(-1)]^2=(kx-y+3-3k)^2=(3-3k)^2$.

又由 $(x-3)^2+(y-3)^2=6$，有 $6[k^2+(-1)^2]\geqslant(3-3k)^2$，解得 $3-2\sqrt{2}\leqslant k\leqslant 3+2\sqrt{2}$.

所以$\dfrac{y}{x}$的最大值为 $3+2\sqrt{2}$.

评注：柯西不等式是求解最值问题的重要工具,具有简捷明快的特点.

2.2 从"形"的角度发现

"数"化"形"是数形结合的基本内容,是解题思路发现的重要途径. 构造几何图形,经过直观想象,是激活学生数学形象思维、直觉思维的基本方法.

方法 6：构造斜率

$\dfrac{y}{x}=\dfrac{y-0}{x-0}$可以看作点 $O(0，0)$ 和 $M(x，y)$ 连线的斜率,如图 1 所示.

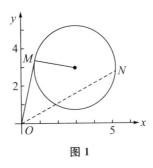

图 1

由题知点 M 在圆 $(x-3)^2+(y-3)^2=6$ 上.

点 $(3，3)$ 到直线 $kx-y=0$ 的距离 $d=\dfrac{|3k-3|}{\sqrt{k^2+1}}$.

要使直线斜率最大,则 $d=r$，即 $\dfrac{|3k-3|}{\sqrt{k^2+1}}=\sqrt{6}$.

化简整理,得 $k^2-6k+1=0$.

解得 $k=3\pm2\sqrt{2}$，所以 k 的最大值为 $3+2\sqrt{2}$.

那么 $\dfrac{y}{x}$ 的最大值为 $3+2\sqrt{2}$.

评注：首先把 $\dfrac{y}{x}=\dfrac{y-0}{x-0}$ 看成直线的斜率，激活了学生的形象思维；其次利用斜率的最大值是在直线与圆相切时取得，可激活学生的直觉思维；最后用点到切线的距离公式求得斜率的值，问题简单解决.

方法 7：几何法

设 $C(3，3)$，$M(x，y)$，则当直线 OM 与圆相切时（如图 2 所示），直线 OM 的斜率最大，即 $\dfrac{y}{x}$ 最大. 易知，$|MC|=r=\sqrt{6}$，$|OC|=3\sqrt{2}$.

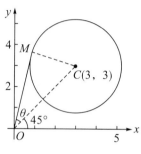

图 2

因此，$\sin\theta=\dfrac{\sqrt{6}}{3\sqrt{2}}=\dfrac{\sqrt{3}}{3}$，从而 $\tan\theta=\dfrac{\sqrt{2}}{2}$.

故 $\left(\dfrac{y}{x}\right)_{\max}=\tan(\theta+\dfrac{\pi}{4})=\dfrac{\tan\theta+1}{1-\tan\theta}=3+2\sqrt{2}$.

评注：该方法充分运用平面几何知识，思维直观，思路简单，计算量小，易学易会.

方法 8：构造向量

设 $\boldsymbol{a}=(x，y)$，$\boldsymbol{b}=(3，3)$，$\boldsymbol{a}$ 与 x 轴正向的夹角为 θ，如图 3 所示.

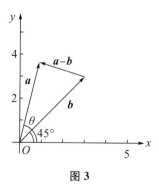

图 3

显然有 $|\boldsymbol{a}|^2=x^2+y^2$，$|\boldsymbol{b}|^2=18$，$|\boldsymbol{a}-\boldsymbol{b}|^2=6$，$\dfrac{y}{x}=\tan\theta$ $\left(0<\theta<\dfrac{\pi}{2}\right)$.

由余弦定理和基本不等式，得 $\cos\left(\theta-\dfrac{\pi}{4}\right)=\dfrac{x^2+y^2+18-6}{2\cdot\sqrt{x^2+y^2}\cdot3\sqrt{2}}=$

$$\frac{1}{6\sqrt{2}}\left(\sqrt{x^2+y^2}+\frac{12}{\sqrt{x^2+y^2}}\right)\geqslant\frac{\sqrt{6}}{3}.$$

从而 $\tan\left(\theta-\dfrac{\pi}{4}\right)\leqslant\dfrac{\sqrt{2}}{2}$，即 $\dfrac{\tan\theta-1}{1+\tan\theta}\leqslant\dfrac{\sqrt{2}}{2}$，解得 $\tan\theta\leqslant3+2\sqrt{2}$.

所以 $\dfrac{y}{x}$ 的最大值为 $3+2\sqrt{2}$.

评注：这里通过构造向量、构造图形，能锻炼学生的创造性思维．由于用到了余弦定理和基本不等式，因此可训练学生对重要知识的综合运用能力．

2.3 从"数形结合"的角度发现

华罗庚曾说："数缺形，少直观；形缺数，难入微."通过"数"的特征和关系，画出它的几何图形，再将"数"和"形"相结合来解题，既"直观"，又"入微".

方法 9：解析法（利用直线与圆的位置关系）

令 $k=\dfrac{y}{x}$，则 $y=kx$. 由图 4 可知，当直线与圆相切时，$\dfrac{y}{x}$ 取得最值.

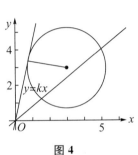

将直线 $y=kx$ 代入圆的方程中，整理得 $(k^2+1)x^2-6(k+1)x+12=0$. $\Delta=36(k+1)^2-48(k^2+1)=0$，即 $k^2-6k+1=0$. 解得 $k=3\pm2\sqrt{2}$，所以 k 的最大值为 $3+2\sqrt{2}$.

那么 $\dfrac{y}{x}$ 的最大值为 $3+2\sqrt{2}$.

图 4

2.4 从"高等数学"的角度发现

很多初等数学问题含有高等数学背景，用高等数学思考初等数学问题具有居高临下的作用.

方法 10：求导法
本题虽不能直接求导，但可以先用三角代换，然后再求导.

由方法 3，知 $m=\dfrac{y}{x}=\dfrac{3+\sqrt{6}\sin\theta}{3+\sqrt{6}\cos\theta}$ $(0\leqslant\theta<2\pi)$.

则 $m'=\dfrac{3\sqrt{6}\sin\theta+3\sqrt{6}\cos\theta+6}{(3+\sqrt{6}\cos\theta)^2}=\dfrac{6\sqrt{3}\cos\left(\theta-\dfrac{\pi}{4}\right)+6}{(3+\sqrt{6}\cos\theta)^2}.$

先求 m 的驻点. 令 $m'=0$，解得 $\cos\left(\theta-\dfrac{\pi}{4}\right)=-\dfrac{\sqrt{3}}{3}.$

当 $\theta-\dfrac{\pi}{4}\in\left(\dfrac{\pi}{2},\ \pi\right)$时，$\tan\left(\theta-\dfrac{\pi}{4}\right)=-\sqrt{2}$，即 $\dfrac{\tan\theta-1}{1+\tan\theta}=-\sqrt{2}$，解得 $\tan\theta=2\sqrt{2}-3<0$，$\theta\in\left(\dfrac{3}{4}\pi,\ \pi\right)$.

此时 $\sin\theta=\dfrac{\sqrt{2}-1}{\sqrt{6}}$，$\cos\theta=-\dfrac{\sqrt{2}+1}{\sqrt{6}}$，$m=\dfrac{3+\sqrt{6}\sin\theta}{3+\sqrt{6}\cos\theta}=\dfrac{2+\sqrt{2}}{2-\sqrt{2}}=3+2\sqrt{2}.$

当 $\theta - \dfrac{\pi}{4} \in \left(\pi, \dfrac{3}{2}\pi\right)$ 时，$\tan\left(\theta - \dfrac{\pi}{4}\right) = \sqrt{2}$，即 $\dfrac{\tan\theta - 1}{1 + \tan\theta} = \sqrt{2}$，解得 $\tan\theta = -2\sqrt{2} - 3 < 0$，$\theta \in \left(\dfrac{3}{2}\pi, \dfrac{7}{4}\pi\right)$.

此时 $\sin\theta = -\dfrac{\sqrt{2}+1}{\sqrt{6}}$，$\cos\theta = \dfrac{\sqrt{2}-1}{\sqrt{6}}$，$m = \dfrac{3+\sqrt{6}\sin\theta}{3+\sqrt{6}\cos\theta} = \dfrac{2-\sqrt{2}}{2+\sqrt{2}} = 3 - 2\sqrt{2}$.

综上所述，$\dfrac{y}{x}$ 的最大值为 $3 + 2\sqrt{2}$.

评注：导数法虽是求函数极值（最值）的通性通法，但其运算量可能比较大. 减少运算量的方法是掌握一些运算技巧，如在化简 $\sin\theta = \dfrac{\sqrt{3-2\sqrt{2}}}{\sqrt{6}}$ 时，掌握 $3 - 2\sqrt{2} = (\sqrt{2}-1)^2$，计算量自然会减小.

思考问题的角度不同，用到的数学基础知识或数学方法或数学思想也可能不同. 因此，面对一个数学问题从多角度地去思考，去发现解题思路，能够让学生在解题过程中巩固基础知识，熟悉基本方法，感悟数学思想，培养创新思维，积累数学解题经验.

第五节　一个重要不等式应用的几个层次[①]

不等式 $a^2 + b^2 \geqslant 2ab$（当且仅当 $a = b$ 时取等号）是一个重要的不等式，其直接推论是基本不等式 $\dfrac{a+b}{2} \geqslant \sqrt{ab}$（$a$，$b \geqslant 0$）. 运用重要不等式 $a^2 + b^2 \geqslant 2ab$ 解题有下面几个层次：直接运用；先变形再用；先作代换（如整体代换、三角代换）再用；运用待定系数法；运用含参数形式的不等式.

层次一：直接运用

例 1　已知 x，$y > 0$，求 $x + y + \dfrac{2}{\sqrt{xy}}$ 的最小值.

解：根据已知条件，直接使用重要不等式，得 $x + y + \dfrac{2}{\sqrt{xy}} \geqslant 2\sqrt{xy} + \dfrac{2}{\sqrt{xy}}$.

再次使用重要不等式，得原式 $\geqslant 2\sqrt{2\sqrt{xy} \cdot \dfrac{2}{\sqrt{xy}}} = 4$，当且仅当 $\begin{cases} x = y, \\ 2\sqrt{xy} = \dfrac{2}{\sqrt{xy}}, \end{cases}$ 即 $x = y = 1$ 时取等号.

所以 $x + y + \dfrac{2}{\sqrt{xy}}$ 的最小值为 4.

评注：对于符合重要不等式特征的问题，可以考虑使用重要不等式. 如果多次使用重要不等式，则需考虑每次使用不等式时取等号的条件是否一致.

---

① 作者：程雪莲、赵思林. 本节内容刊登在《中学数学（高中版）》2020 年第 5 期.

层次二：先变形再用

运用重要不等式解决问题，有时需要先对所给式子作适当变形，使变形后的式子符合重要不等式的特征，然后再使用重要不等式.

例2 已知 x，$y>0$，求 $(x+y)\left(\dfrac{1}{x}+\dfrac{16}{y}\right)$ 的最小值.

分析：很多问题若不能直接使用重要不等式，则可考虑先对所给式子作适当变形，使变形后的式子符合重要不等式的特征，然后再使用重要不等式.

解：将该代数式展开后得 $\left(1+\dfrac{16x}{y}+\dfrac{y}{x}+16\right)$，再对它使用重要不等式，得原式 $\geqslant 1+2\sqrt{\dfrac{16x}{y}\cdot\dfrac{y}{x}}+16=25$，当且仅当 $\dfrac{16x}{y}=\dfrac{y}{x}$，即 $y=4x$ 时取等号.

所以 $(x+y)\left(\dfrac{1}{x}+\dfrac{16}{y}\right)$ 的最小值是25.

评注：这里两次使用重要不等式，一定要注意两次取等号的条件是否一致.

层次三：先作代换（如整体代换、三角代换）再用

例3 已知 a，$b\in\mathbf{R}$，$a+b=6$，则 $\dfrac{1}{a^2+1}+\dfrac{1}{b^2+1}$ 的最大值为_____.

分析：已知条件是一个等式，求解问题是一个分式. 通常会想到把 $\dfrac{1}{a^2+1}+\dfrac{1}{b^2+1}$ 与 $a+b$ 相乘，再乘以 $\dfrac{1}{4}$，但这样做会发现这个分式变得很复杂，且难以处理，常规方法难以解决问题. 另外，我们也容易想到用 a 表示 b 或用 b 表示 a，将分式中的二元换为一元，但换元后会发现该式子并不具有对称性，仍然难以解决问题. 因此，可以换一个角度考虑问题，即"合二为一"，将两个未知数代换后化二元为一元解决问题.

解：令 $a=x+3$，$b=3-x$，则 $\dfrac{1}{a^2+1}+\dfrac{1}{b^2+1}=\dfrac{1}{(x+3)^2+1}+\dfrac{1}{(3-x)^2+1}=\dfrac{1}{x^2+6x+10}+\dfrac{1}{x^2-6x+10}=\dfrac{2(x^2+10)}{(x^2+10)^2-36x^2}$.

令 $x^2+10=t$，$t\geqslant 10$，则 $\dfrac{1}{a^2+1}+\dfrac{1}{b^2+1}=\dfrac{2t}{t^2-36(t-10)}=\dfrac{2t}{t^2-36t+360}=\dfrac{2}{t+\dfrac{360}{t}-36}$.

又 $t+\dfrac{360}{t}\geqslant 2\sqrt{360}=12\sqrt{10}$，当 $t=\dfrac{360}{t}$，即 $t=6\sqrt{10}$ 时取等号.

所以 $\dfrac{1}{a^2+1}+\dfrac{1}{b^2+1}\leqslant\dfrac{2}{12\sqrt{10}-36}=\dfrac{\sqrt{10}+3}{6}$，故 $\dfrac{1}{a^2+1}+\dfrac{1}{b^2+1}$ 的最大值为 $\dfrac{\sqrt{10}+3}{6}$.

评注：本解答使用了两次代换，第一次代换是把二元问题变为一元问题，第二次代换是整体代换，意在使问题的结构变得简单，并且书写也更简单.

层次四：运用待定系数法

例4 （江苏卷改编）若正数 a，b，c 满足 $a^2+b^2+c^2=1$，则 $2ab+3bc$ 的最大值为_____.

分析：问题中要得到 ab，就要把 a^2 与 b^2 结合，要得到 bc，就要把 b^2 与 c^2 结合．因为 b^2 只有一项，所以我们需要把它拆开，使它分别与 a，c 结合，得到 a 与 b 的关系、b 与 c 的关系，再利用重要不等式解答问题．由于不知道怎么拆，所以采用待定系数法．

解：设 $0 < \lambda < 1$．

因为 $1 = a^2 + b^2 + c^2 = (a^2 + \lambda b^2) + [(1-\lambda)b^2 + c^2] \geqslant 2\sqrt{\lambda}\, ab + 2\sqrt{1-\lambda}\, bc$，所以 $\dfrac{2\sqrt{\lambda}}{2\sqrt{1-\lambda}} = \dfrac{2}{3} \Rightarrow \dfrac{\lambda}{1-\lambda} = \dfrac{4}{9} \Rightarrow \lambda = \dfrac{4}{13}$．

$1 \geqslant 2 \cdot \dfrac{2}{\sqrt{13}} ab + 2 \cdot \dfrac{3}{\sqrt{13}} bc = \dfrac{2}{\sqrt{13}}(2ab + 3bc) \Rightarrow 2ab + 3bc \leqslant \dfrac{\sqrt{13}}{2}$，

当且仅当 $\begin{cases} a^2 = \lambda b^2 \Rightarrow a = \dfrac{2}{\sqrt{13}} b, \\ (1-\lambda)b^2 = c^2 \Rightarrow c = \dfrac{3}{\sqrt{13}} b, \end{cases}$ 即 $a = \dfrac{\sqrt{26}}{13}$，$b = \dfrac{\sqrt{2}}{2}$，$c = \dfrac{3\sqrt{26}}{26}$ 时取等号．

故 $2ab + 3bc$ 的最大值为 $\dfrac{\sqrt{13}}{2}$．

评注：待定系数法是解决最值问题的常用方法之一．利用不等式求最值，往往是不能取到等号而导致失败．这时可考虑利用待定系数法，它可使不等式取等号有回旋余地．

例 5　（清华大学自主招生题改编）已知 x，$y \in \mathbf{R}^+$，$4x + 3y = 1$，则 $x + \sqrt{x^2 + y^2}$ 的最小值为_____．

分析：应想办法把 $\sqrt{x^2 + y^2}$ 的根号去掉．引入正常数 λ，μ，使得 $\lambda^2 + \mu^2 = 1$，从而 $\sqrt{x^2 + y^2} = \sqrt{(\lambda^2 + \mu^2)(x^2 + y^2)} \geqslant \lambda x + \mu y$．

解：引入正常数 λ，μ，使得 $\lambda^2 + \mu^2 = 1$，从而 $\sqrt{x^2 + y^2} = \sqrt{(\lambda^2 + \mu^2)(x^2 + y^2)} = \sqrt{\lambda^2 x^2 + (\mu^2 x^2 + \lambda^2 y^2) + \mu^2 y^2} \geqslant \sqrt{\lambda^2 x^2 + 2\mu x \cdot \lambda y + \mu^2 y^2} = \lambda x + \mu y$，当且仅当 $\mu x = \lambda y$ 时取等号．

因此，$x + \sqrt{x^2 + y^2} \geqslant (1+\lambda)x + \mu y$．

令 $(1+\lambda) : \mu = 4 : 3$，并注意到 $\lambda^2 + \mu^2 = 1$，可得 $\lambda = \dfrac{7}{25}$，$\mu = \dfrac{24}{25}$．

所以 $x + \sqrt{x^2 + y^2} \geqslant \dfrac{32}{25}x + \dfrac{24}{25}y = \dfrac{8}{25}$．

故 $x + \sqrt{x^2 + y^2}$ 的最小值为 $\dfrac{8}{25}$．

评注：本题用到公式 $\sqrt{x^2 + y^2} \geqslant \lambda x + \mu y$，其中常数 λ，μ 满足 $\lambda^2 + \mu^2 = 1$．

层次五：运用含参数形式的不等式

在不等式 $a^2 + b^2 \geqslant 2ab$ 中引入参数，可得 $\lambda a^2 + \dfrac{b^2}{\lambda} \geqslant 2ab\,(\lambda > 0)$．运用这个含参数的不等式，可以使重要不等式的应用范围大大拓宽．

下面对前面的例 4 给出另一解法．

解：引入正常数 λ，μ，使得 $2ab \leqslant \lambda a^2 + \dfrac{b^2}{\lambda}$，当且仅当 $b = \lambda a$ 时取等号，$3bc \leqslant \dfrac{3}{2}\mu b^2 +$

$\dfrac{3c^2}{2\mu}$，当且仅当 $c=\mu b$ 时取等号.

$$2ab+3bc\leqslant\lambda a^2+\dfrac{b^2}{\lambda}+\dfrac{3}{2}\mu b^2+\dfrac{3c^2}{2\mu}=\lambda a^2+\left(\dfrac{1}{\lambda}+\dfrac{3}{2}\mu\right)b^2+\dfrac{3c^2}{2\mu}.$$

令 $\lambda=\dfrac{1}{\lambda}+\dfrac{3}{2}\mu=\dfrac{3}{2\mu}$，解得 $\lambda=\dfrac{\sqrt{13}}{2}$，$\mu=\dfrac{3\sqrt{13}}{13}$.

当且仅当 $a=\dfrac{\sqrt{26}}{13}$，$b=\dfrac{\sqrt{2}}{2}$，$c=\dfrac{3\sqrt{26}}{26}$ 时取等号.

故 $2ab+3bc$ 的最大值为 $\dfrac{\sqrt{13}}{2}$.

评注：本题的题设具有对称性，但 $2ab+3bc$ 不具有对称性，这时采用含参数形式的不等式 $\lambda a^2+\dfrac{b^2}{\lambda}\geqslant 2ab(\lambda>0)$，问题就不难求解了. 此外，还有 $\mu a^2+\dfrac{b^2}{\mu}\leqslant 2ab(\mu>0)$.

对数与不等式综合题

已知 x，$y\in(1,+\infty)$，$\log_2 x\cdot\log_2 y=1$，则 xy 的最小值为_____.

解：因为 x，$y\in(1,+\infty)$，所以 $\log_2 x>0$，$\log_2 y>0$.

可以得知 $\log_2 x+\log_2 y=\log_2 xy$，所以有 $\log_2 x+\log_2 y\geqslant 2\sqrt{\log_2 y\cdot\log_2 x}=2=\log_2 2^2$.

所以 $xy\geqslant 2^2\Rightarrow xy\geqslant 4$，当且仅当 $\begin{cases}\log_2 x\cdot\log_2 y=1,\\ \log_2 x=\log_2 y,\end{cases}$ 即 $x=y=2$ 时取等号.

所以 xy 的最小值为 4.

直线截距与最值问题

（2014 年福建省普通高中毕业班质量检查文科第 9 题）直线 $ax+by=ab(a>0,b>0)$ 过点 $(1,1)$，则该直线在 x 轴、y 轴上的截距和的最小值为（　　）.

A. 1　　　　　　B. 2　　　　　　C. 4　　　　　　D. 8

解：由题知 $a+b=ab(a>0,b>0)$，对方程 $ax+by=ab$ 进行变形，得 $\dfrac{x}{b}+\dfrac{y}{a}=1$，所以直线在 x 轴、y 轴上的截距和为 $a+b$.

若要求其最小值，根据基本不等式 $a+b\geqslant 2\sqrt{ab}$（当且仅当 $a=b$ 时取等号），须有 $ab=2\sqrt{ab}$，解得 $ab=4$，所以 $a+b=4$.

所以该直线在 x 轴、y 轴上的截距和的最小值为 4.

第六节　高考导数压轴题的几种解法[①]

近年来，以函数和导数命制的压轴题占据着高考数学的制高点，这些试题是命题专家

---

① 作者：胡富雅、赵思林. 本节内容刊登在《中学数学（高中版）》2019 年第 6 期.

将高中知识与大学知识巧妙结合、以高等数学知识为背景精心设计的问题，注重考查学生的"四能"、数学核心素养和探究创新意识．这些试题对考生往往具有一定的挑战性，考生可以用高中知识去解决，自学过高等数学的考生也可以用高等数学知识去解决，显得简捷明快．本节对高考导数压轴题的解法进行了总结，主要有单调性法、最值法、分离参数法、主元法、极限夹逼法、利用拉格朗日中值定理、利用琴生不等式等方法，并用这些方法对一些高考题进行了分析与点评．

1 单调性法

例 1 （2018 年全国卷 II 文科第 21 题）已知函数 $f(x)=\dfrac{1}{3}x^3-a(x^2+x+1)$.

（1）若 $a=3$，求 $f(x)$ 的单调区间；

（2）求证：$f(x)$ 只有一个零点.

解：（1）略.

（2）$f(x)=0$，则 $a=\dfrac{x^3}{3(x^2+x+1)}(x\in\mathbf{R})$. 令 $g(x)=\dfrac{x^3}{3(x^2+x+1)}(x\in\mathbf{R})$，要证 $g(x)$ 只有一个零点，则需证 $g(x)$ 的单调性，再由零点存在唯一性定理对零点赋值，便得证. $g'(x)=\dfrac{x^2}{3}\cdot\dfrac{x^2+2x+3}{(x^2+x+1)^2}\geq 0$，所以 $g(x)$ 在 $\mathbf{R}$ 上单调递增，故存在零点且唯一，由零点存在唯一性定理，则需 $g(x_1)<a$，$g(x_2)>a$，$\xi\in(x_1,x_2)$，$g(\xi)=a$.

$g(x)=\dfrac{x^3}{3(x^2+x+1)}=\dfrac{x^3-1+1}{3(x^2+x+1)}=\dfrac{x-1}{3}+\dfrac{1}{3(x^2+x+1)}$，则 $\dfrac{x-1}{3}<g(x)\leq\dfrac{3x+1}{9}$.

当 $g(x_0)<a$ 时，$\dfrac{3x_0+1}{9}<a$，$x_0<\dfrac{9a-1}{3}=3a-\dfrac{1}{3}$．令 $x_0=3a-1<3a-\dfrac{1}{3}$，所以 $g(x_0)<a$.

当 $g(x_1)>a$ 时，$\dfrac{x_1-1}{3}>a$，$x_1>3a-1$，令 $x_1=3a+2$，所以 $g(x_1)>a$.

综上所述，$x_0'\in(3a-1,3a+2)$，得证.

评注：该题（1）问考查了学生对导数单调性等基础知识的运用，而（2）问的题目很简单，但需考生对零点存在唯一性定理熟悉，再结合参数分离的方法进行转换．此外，该题还需要学生学会对零点赋值.

2 最值法

最值法在高考很多题目中都有涉及，与单调性等联系紧密．最值法常常结合分离参数法进行考查，在导数的恒成立问题中应用较为广泛，通过将原不等式进行变形，将一般的不等式转化为不等式的恒成立问题，从而求出方程某一边的最大值或最小值.

例 2 （2018 年全国卷 I 文科第 21 题）已知函数 $f(x)=ae^x-\ln x-1$.

（1）设 $x=2$ 是 $f(x)$ 的极值点，求 a，并求 $f(x)$ 的单调区间；

（2）求证：当 $a \geqslant \dfrac{1}{e}$ 时，$f(x) \geqslant 0$.

解：（1）略.

（2）欲证当 $a \geqslant \dfrac{1}{e}$ 时，$ae^x - \ln x - 1 \geqslant 0$，先证 $e^x \geqslant ex$. 设 $g(x) = e^x - ex$，$g'(x) = e^x - e$，可求得 $g(x)$ 在 $(1, +\infty)$ 上单调递增，在 $(0, 1)$ 上单调递减，所以 $g(1)$ 为最小值，也即 $g(x) \geqslant g(1) = 0$，所以 $e^x - ex \geqslant 0$，不等式得证.

当 $a \geqslant \dfrac{1}{e}$ 时，有 $ae^x - \ln x - 1 \geqslant \dfrac{1}{e} \cdot e^x - \ln x - 1 \geqslant \dfrac{1}{e} \cdot e \cdot e^x - \ln x - 1$，故只需证明 $x - \ln x - 1 \geqslant 0$，这就是熟知的 $\ln x \leqslant x - 1$.

3　分离参数法

对于原方程中含有自变量与参数的方程或不等式，直接求导不可行的时候，我们常常采用分离参数的方法，将参数放在方程的一侧，在方程的另外一侧构造出新的函数，且分离参数需要满足两个隐性的条件：一是参数与自变量易于分离，二是分离参数后的方程易于求导或者进行相关变形、构造等，从而使解题更加容易.

例 3　（2018 年全国卷 Ⅱ 理科第 21 题）已知函数 $f(x) = e^x - ax^2$.

（1）若 $a = 1$，求证：当 $x \geqslant 0$ 时，$f(x) \geqslant 1$；

（2）若 $f(x)$ 在 $(0, +\infty)$ 上只有一个零点，求 a.

解：（1）略.

（2）由（1）可知，当 $a < 1$ 时，$y = e^x$ 和 $y = ax^2$ 函数图像在 y 轴右半侧相切，设切点为 x_0，可得 $x_0 = 2$，$a = \dfrac{e^2}{4}$.

由 $f(x) = 0$，得 $a = \dfrac{e^x}{x^2}$，令 $g(x) = \dfrac{e^x}{x^2}$，则 $g'(x) = \dfrac{(x-2)e^x}{x^3}$，所以 $g(x)$ 在 $(0, 2)$ 上单调递减，在 $(2, +\infty)$ 上单调递增，故 $g(x)_{\min} = g(2) = \dfrac{e^2}{4}$. 由 $g(x)$ 大致图像可知，当 $a = \dfrac{e^2}{4}$ 时，$y = a$ 与 $g(x) = \dfrac{e^x}{x^2}$ 有且只有一个交点，即 $f(x)$ 在 $(0, +\infty)$ 上只有一个零点.

评注：该题如果运用直接讨论法，计算过程比较烦琐，容易出错. 而运用参数分离法再结合图像使解题变得简单，考生可接受.

4　主元法

主元法是指在函数、方程或不等式中含有多个参数时，选取其中一个参数作为主变量，从而对这一主变量进行相关变形，构造恰当的函数. 主元法在极值点的偏移中运用较为广泛.

例 4　（2016 年全国卷 Ⅰ 理科第 21 题）已知函数 $f(x) = (x-2)e^x + a(x-1)^2$ 有两个零点.

（1）求 a 的取值范围；

（2）设 x_1，x_2 是 $f(x)$ 的两个零点，求证：$x_1+x_2<2$.

分析：（1）首先对函数求导，再对参数 a 讨论确定零点的个数；（2）根据（1）可知 x_1，x_2 的取值范围及 $f(x)$ 的单调性，要证明 $x_1+x_2<2$，只需证明 $f(x_1)>f(2-x_2)$，即证 $f(2-x_2)<0$，代入原函数进行验证求解.

解：（1）$f'(x)=(x-1)\mathrm{e}^x+2a(x-1)=(x-1)(\mathrm{e}^x+2a)$.

（ⅰ）设 $a=0$，则 $f(x)=(x-2)\mathrm{e}^x$，$f(x)$ 只有一个零点.

（ⅱ）设 $a>0$，则当 $x\in(-\infty,1)$ 时，$f'(x)<0$；当 $x\in(1,+\infty)$ 时，$f'(x)>0$. 所以 $f(x)$ 在 $(-\infty,1)$ 上单调递减，在 $(1,+\infty)$ 上单调递增.

又 $f(1)=-\mathrm{e}$，$f(2)=a$，取 b 满足 $b<0$ 且 $b<\ln\dfrac{a}{2}$，则 $f(b)>\dfrac{a}{2}(b-2)+a(b-1)^2=a(b^2-\dfrac{3}{2}b)>0$，故 $f(x)$ 存在两个零点.

（ⅲ）设 $a<0$，由 $f'(x)=0$，得 $x=1$ 或 $x=\ln(-2a)$.

若 $a\geqslant-\dfrac{\mathrm{e}}{2}$，则 $\ln(-2a)\leqslant1$，故当 $x\in(1,+\infty)$ 时，$f'(x)>0$，因此 $f(x)$ 在 $(1,+\infty)$ 上单调递增. 又当 $x\leqslant1$ 时，$f(x)<0$，所以 $f(x)$ 不存在两个零点.

若 $a<-\dfrac{\mathrm{e}}{2}$，则 $\ln(-2a)>1$，故当 $x\in(1,\ln(-2a))$ 时，$f'(x)<0$；当 $x\in(\ln(-2a),+\infty)$ 时，$f'(x)>0$. 因此 $f(x)$ 在 $(1,\ln(-2a))$ 上单调递减，在 $(\ln(-2a),+\infty)$ 上单调递增. 又当 $x\leqslant1$ 时，$f(x)<0$，所以 $f(x)$ 不存在两个零点.

综上，a 的取值范围为 $(0,+\infty)$.

（2）不妨设 $x_1<x_2$. 由（1）知，$x_1\in(-\infty,1)$，$x_2\in(1,+\infty)$，$2-x_2\in(-\infty,1)$，$f(x)$ 在 $(-\infty,1)$ 上单调递减，所以 $x_1+x_2<2$ 等价于 $f(x_1)>f(2-x_2)$，即 $f(2-x_2)<0$.

由于 $f(2-x_2)=-x_2\mathrm{e}^{2-x_2}+a(x_2-1)^2$，而 $f(x_2)=(x_2-2)\mathrm{e}^{x_2}+a(x_2-1)^2=0$，所以 $f(2-x_2)=-x_2\mathrm{e}^{2-x_2}-(x_2-2)\mathrm{e}^{x_2}$.

设 $g(x)=-x\mathrm{e}^{2-x}-(x-2)\mathrm{e}^x$，则 $g'(x)=(x-1)\cdot(\mathrm{e}^{2-x}-\mathrm{e}^x)$.

所以当 $x>1$ 时，$g'(x)<0$，而 $g(1)=0$，故当 $x>1$ 时，$g(x)<0$.

从而 $g(x_2)=f(2-x_2)<0$，故 $x_1+x_2<2$.

评注：此题选了 x_2 作为主元，若选 x_1 作为主元，其解法相同.

参考文献

[1] 赵思林. 高考数学研究方法 [M]. 北京：科学出版社，2018：81-84.

[2] 赵思林. 初等代数研究 [M]. 北京：科学出版社，2017：151-153.